Mechthild Dehn
Zeit für die Schrift I

Lehrer-Bücherei: Grundschule

Herausgegeben von
Reinhold Christiani und Klaus Metzger

Reinhold Christiani, Diplom-Pädagoge, war Leitender Ministerialrat im Ministerium für Schule, Jugend und Kinder des Landes Nordrhein-Westfalen.
Klaus Metzger, Dr. phil., Grundschullehrer, ist Leiter eines Seminars für das Lehramt an Grundschulen und Lehrbeauftragter am Lehrstuhl für Didaktik der Deutschen Sprache und Literatur der Universität Augsburg.

Mechthild Dehn (Lehrerin, Dr. phil.) ist Professorin für Erziehungswissenschaft/Didaktik der deutschen Sprache und Literatur (Schwerpunkt Grundschule) an der Universität Hamburg.

Mechthild Dehn

Zeit für die Schrift I
Lesen lernen und Schreiben können

- Lernprozesse
- Unterrichtssituationen
- Praxishilfen

„Zeit für die Schrift" Band I und II sind die Neubearbeitung und wesentliche Erweiterung der 4. Auflage 1994 (Kamp Verlag Bochum).
Die in diesem Werk angegebenen Internetadressen haben wir überprüft (Redaktionsschluss Dezember 2005). Dennoch können wir nicht ausschließen, dass unter einer solchen Adresse inzwischen ein ganz anderer Inhalt angeboten wird. Deshalb empfehlen wir Ihnen dringend, die Adressen vor der Nutzung im Unterricht selbst noch einmal zu überprüfen.

Wörterbuch S. 168 ff.:
© Curio Verlag Erziehung & Wissenschaft GmbH 1988

 http://www.cornelsen.de

Bibliografische Information: Die Deutsche Bibliothek verzeichnet diese Publikation in der Deutschen Nationalbibliografie; detaillierte bibliografische Daten sind im Internet über http://dnb.ddb.de abrufbar.

Dieses Werk berücksichtigt die Regeln der reformierten Rechtschreibung und Zeichensetzung.

5.	4.	3.	2.	1.	Die letzten Ziffern bezeichnen
10	09	08	07	06	Zahl und Jahr der Auflage.

© 2006 Cornelsen Verlag Scriptor GmbH & Co. KG, Berlin
Das Werk und seine Teile sind urheberrechtlich geschützt. Jede Verwertung in anderen als den gesetzlich zugelassenen Fällen bedarf deshalb der vorherigen schriftlichen Einwilligung des Verlags.
Hinweis zu § 52a UrhG: Weder das Werk noch seine Teile dürfen ohne eine solche Einwilligung eingescannt und in ein Netzwerk eingestellt werden. Dies gilt auch für Intranets von Schulen und sonstigen Bildungseinrichtungen.
Redaktion: Daniela Brunner, Düsseldorf
Umschlagfoto: Petra Hüttis-Graff, Hamburg
Satz und Herstellung: Julia Walch, Bad Soden
Druck und Bindearbeiten: Clausen & Bosse, Leck
Printed in Germany
ISBN-13: 978-3-589-05108-3
ISBN-10:   3-589-05108-6

 Gedruckt auf säurefreiem Papier, umweltschonend hergestellt aus chlorfrei gebleichten Faserstoffen.

Inhalt Band I

Vorwort 8

1 Einleitung 10
Signale 10
Thesen 13
Nicht-Lernen 17
Wege: Vor der Tafel und am Tisch 18

2 Einblicke in den Lernprozess 24
Zum Stand der Diskussion 24
Lesenlernen als Problemlösen 26
Schreibenlernen als sprachanalytische Tätigkeit 37

3 Über Kulturtechnik und Schriftkultur 52
Perspektiven – Positionen 52
Lesen als Erweiterung literaler Praktiken
und als Entfaltung literarischer Sozialisation 54
Schreiben als Entlastung schon in Klasse 1? 55

4 Lernschwierigkeiten und Nicht-Lernen: Schulgeschichten 60
Andreas wird „entdeckt" 60
Warum hat Peter so wenig gelernt? 63

5 Über Schrift 68
Einheiten in Sprache und Schrift 68
Zwei-Wege-Modell des Schreibens 71
Modell des Leseverständnisses 74

6 Über die Passung von Lernprozess und Unterricht 76
„Kognitive Schemata" und die „Zone der nächsten Entwicklung" 77
Zeit für die Schrift: Schrifterfahrung anbahnen 80
Offene Lernsituationen und Frontalunterricht 86
Ansprüche an den Lese- und Schreiblehrgang 96
Standards für guten Unterricht 97

7 Schreibunterricht in Klasse 1   100

Vom Sprechen zum Schreiben   100
Was Antje, Meike und Christoph mit ihren Texten zu erkennen geben   103
Wortschätze für Schreibanfänger   108
Verbindung von Rechtschreiben und Textschreiben   115
Ergebnisse des Schreibunterrichts   122
Zum Umgang mit Fehlern: Episoden   130

8 Leseunterricht in Klasse 1   134

Wege zum richtigen Erlesen von Wörtern   134
Wege zum Textlesen   136
Leseaufgaben als Herausforderung:
Einführung in die Struktur der Schrift   138
Wissen und Können als Voraussetzung für Problemlösen   142
Sprechen über Verfahren – (Selbst-)Sicherheit gewinnen   156
Leseanlässe und Lernhilfen: Episoden   158

Literatur   162

Anhang   167

Kopiervorlagen für den Unterricht
Wörterbuch   168
Fragebögen zum Wörterbuch   176
Lehrererzählung: Der Turm zu Babel   181

Lernbeobachtungen und Lernhilfen im Überblick   182

Register   189

Inhalt Band II

Vorwort

1 Beobachten als didaktische Aufgabe

SCHULANFANG

2 Die Schulanfangsbeobachtung: Konzeption und Aufbau

3 Das Leere Blatt

4 Memory mit Schrift

5 Diagnose des Könnens

KLASSE 1

6 Lernbeobachtung Schreiben und Lesen in Klasse 1: Konzeption und Aufbau

7 Lernbeobachtung Schreiben

8 Lernbeobachtung Lesen

9 Lernbeobachtung als Voraussetzung für frühe Lernhilfen

10 Lernhilfen und Unterricht

Literatur

Anhang
Kopiervorlagen
Übersichten

Register

Vorwort

„Zeit für die Schrift" – das sind die Jahre vor und nach dem Schulbeginn: Die Kinder werden aufmerksam auf die Zeichen, die „die Welt verändern"; sie lassen sich dafür interessieren; sie müssen sich in dieser Zeit die Grundlagen des Lesens und Schreibens aneignen. Lang anhaltende Schwierigkeiten bei der grundlegenden Orientierung haben gravierende Folgen für Schulkarriere und Lebenslauf. Dem gilt es vorzubeugen – und zugleich den Kindern im Unterricht gerecht zu werden, die in ihrem Schrifterwerb bei Schulbeginn schon weit fortgeschritten sind.

Lernförderlicher Unterricht besteht vor allem darin, Lernprozesse anzuregen und zu sichern: durch Aufgabenstellungen, die der Funktion und der Struktur von Schrift gemäß sind, durch Konfrontation mit Schwierigkeiten, in Situationen dialogischen Lernens, im sozialen Kontext der Klasse, durch Übungen, die Einsichten in die Struktur der Schrift festigen und Erfolg bestätigen, durch Projekte – über die Klasse hinausgehend – mit der Lebenswelt der Kinder. *Band I* begründet ein pädagogisches Konzept für den Anfangsunterricht, in dem Formen offenen Lernens mit stärker gelenkten Unterrichtsformen verbunden werden können. Wichtigster Grundsatz ist die Passung von Lernprozess und Unterricht.

Voraussetzung dafür ist, dass Lernprozesse beobachtet werden. Dazu bedarf es eines Instrumentariums. Das stellt *Band II* mit der SCHULANFANGS-BEOBACHTUNG und der LERNBEOBACHTUNG Lesen und Schreiben in Klasse 1 (November, Januar, Mai) bereit. Er enthält als Kopiervorlagen auch das Material für die Aufgaben und die Beobachtungsbögen für die Auswertung. Wenn man sich im Verhältnis zu großen Vergleichsgruppen ein Bild machen möchte über das einzelne Kind oder auch über die ganze Klasse, kann man Lernvoraussetzungen und -ergebnisse mit Diagnoseverfahren und Tests erheben. Band II gibt einen Überblick und detaillierte Informationen über die Vielfalt der erhältlichen Verfahren (s. Übersicht, S. 182 ff.).

Mit der SCHULANFANGSBEOBACHTUNG und der LERNBEOBACHTUNG Lesen und Schreiben im November kann Lernschwierigkeiten bereits in den ersten Schulwochen und -monaten begegnet werden. Die Beobachtung individueller Lernprozesse kann Grundlage für individuelle Lernhilfen sein. Lernförderlicher Unterricht darf sich aber nicht darauf beschränken. Lernprozesse sind immer individuell; sie sind nicht eine direkte Folge von Lehrprozessen. Eine 1:1-Beziehung von Lehren und Lernen gibt es nicht.

Lernen ist immer dann besonders effektiv, wenn die Lernenden mit Interesse bei der Sache sind – dabei spielt die Lerngruppe eine wichtige Rolle. Die Kinder für Schrift, für Lesen und Schreiben zu interessieren, ist Aufgabe

Vorwort   9

des Unterrichts. Das fällt bei Kindern, die aus schriftfremder Umgebung kommen, manchmal sehr schwer. Beide Bände zeigen Lernentwicklungen solcher Kinder; Band I stellt Praxishilfen (Kopiervorlagen für Aufgaben) bereit, Band II enthält Lernhilfen, die mit den Beobachtungsverfahren korrespondieren und gleichermaßen für den Unterricht der Klasse wie für individuelle Lernhilfen genutzt werden können.

In der gegenwärtigen starken Betonung von Beobachtungs-, Diagnoseverfahren und Tests in Schuladministration und Schulalltag sehen wir die Gefahr, dass der Unterricht der Klasse, der Unterricht des Einzelnen in der Klasse zu kurz kommt. Das ist für uns das Motiv, „Zeit für die Schrift", 1988 zuerst erschienen und bis jetzt in 4. Auflage im Handel, nun in zwei Bänden neu herauszubringen. Unser Ziel ist, Bewährtes beizubehalten, es zu aktualisieren und auf den gegenwärtigen Forschungsstand zu beziehen (Daniela Merklinger danken wir für Hinweise zur Überarbeitung):

* Band I führt ein Unterrichtskonzept aus, das individuelle Lernhilfen integriert,
* Band II stellt langjährig erprobte Instrumente zum Beobachten als didaktischer Aufgabe bereit.

Die LERNBEOBACHTUNG Lesen und Schreiben wurde 1984/85 in Kooperation mit der Hamburger Schulbehörde im Rahmen der Lehrerfortbildung entwickelt; sie ist in diesem und den folgenden Schuljahren in über 80 Klassen erprobt und bestätigt worden (vgl. die Arbeitshilfe „Schreiben- und Lesenlernen. Beobachtung des Lernprozesses im 1. Schuljahr", Behörde für Schule und Berufsbildung, Hamburg 1987). Gefördert wurde die Entwicklung des Unterrichtskonzepts durch die finanzielle Unterstützung der Deutschen Forschungsgemeinschaft (Lehrerhilfen bei Leseschwierigkeiten) und die Universität Hamburg.

Die SCHULANFANGSBEOBACHTUNG ist 1992 bis 1995 im Rahmen des Kooperationsprojekts zwischen der Hamburger Schulbehörde und der Bund-Länder-Kommission für Bildungsplanung: „Elementare Schriftkultur als Prävention von LRS und funktionalem Analphabetismus in der Grundschule" in 20 Klassen erprobt worden; daran hat Claudia Baark mitgewirkt (s. Band II, Kap. 2 bis 4). Auch dieses Beobachtungsinstrument hat sich seitdem vielfach bewährt. Besondere Aufmerksamkeit gilt dem Umgang mit Heterogenität: den Chancen, dass Kinder mit unzureichenden Lernvoraussetzungen und weit fortgeschrittene in einer Klasse zusammen lernen.

Hamburg, August 2005

1 Einleitung

Signale

Als Henning sechs Jahre alt war, brach er sich das Bein. Zuerst haben wir alle ihm mit Vorlesen und Spielen die Zeit vertrieben. Aber bald musste er sich immer mehr selbst beschäftigen. Weil er schon in die erste Klasse ging und etwas lesen gelernt hatte, legten wir ihm auch einen Stapel Bücher hin. Er wählte sich „Die kleine Hexe" – ein Buch, das die älteren Geschwister sehr schätzten, das freilich seine Lesefähigkeiten weit überforderte. Aber er wählte gerade dies und „pflügte" sich durch den Text, indem er laut las – Tag für Tag, meist mehrere Stunden lang.

Wer ihm zuhörte, konnte den Text kaum verstehen, Henning aber verstand, was er da las. Und mir wurde beim Zuhören plötzlich deutlich, dass sein Lesen wie ein Fenster war, das den Blick freigab auf geistige Prozesse, die sich in seinem Kopf abspielten. Einmal habe ich das Tonband angestellt:

Ich habe nu: noch sie:ben Keschwi:ter schwitter ... Und Varter ist vori:ken Wi:nter ke:s:to:rben. – Was ist mit dem Vater? – Der ist gestorben. Nun mache: machen wir so:lch so: siche: sicher siche mh? Papierblumen. (Das Wort kam bereits im Text vor.) *Aber es mag sie ja nie:mand. Aber es mag sie ja niemand.*

(„Ich habe noch sieben Geschwister. Und Vater ist vorigen Winter gestorben. Nun machen wir solche Papierblumen. Aber es mag sie ja niemand."

OTFRIED PREUSSLER: Die kleine Hexe. Stuttgart: Thienemann 1996, S. 44)

Henning tastet sich durch viele Wörter, indem er sie langsam und gedehnt erliest *(nu:)*. Er macht auch eine lange Pause (...). Viele Vokale artikuliert er als Langvokale. Dazu gibt die Schrift auch Anlass genug, denn häufig ist die Länge oder Kürze des Vokals ja nicht bezeichnet. Dass er in dieser Passage *k* für (g) bevorzugt, könnte man auch darauf zurückführen, dass (g) eben mehrdeutig ist (z. B. *Berg*). Vielleicht ist es aber auch ein großes Bemühen um Exaktheit, das zu Übertreibungen führt (vgl. *Varter*). Trotzdem versteht Henning offenbar den Sinn, wie die Nachfrage zeigt.

Signale 11

Bei manchen Wörtern geht er schrittweise vor, unterteilt sie und versucht – wie bei *solche* – den Satzzusammenhang einzubeziehen. *Sicher* wäre syntaktisch ja auch möglich, aber Henning orientiert sich zugleich wieder an der optischen Textvorlage *(siche)*. Er beharrt von sich aus nicht darauf, Unklares zu klären (z. B. *Geschwister, solche)*, sondern liest in gleichmäßig langsamem Tempo weiter und wiederholt nur gelegentlich – wie beim letzten Satz – für sich die Aussage.

Als Lehrerin hatte ich zwar ebenfalls täglich die Anfänger lesen gehört, aber als Signale für ihre Schwierigkeiten und ihre Art, damit umzugehen, waren mir die Leseversuche nie aufgefallen. Ich hatte nur wahrgenommen, dass sie richtig lasen und auch immer wieder falsch und dass sie oft die Bedeutung der Wörter oder den Sinn eines Satzes einfach nicht herausfinden konnten. Natürlich waren diese Texte in ihrem Schwierigkeitsgrad auf das Lesevermögen der Kinder abgestimmt. Außerdem wurden sie geübt. Aber entsprachen diese Texte auch dem Lesebedürfnis der Kinder? Und hatte ich bis dahin meine Aufgabe als Lehrerin vielleicht zu ausschließlich in der gründlichen Vermittlung des Lehrgangs und der Beurteilung der Fortschritte der Klasse gesehen und hatte mich zu wenig darauf gerichtet, das Lernen des Einzelnen zu beobachten und anzuregen?

Damals entstand der Plan, Lernprozesse von Schulanfängern zu erkunden, indem man sich neben sie setzt und ihnen zuhört, während sie lesen lernen. Ein einfaches Verfahren, das ich zusammen mit Studenten mit mehreren Tonbändern erprobte (vgl. DEHN 1978). Die Aufgaben, die wir den Kindern im Lesen und Schreiben stellten, sollten ein wenig schwerer sein als das, was sie aus dem Unterricht schon kannten, gleichsam Herausforderungen zu einer Anwendung des bereits Gelernten für die Schüler; und für die Lehrer erhofften wir Aufschlüsse zu gewinnen über die Zugriffsweise der Anfänger.

Während einer solchen Beobachtung saß ich neben Heino, dem Erstklässler, und dem Studenten in einem kleinen Gruppenraum und hörte zu. Heino verwechselte beim Lesen manche Wörter, z. B. die Lehrgangswörter *wo* und *war (Wo war Micha?)*, und hatte Mühe, den Unterschied zu finden, weil er sich stets am Wortanfang orientierte. Beim Schreiben (das große *U,* das kleine *u, im, Oma)* schrieb er ohne Fehler langsam und bedächtig und sprach stets leise mit. Aber was dabei in seinem Kopf vorging, konnte ich nicht erfahren. Da kam mir die Idee, Heino zu bitten, Wörter zu schreiben, die er zuvor noch nicht gesehen hatte: *Schreib mal ... „Ball".* Das war damals, als Schreibanfänger im Unterricht nur abschrieben, was an der Tafel oder im Buch stand, und aus dem Kopf nur Wörter aufschrieben, wenn sie sie lange genug geübt hatten, eine kühne Aufforderung. Heino wies mein

Ansinnen zunächst zurück, aber nach einer kleinen Ermunterung begann er doch. Als er bei zwei Wörtern merkte, dass er mit der Aufgabe zurechtkam, wollte er gar nicht mehr aufhören. Und ich war durchaus um passende Wörter verlegen: *Schreib mal „Buch".* Indem ich das Wort nannte, erschrak ich, weil es ja viel zu schwer war: (ch) war im Unterricht noch gar nicht behandelt. Aber Heino störte sich daran nicht. Er sprach sich auch dieses Wort mehrmals flüsternd vor und schrieb dann sicher einen Buchstaben nach dem anderen. Über das „R" war ich ziemlich verblüfft. – Zum Schluss wollte er das Blatt unbedingt mit nach Hause nehmen, um es seiner Mutter zu zeigen.

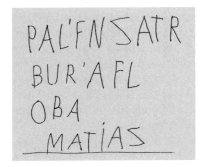

Heino verteilt die Wörter großzügig auf dem Blatt. Und er kennt offenbar viel mehr Buchstaben, als im Unterricht behandelt sind. Wörter, die in derselben Reihe stehen, trennt er durch kleine Häkchen ab – eine Erfindung, für die es weder in seiner Fibel noch im Unterricht einen Anhalt gibt. Man kann lesen, was er schreibt, auch wenn er manches auslässt, manchmal den falschen Buchstaben wählt oder die Form verdreht. Die Reihenfolge der Buchstaben scheint ihm noch nicht sehr wichtig zu sein. Bei *Fenster* notiert er die Zeichen einfach so, wie ihm die Laute nacheinander auffallen. Bei *Bur* kann man Heinos Lösungsweg besonders gut nachvollziehen, wenn man sich selbst das Wort innerlich vorspricht: Er notiert mit *R* den Buchstaben, der in der Artikulationsstelle dem (ch) besonders nahe liegt. Was für eine analytische Leistung!

Und warum will er das Blatt eigentlich der Mutter, nicht der Lehrerin zeigen? Gehören Schreibsituationen, in denen das Können auf diese Weise hervorgelockt wird, nach seiner Erfahrung nicht zum Schulunterricht?

In den folgenden Jahren entwickelten sich aus diesen und ähnlichen Erfahrungen systematische Beobachtungen, Langzeitstudien im Anfangsunterricht und bis zum Ende der Grundschule in mehr als 40 Klassen. Dabei

Thesen 13

ging es nicht nur um den Lernprozess der einzelnen Schülerin, des einzelnen Schülers, sondern um den sozialen Kontext der Klasse, die Interaktion zwischen Lehrperson und Kind, nicht nur um Lernbeobachtungen (s. Band II), sondern um die Erprobung von Unterrichtskonzepten und Aufgabenstellungen, die die Heterogenität der Lerngruppe als Chance nutzen. Besondere Aufmerksamkeit gilt dabei den Zugriffsweisen und den Schwierigkeiten älterer Grundschüler, von Sonderschülern der Schule für Lernbehinderte und erwachsenen Analphabeten (DEHN/HÜTTIS-GRAFF/KRUSE 1996, DEHN 2004).

Ergebnisse, die für diese Darstellung grundlegend sind, möchte ich programmatisch an den Anfang stellen:

Thesen

These 1
Lesenlernen ist mehr als die Kenntnis der Buchstaben und die Aneignung der Synthese. Die zentrale Tätigkeit des Kindes beim Lesenlernen entspricht der beim Problemlösen. Lesenlernen heißt für das Kind Problemlösen – die meisten Kinder bewältigen diese Aufgabe allerdings mit Leichtigkeit.

Der Leseanfänger muss von einer Ausgangssituation (dem optisch präsentierten Wort bzw. Text) zu einem ihm noch unbekannten Ziel (dem Verständnis der Wortbedeutung bzw. des Textsinns) gelangen. Dazu muss er verschiedene Teilschritte vollziehen (u. a. Zuordnung von Schriftzeichen zu Lauten, Herstellen einer Lautfolge, Strukturieren der Buchstabenreihe, Berücksichtigen des Kontextes), die Teilschritte auf das Ziel hin koordinieren und im Hinblick auf die Ausgangssituation kontrollieren. Dazu gehört Mut – nämlich überhaupt Teilschritte zu probieren und Entwürfe darüber zu machen, wie das Wort heißen könnte, aber auch Genauigkeit und so etwas wie Selbstkritik bei der Kontrolle der eigenen Versuche. Lesen als Rekonstruktion schriftlich fixierter Gedanken anderer erfordert darüber hinaus die Fähigkeit, von der eigenen augenblicklichen Situation abzusehen und sich durch Schriftzeichen Vorstellungsinhalte zu erschließen.

Die Kenntnis der Buchstaben ist eine Voraussetzung für das Lesenlernen. Allerdings hat sich in vielen Untersuchungen gezeigt, dass ihr nicht die Bedeutung zukommt, die ihr meist zugemessen wird. Auch sichere Leseanfänger kennen immer wieder einzelne Buchstaben nicht, aber sie können diesen Mangel ausgleichen. Die Fähigkeit zur Synthese ist eine andere Voraussetzung. Aber sie ist der unterrichtlichen Vermittlung nicht ohne weiteres zugänglich: Man kann den Vorgang der Synthese zwar vielfältig vormachen und auch anschauliche Hilfen geben (z. B. durch eine Leseleiste oder Lesebahn oder durch Lautgebärden), am stärksten kann man ihn wohl durch ein das Schreiben begleitendes Sprechen unterstützen: Die Aneignung selbst jedoch entzieht sich äußerlicher Lenkung und erfolgt meist sprunghaft. Und der Lernweg von der Synthese zweier Elemente bis zum Erlesen schwieriger Wörter ist für etliche Leseanfänger außerordentlich lang und mühsam.

These 2
Schreibenlernen ist mehr als die Aneignung der Buchstabenform im Bewegungsvollzug. Es ist eine sprachanalytische Tätigkeit des Kindes.

Die Aneignung der Orthografie setzt voraus, dass das Kind sich – unbewusst freilich – Regeln bildet über die Struktur der gesprochenen Sprache und ihre Notierung in der Schrift. Dazu gehört, dass es seine Aufmerksamkeit auf die Analyse seines Sprechens richtet, und zwar losgelöst vom Inhalt. Untersuchungen haben gezeigt, dass eine solche auditive Analyse wesentlich von dem abhängt, was das Kind bereits über Schrift weiß. Und dieses Wissen gewinnt es vermutlich, indem es zunächst einige wenige geschriebene Wörter oder auch einzelne Buchstaben und Abkürzungen mit seiner eigenen Artikulation vergleicht, sie sich einprägt und auf dieser Grundlage ein kognitives Schema von der Struktur der Schrift entwickelt, das es zunehmend differenziert.

Schreiben als Konstruktion und Formulierung eigener Gedanken bedeutet darüber hinaus die Aneignung schriftsprachlicher Strukturen, die gegenüber denen des Sprechens komprimiert und zugleich entfaltet sind. Schreibanfänger, die noch Mühe mit dem motorischen Vollzug haben, müssen die Wörter besonders gut auswählen, um ausdrücken zu können, was sie meinen (WEINHOLD 2000).

Wer das Schreibenlernen der Anfänger auf die Aneignung der Buchstabenformen und des Bewegungsablaufs beschränkt, verkürzt den Begriff von Schrift und Schreiben, den die Anfänger sich bilden, um zwei entscheidende Funktionen, die zu entfalten später häufig schwer fällt.

These 3
Lernen ist in erster Linie eine Aktivität des Lernenden, weniger eine Folge von Lehrvorgängen. Lehren sollte, statt – wie bisher vorrangig – dem Grundsatz „Vom Leichten zum Schweren" zu folgen, von der Maxime „Vom Unvollkommenen zum Vollkommeneren" geleitet sein.

Thesen   **15**

Wenn Kinder in die Schule kommen, haben sie bereits 6 oder 7 Jahre lang Lernerfahrungen gemacht: Sie beherrschen einen wesentlichen Teil des Wortschatzes und die wichtigen Satzbaumuster, sie haben sich grundlegende Muster und Regeln für die Verständigung angeeignet und auch gelernt, wie man mit Konventionen umgehen kann oder ihnen auch gerade folgen muss, um wichtige persönliche Interessen durchzusetzen. Sie haben dabei durchaus nicht mit dem Einfachen begonnen, sondern von Anfang an in komplexen Situationen gelernt. Und sie haben all dies und vieles andere ohne ausdrückliche Unterweisung gelernt.

Schulisches Lernen unterscheidet sich nun vom vorschulischen vor allem dadurch, dass Lernzeiten und Lerngegenstände institutionell vorgegeben sind und vom Lehrer geplant werden.

Aber: Die Erkenntnis, dass Kinder immer anderes und auf andere Art lernen, als wir sie lehren – das gilt für den frontal gelenkten Unterricht wie auch für offene Unterrichtsformen –, sollte zu einem Umdenken bei der Konzeption schulischer Lehrgänge zum Lesen und Schreiben führen: Warum nehmen wir für schulisches Lernen an, es müsse stets durch Lehren allererst initiiert werden?

Warum schaffen wir nicht eine „Schriftumgebung", in der sich zu bewegen den Anfängern verlockend erscheint? Warum unterstützen wir die Lese- und Schreibanfänger nicht auf ihren Lernwegen und geben ihnen Anregungen, sich von unvollkommenen Lösungen, also komplex-undifferenzierten, zu vollkommeneren, also zu stärker strukturierten und differenzierten, zu bewegen? Henning z. B. sucht sich seinen Lesestoff selbst, und Heino hat sich bei seinen Schreibversuchen manches verfügbar gemacht, was erst latent vorhanden war. Gemessen an der Norm ist ihr Tun unzureichend. Beide Kinder geben sich auch mit Fehlerhaftem zufrieden. Aber beide entwickeln dabei eine Lernbereitschaft, die es – auch im institutionellen Rahmen des Schulunterrichts – zu erhalten und anzuregen gilt. Die Orientierung am Zugriff der Kinder bedeutet freilich auch nicht, dass das Lehrverfahren nun seinerseits dem Lernprozess bloß zu folgen brauche oder dass mit offenen Lernsituationen und Binnendifferenzierung alle Probleme zu lösen wären.

These 4
Fehler der Lese- und Schreibanfänger sollten nicht in erster Linie als Abweichungen von der Norm betrachtet und behandelt werden, sondern als lernspezifische Notwendigkeit.

Wenn kleine Kinder die ersten Äußerungen tun, sind wir hocherfreut, geben uns Mühe zu verstehen, was sie meinen, und versuchen sie zu weiteren

Äußerungen anzuregen. Fehler gelten beim Spracherwerb als „entwicklungsspezifische" Notwendigkeiten. Wenn sie mit dem Schreiben anfangen, haben wir dagegen – immer noch häufig – die Befürchtung, ihre Fehler könnten die Aneignung behindern. Aber wenn sie nur die Buchstaben, Wörter und Sätze nachschreiben, die wir ihnen „vorschreiben", haben sie – auch für das Rechtschreiblernen – weniger Möglichkeiten zum Erkunden, weil sie nicht auf Merkmale der Schreibung aufmerksam werden, sich ihnen weniger Fragen stellen. Für viele Anfänger beschränkt sich Schreiben – immer noch – auf Nachschreiben und Abschreiben, geordnet nach dem Prinzip vom Leichten zum Schweren und vor allem unter Vermeidung von Fehlern.

Fehler sollen – so eine verbreitete Meinung – auch beim Lesen möglichst vermieden werden. Deshalb werden die Texte so ausgewählt, dass immer nur wenig Neues darin vorkommt. Häufig wissen die Kinder schon vorher, was das Geschriebene bedeutet, oder sie üben es so lange, bis sie es auswendig können. Und wenn die Kinder trotzdem Fehler machen, werden sie sogleich korrigiert. Aber was könnten Leseanfänger alles lernen, wenn sie Gelegenheit dazu hätten, selbst ihre Fehler zu finden und sie gemeinsam mit anderen zu korrigieren, oder wenn sie sie gelegentlich – wie Henning das tut – übergehen dürften?

Und wie viele Hinweise für weitere Aufgabenstellungen für die Lerngruppe als ganze oder für Einzelne erhielten wir, wenn wir Fehler der Anfänger als Indizien für ihre Zugriffsweise verstehen würden? Vieles spricht dafür, dass wir auf diese Weise eher erreichen, dass aus dem Lernen ein Können wird: Lesenlernen und Schreibenkönnen.

Ich möchte die skizzierten Forschungsergebnisse über die kognitive Zugriffsweise der Lese- und Schreibanfänger im Hinblick auf die Erfahrungen der schulischen Praxis darstellen und bedenken. Dazu gehört zentral die Frage der Lernschwierigkeiten, die radikaler als bisher auch als Nicht-Lernen behandelt werden soll. Dazu gehören Fragen der organisatorischen und methodischen Unterrichtsgestaltung und – was für Kinder und Lehrer am wichtigsten ist – die Art ihrer Verständigung.

Viele Beobachtungen und Befunde sind hier eingegangen. Ich füge daraus immer wieder Szenen ein – sie sind alle authentisch. Die Szenen dienen der Erläuterung und Vertiefung der Forschungsergebnisse, aber sie betonen auch Aspekte, die in ihrer Komplexität wissenschaftlicher Analyse bisher kaum zugänglich waren.

Viele Szenen mögen Leserin und Leser selbst kommentieren. Es sei davor gewarnt, sie als Rezepte zu verstehen und nachzuahmen: Etliche

Szenen sind Beispiele täglicher Schulmisere. Einige demonstrieren, dass Schrifterwerb nicht nur ein pädagogisches und psychologisches Problem ist, sondern dass die Schwierigkeiten mit den Lese- und Schreibanfängern auch eine politische Dimension haben. Aber auch die „vorbildlichen" Interaktionen lassen sich nicht nachahmen, weil die Personen und die situativen Kontexte stets andere sind.

An den Schluss dieser Einleitung stelle ich eine Serie von Szenen aus unterschiedlichen Unterrichtsformen, die das Problem des Nicht-Lernens thematisieren und Wege gelungenen Unterrichtens zeigen.

Nicht-Lernen

Verweigerungen

- Eine Studentin, die einem Sonderschüler aus Klasse 8 Einzelunterricht im Lesen und Schreiben erteilt, erschrickt, als er beim dritten Mal zum vereinbarten Termin nicht kommt. Sie hat sich nach den positiven Erfahrungen der ersten Begegnungen viel überlegt, manches vorbereitet und weiß, dass sie beim nächsten Treffen ihre Vorstellungen nicht in ähnlich intensiver Weise wird artikulieren können.
  Man fühlt sich, als wenn man in ein Loch fällt.
  In den folgenden Monaten fehlt Ralf durchschnittlich jedes zweite Mal – mit ganz verschiedenen Entschuldigungen.

- Eine Lehrerin berichtet über einen Schüler, der Förderunterricht in Klasse 2 erhält.
  Dienstags, dem Tag der Förderstunde, kommt er meist überhaupt nicht zur Schule. Mit der Mutter zu reden, nützt auch nichts.

- Eine Kursleiterin aus der Alphabetisierung äußert kurz vor Unterrichtsbeginn zwei anderen gegenüber ihre Bestürzung darüber, dass nur zwei Teilnehmer erschienen sind. Vieles, was am Tag zuvor auch individuell vereinbart war, lässt sich jetzt nicht ausführen.

Vielleicht kann man die Betroffenheit der Lehrenden, die eine Mischung aus Enttäuschung, Empörung und dem Gefühl von Ohnmacht und persönlichem Verletztsein ist, nur verstehen, wenn man selbst Ähnliches erfahren hat.
- Warum verweigern sich die Lernenden dem Unterricht?
- Welchen Stellenwert hat Lesen und Schreiben in ihrem Leben?

Abwehr

Eine Lehrerin sagt zu einer Studentin, als diese im Anschluss an eine Hospitation in Klasse 1 nach einer auffälligen Schülerin fragt: *Die wird sowieso Analphabetin …*

Diese Lehrerin gehört zu den Kolleginnen, die sich um guten Unterricht und um Reflexion darüber bemühen. Was bewegt sie, dass sie nach wenigen Schulmonaten zu einem solchen Urteil kommt? Hat sie schon resigniert? Muss sie alle Erwartungen und Ansprüche an sich selbst als Lehrerin, vor allem ihre eigenen und die des Kindes, abwehren? Welche Möglichkeiten hätte sie?

Ratlosigkeit

In einem ehemaligen Büroraum sitzen 6 Jugendliche, die fast alle unter 20 Jahre alt sind, um einen Tisch und schreiben von der Tafel die Wörter aus fünf Sätzen ab, die sie beim anschließenden Diktat nicht mitschreiben möchten: *Acht Brote lege ich in die Tasche. Im Januar kriege ich ein Telefon. Mittwoch …* Jeder schreibt langsam und aufmerksam, einige müssen sich buchstabenweise orientieren und trauen sich nur wenige Wörter für das anschließende Diktat zu *(ich, und, ein …).*

Diese Teilnehmer an einem Alphabetisierungskurs sind vor kurzem nach 9 oder 10 Jahren aus der Schule (aus der Sonder- und Hauptschule) entlassen worden. Was haben sie während dieser langen Unterrichtszeit gemacht? Warum haben wir ihnen in den späteren Schuljahren keine Gelegenheit mehr zur Schriftaneignung gegeben?

Wege: Vor der Tafel und am Tisch
Lesen mit Folgen: Der Zirkusdirektor

Beim Ansehen der folgenden Szene als Videoaufnahme wundern sich Lehrerstudenten über die Spannung, die offenbar von einem Tafeltext für die Leseanfänger (Klasse 1, Februar) ausgeht. Was ist das Besondere an dem Text und an dieser eigentlich alltäglichen Lesesituation? Und warum wundern sich die Lehrerstudenten?

Die Klasse hat im Januar eine Vorstellung eines Zirkus besucht und sich mehrere Wochen lang mit der Vorbereitung und Auswertung dieses Besuches befasst, u. a. hat jedes Kind einen Zirkuswagen aus einem Schuhkarton gebastelt. Heute soll der letzte Tag zum Thema Zirkus sein.

Die Lehrerin (I. Wolf-Weber) hat die Kinder mit ihren Stühlen vor der Tafel versammelt. Es soll diesmal um den Herrn Direktor gehen. *Jeder liest*

nur mit den Augen, nicht mit dem Mund. Die Lehrerin schreibt Wort für Wort
an die Tafel:

> Das ist der Herr Direktor.
> Du kannst ihn heute basteln.
> Er kann stehen.
> Er kann auch sitzen.
> Er ist aus Draht.

Neben den ersten und den zweiten Satz hängt sie ein Bild von einer gebas-
telten Puppe und setzt zum Schluss einen winzigen „Direktor" aus Biege-
draht (Pfeifenputzer) auf den Tafelrand.

Die Kinder lesen Satz für Satz vor. Und mit jeder Zeile wird ihre Aufmerksamkeit größer. Immer mehr Kinder stehen auf, um zu sehen, wie es
weitergeht. Es bleibt ganz still.

Dabei schließen sich manche Übungen jeweils an das Vorlesen an: Die
Kinder besprechen, welche Wörter sie besonders schwer finden, und suchen ähnliche; die Lehrerin korrigiert die Aussprache von „Direktor": *Das
heißt nicht „Därektor"* (Hamburger Umgangssprache). Anschließend lesen
die Kinder das Wort mehrfach so, wie es geschrieben steht.

Warum lassen sich die Kinder fesseln von diesem Text, einem schlichten
Tafeltext, an dem Verschiedenes geübt wird? Im Gespräch mit den Stu-
denten stellte sich heraus, dass die meisten – anders als die Kinder – den
Text als „reinen" Tafeltext verstanden hatten, der – gleich welchen Inhalt er
hatte – stets folgenlos geblieben war. Und so hatten die Studenten auch den
Text vom „Herrn Direktor" nicht wörtlich genommen.

Diese Kinder aber haben andere Erfahrungen gemacht. Darum lesen sie
aufmerksam und sind gespannt, wie es weitergeht. Sie lesen anschließend
noch gemeinsam, welches Material benötigt wird, und dann erhält jeder ein
Blatt mit einer Bastelanleitung:

*Jetzt muss ich euch nur noch eins sagen. Ihr bekommt alle von mir einen
Zettel. Und da steht drauf, wie es jeder machen muss ... Und wenn ihr das
gelesen habt, dann geht ihr in die Mitte. Während ihr euch nämlich hinsetzt
und das lest, stelle ich alle Zutaten in die Mitte. Und ihr wisst, dass man
nicht drängelt und nicht rafft. Ich habe selbst für den Letzten noch ganz
viele verschiedene Sachen.*

Und die Kinder? Jedes studiert gründlich sein Blatt. Auch die drei lang-
samsten Leser tun es mit unverminderter Intensität – obwohl die meisten
anderen schon beim Basteln sind und es doch viel einfacher wäre, sich an
deren Hantierungen zu orientieren. Oder?

Lesen ist hier keine lästige Vorstufe zum Eigentlichen, sondern notwendige Voraussetzung. Offenbar fasst hier jedes Kind es als wichtig auf, vielleicht auch als ein Prestige. Alle Kinder wissen, dass sie ihr Werkstück beenden können. (Die „Tischspielzeit" der anschließenden Stunde dient als zeitliche Pufferzone.)

Das Beispiel selbst erhellt allerdings noch nicht, wie es gelungen ist, den Kindern diese Haltung zu vermitteln.

Lernhilfe für Andrea I

In Klasse 1 ist im November das (ei) eingeführt worden. Die Lehrerin erklärt:

(ei) schreiben wir immer so: ein „e" und ein „i".

Jedes Kind soll diesen Merksatz wiederholen. Andrea kommt als Dritte dran, kann es nicht.

Andrea, wenn du jetzt gut aufpasst, wie es die anderen machen, kannst du es gleich auch.

Als vorletzte wird Andrea noch einmal aufgefordert. Jetzt kann sie den Merksatz sagen.

Wege: Vor der Tafel und am Tisch 21

Die Lehrerin formuliert einen Anspruch an die langsam Lernende und zeigt ihr einen Weg. Sie gibt keine gesonderte Erklärung, sondern verweist sie an ihre Lernfähigkeit. Andrea wird diesem Anspruch gerecht und in ihrem Können bestätigt.

Lernhilfe für Andrea II

Andrea (Klasse 1, s. o.) verwechselt bei einer Schreibaufgabe einige Wochen später die Buchstaben d und b.
Hier hast du ihn wieder verkehrt rum gemacht. Da hast du wohl Probleme. Das müssen wir wohl mal üben.
Nicht sofort, aber noch in derselben Stunde setzt sich die Lehrerin zu Andrea, gibt ihr Hilfen und stellt ihr entsprechende kleine Aufgaben. Schließlich fragt sie:
Hast du noch Lust? – Nein.
Andrea kann die Aufgaben am nächsten Tag fortsetzen.

Kindergespräch beim Schreiben

Am Ende von Klasse 1 sind die Kinder mit verschiedenen Schreibaufgaben beschäftigt, die sämtlich bereits mehrfach bearbeitet worden sind. Antje und Onur haben eine Schachtel mit gestempelten Bildkarten vor sich sowie Schreibblock und Stift. Auf jeder Bildkarte sind Striche entsprechend der Anzahl der Buchstaben.

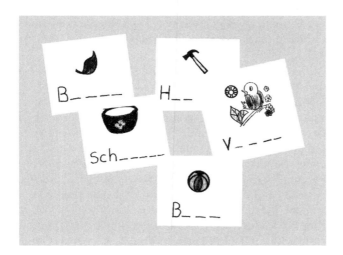

Die Mädchen schreiben die Wörter auf. Antje nimmt wieder eine Karte heraus, Onur guckt auf die Karte.

A.: Vo: gel, Vogel ...
    Ja. o-g-e-l (zeigt auf die Striche)
O.: (vergleicht mit den Strichen) *Und jetzt muss „Vau" schreiben, ne?*
A.: (beginnt zu schreiben; O. guckt auf A.s Blatt) *Vo:*
    (A. guckt auf O.s Blatt. O. hat „V" geschrieben.)
O. und A. (gleichzeitig): *Vo: gel* (schreiben das Wort zu Ende) ...
A.: Jetzt kommt (nimmt neue Karte) *B-a-l*
A. und O.: -l
A.: Wird mit zwei „l" geschrieben, Ball, ne?
O.: Mh (schreibt)
A. und O. (gleichzeitig): *Ba:l* (sie schreiben)
O.: Ball. Hab ich (guckt auf A.s Blatt).

Beide Kinder arbeiten mit großer Intensität und Ernsthaftigkeit. Sie vergewissern sich ihrer Kenntnisse von der Schreibung der Wörter:

- indem sie lautieren und das Gehörte mit der Anzahl der Striche auf der Bildkarte vergleichen,
- indem sie wechselseitig die besonderen Merkmale der Wörter bestätigen *(Und jetzt muss (!) „Vau" schreiben; wird mit zwei „l" geschrieben)*
- und indem sie das selbst Geschriebene jeweils mit der Schreibung der anderen vergleichen.

Onur gehört zu den schwächsten Schreibanfängerinnen der Klasse, Antje zu den durchschnittlichen. Das ist in ihrem Gespräch zwar erkennbar, aber dennoch gelingt ihnen wirkliche Kooperation. Wie Kinder schon in Klasse 1 dazu angeleitet werden können, kann nicht in Form von Regeln der Unterrichtsgestaltung oder der Interaktionsformen beantwortet werden.

Ich sehe eine Aufgabe des Buches darin, in vielen eingestreuten Szenen Einblick in die Arbeitsatmosphäre dieser und anderer Klassen und die individuelle Ansprache der Lehrerin zu geben, die jede Leserin und jeder Leser im Hinblick auf die jeweils anderen Ausgangsbedingungen und spezifischen Möglichkeiten bedenken und beurteilen kann. Die Klassen, von denen hier die Rede ist, arbeiten in der Mehrzahl mit eigenen Materialien. Es geht mir nicht um die Frage, welcher Lehrgang gut geeignet, welcher besser als ein anderer ist (vgl. dazu beispielsweise SCHRÜNDER-LENZEN 2005, S. 105–150), sondern darum, Grundsätze und Prinzipien des Unterrichtens zur Diskussion zu stellen, auch darum, Beispiele „guten" Unterrichts zu zeigen.

Sie können jedes Kapitel für sich lesen, aber auch der Argumentation im Ganzen folgen. Ich beginne mit Einblicken in den Lernprozess. Dabei

Wege: Vor der Tafel und am Tisch 23

gilt Schrifterwerb nicht als Beherrschen einer Kulturtechnik, sondern als Eindringen in den Bereich der Schriftkultur. Lesenlernen als Problemlösen und Schreibenlernen als sprachanalytische Tätigkeit zu verstehen (s. These 1 und 2), hat weitreichende Konsequenzen dafür, wie wir Lernsituationen gestalten, welche Aufgaben wir den Kindern stellen und wie wir uns mit ihnen darüber verständigen, nicht zuletzt, welcher Art unsere Lernhilfen sind – auch bei gravierenden Lese- und Schreibschwierigkeiten (s. Kapitel 2 bis 4).

Ergänzt wird diese Perspektive durch Informationen über den Lerngegenstand, die Struktur der Schrift, die Beziehung von Lautung und Schreibung, die Grundlagen der Rechtschreibung und des Leseverständnisses (s. Kapitel 5).

Die folgenden Kapitel (6 bis 8) gelten der Frage, wie Unterricht den Lernenden denn erreichen kann: die Möglichkeiten und Ansprüche werden im Hinblick auf die Anbahnung von Schrifterfahrung in der Vorschulzeit und bei Schulanfang, der Zeit für die Schrift, dargestellt und in den Kapiteln zum Schreib- und Leseunterricht in Klasse 1 bis zu methodischen Anregungen und detaillierten Aufgabenstellungen (s. die Kopiervorlagen im Anhang) fortgeführt. Dabei wird immer wieder der Umgang mit Fehlern und die pädagogische Maxime „Vom Unvollkommenen zum Vollkommeneren" thematisiert (s. These 3 und 4).

Das Ziel dieses ersten Bandes ist, die Handlungskompetenz im Unterricht zu vergrößern:

* dadurch, dass wir Beobachtungen aus theoretischer Perspektive verstehen,
* dadurch, dass wir didaktische Möglichkeiten kennen und methodische Ideen, konkrete Aufgabenstellungen und Materialien nutzen können
* und vor allem dadurch, dass Leserin und Leser aus der Betrachtung der vielen Episoden, in denen Lehrer und Kinder miteinander umgehen, ein besseres Selbstverständnis gewinnen.

Indem wir andere sehen, können wir auch uns selbst einmal mit den Augen anderer sehen, damit das, was wir sein möchten, besser mit dem übereinstimmt, was wir tun.

2 Einblicke in den Lernprozess

Zum Stand der Diskussion

Einblicke in den Lernprozess als eine Voraussetzung für guten Unterricht zu betrachten: das war nicht immer Konsens. Bis Mitte der 1970er Jahre orientierte sich die Diskussion über den schulischen Lese- und Schreibunterricht vorwiegend an der Sachstruktur des Lerngegenstandes, also an der Schrift, oder an den Fähigkeiten des Schriftkundigen. Man schloss von Beobachtungen des Lesens und Schreibens von Könnern auf die Tätigkeiten, die es dem Anfänger zu vermitteln galt. Dementsprechend wurde die synthetische oder die ganzheitlich-analytische Unterrichtsmethode begründet.

Danach hat sich mehr als 20 Jahre lang ein breites Interesse der Forschungen auf den Schrifterwerb gerichtet, und zwar besonders auf die Wahrnehmungsvorgänge und die Prozesse der Regelbildung beim Lernenden, z.B.: ANDRESEN 1985, BALHORN 1983, BRÜGELMANN 1983, 1984, BRINKMANN 1997, DOWNING/VALTIN 1984, EICHLER 1976. Zu diesem Wechsel des Forschungsinteresses hat vor allem die Hinwendung zu Arbeiten beigetragen, die in der amerikanischen Kognitionspsychologie und Psycholinguistik sowie der russischen Lernpsychologie der Galperinschule entstanden sind (vgl. HOFER 1976, WEIGL 1974, A. A. LEONT'EV 1975). Die Forschungen zum Schriftspracherwerb haben ein Verständnis von Unterricht begründet, das die Eigenaktivität der Lernenden als Ausgangs- und Zielpunkt sieht. Sie wurden aber vielfach auch als Begründung für einen polemisch vertretenen offenen Unterricht herangezogen.

In den letzten zehn Jahren hat erneut ein Paradigmenwechsel stattgefunden: Mit den internationalen Studien zur Leistungsmessung (vor allem PISA, vgl. BAUMERT u. a. 2001 und IGLU, vgl. Bos u. a. 2003) hat das Interesse an den Lernergebnissen zu- und an den Lernprozessen abgenommen. Schulpolitisch steht nun das Bestreben im Vordergrund, die Leistungen zu steigern – und durch Messungen zu prüfen, inwieweit dieses Ziel erreicht wird. Damit besteht die Gefahr, Befunde über Gesetzmäßigkeiten von Lernprozessen zugunsten von vermeintlich effektiven Methoden hintanzustellen.

Zum Stand der Diskussion 25

In allen Untersuchungen aber hat sich (seit mehr als 30 Jahren, vgl. FERDINAND 1972, SCHMALOHR 1971) gezeigt, dass Kinder durch eine Vielzahl von Methoden lernen, dass es immer Kinder mit Schwierigkeiten gibt und dass man keine einzelne Methode als die beste bezeichnen kann (VALTIN 1998, S. 68). Wohl aber kann man etwas sagen über Standards guten Unterrichts (s. Kap. 6, S. 76 ff.).

Unsere Studien gelten den Lernprozessen im Unterricht; sie fragen also immer auch nach dem Verhältnis von Lehren und Lernen (DEHN 1984, 1985; DEHN/HÜTTIS-GRAFF/KRUSE 1996; HÜTTIS-GRAFF 1998; vgl. OSBURG 2002):

- Das ist zum einen die Untersuchung des Lernprozesses von 66 Kindern aus sieben Klassen, die mit zwei unterschiedlichen Lehrwerken unterrichtet wurden („Bunte Fibel" und „lesen – lesen – lesen"). Diese Analyse von Beobachtungen des Lesen- und Schreibenlernens ist darauf gerichtet, möglichst umfassende und genaue Aufschlüsse über den Prozess der Schriftaneignung zu erhalten, damit pädagogische und didaktische Entscheidungen auf einer soliden Grundlage getroffen werden können. Ihr Ziel ist darüber hinaus, Lernschwierigkeiten im Hinblick darauf zu differenzieren, ob sie als produktive Momente der geistigen Auseinandersetzung mit Schrift aufzufassen sind oder ob sie als Indizien für Blockierungen der Schriftaneignung verstanden werden müssen, die für das Selbstbild sowie die schulische und berufliche Entwicklung der Betroffenen gravierende Folgen haben (vgl. die derzeitige Diskussion über Lese-Rechtschreib-Schwäche bzw. Legasthenie und über funktionalen Analphabetismus). Solche Lernschwierigkeiten gilt es frühzeitig zu erkennen, d.h. bereits in der Erwerbsphase in Klasse 1, und nicht erst, wenn sie manifest geworden sind, damit Lernhilfen besser wirksam werden können. Diese Studie hat zur Konzeption der LERNBEOBACHTUNG geführt (s. Band II).

Wir haben die Kinder einzeln beobachtet, also in einem Gruppenraum, insgesamt zehnmal in Klasse 1. Die Aufgaben, die wir ihnen gestellt haben, waren auf den Lehrgang bezogen: Lehrgangswörter und unbekannte Wörter lesen, Laute synthetisieren, Wörter aus einer Wortkette ohne Zwischenräume segmentieren, Buchstaben und Wörter schreiben sowie den letzten Satz eines mündlich vermittelten Textes vervollständigen. Auf diese Weise liegen uns von jedem Kind umfangreiche Beobachtungsdaten vor: aus dem 1. Schuljahr insgesamt ca. 14 000 Reaktionen auf isoliert dargebotene und auf Text-Wörter sowie 2 800 Schreibungen von Wörtern, die im Unterricht noch nicht behandelt waren. Darüber hinaus haben wir von diesen 66 Schülern auch standardisierte Testdaten erhoben (u. a. Bremer Artikulationstest, BAT; Bremer Lautdiskriminationstest, BLDT; Heidelberger Sprachentwicklungstest, HSET: IS KS SB; Culture Fair Intelligence Test 1, CFT; Schulleistungstestbatterie, SBL I) und sie über die anschließenden Schuljahre bis zum Ende der Grundschule verfolgt, jeweils mit einem Lese- und Rechtschreibtest.

- Das ist zum anderen das Hamburger Modellprojekt der Bund-Länder-Kommission für Bildungsplanung „Elementare Schriftkultur als Prävention von LRS und funktionalem Analphabetismus in der Grundschule", an dem 20 Klassen, vor allem aus sozialen Brennpunkten, teilgenommen haben. Unterrichtet wurden je sieben Klassen durch Fibeln und „Lesen durch Schreiben" und sechs mit einer Eigenfibel. Dieses Projekt ist als Feldstudie angelegt, das heißt, dass die Lernprozesse in der Klasse beobachtet wurden: Je drei Kinder (nach Auswahl der Lehrer) in Form transkribierter Unterrichtsprotokolle siebenmal in Klasse 1 und 2. Diese Befunde können in Beziehung gesetzt werden zu Daten über Lernvoraussetzungen, Lernfortschritte und Leistungen von 424 Schülerinnen und Schülern bis zum Ende von Klasse 4 (SCHULANFANGSBEOBACHTUNG, s. Band II, sowie standardisierte Tests). In dieser Studie geht es vor allem darum, wie basale Zugänge zu Schrift in der Schule eröffnet werden können („elementare Schriftkultur", s. S. 54 ff., S. 80–95), und um die Interaktion von Lehrperson und Schüler bei Lernschwierigkeiten.

Lesenlernen als Problemlösen

Ein Wort zu erlesen – eine zentrale Aufgabe in unserer Studie –, stellt für Leseanfänger nicht eine Routineaufgabe dar, sondern es ist für sie (im Sinne der Theorie des produktiven Denkens) ein Problem: „Ein Problem liegt vor, wenn ein Lebewesen ein Ziel hat und nicht ‚weiß', wie es dieses Ziel erreichen soll" (DUNCKER 1966). Zwischen dem Ausgangs- und dem Zielzustand ist eine Barriere. Es geht darum, vorhandene Fähigkeiten auf einen neuen Bereich (das Wort, den Satz) anzuwenden. Dazu muss Wissen (z.B. Wortschatz, Buchstabenkenntnis, phonologische, semantische und syntaktische Erwartung) eingesetzt, müssen Hypothesen formuliert und geprüft werden; unter Umständen muss die Vorgehensweise umstrukturiert werden, muss neues Wissen herangezogen werden. Das erfordert Flexibilität und die „Sensibilität für Nicht-Passungen":

Warum geht es eigentlich nicht?	**Was habe ich erreicht?**
Was fehlt mir?	**Wonach müsste ich fragen?**

Lesenlernen als Problemlösen 27

Das (Zwischen-)Ergebnis muss im Hinblick auf die Vorlage geprüft werden. Zum Problemlösen gehört inhaltliches Wissen (epistemische Struktur des Problems), strategisches Wissen/Können und ein Zutrauen in die eigenen Fähigkeiten, nämlich Lösungen zu finden, Lösungen zu erproben, zu verwerfen, neue zu erproben (heuristische Kompetenz; vgl. DÖRNER 1979). Insofern ist der Vorgang des Problemlösens immer von Selbstreflexion und von emotionalen Prozessen begleitet.

Diese Betrachtungsweise des Leselernprozesses ist wesentlich angestoßen durch kognitionspsychologische Arbeiten von NEISSER („Lesen ist äußerlich gelenktes Denken", 1974) und Studien von K. S. GOODMAN zu Verlesungen („Lesen ist ein Hypothesen testender Prozess", 1976). Sie begründete ältere Forschungen zu Zugriffsweisen bei der Schriftaneignung und zur Fehleranalyse (BRÜGELMANN 1984, MAY 1986, HÜTTIS 1988).

Bei der Auswertung der Leseprotokolle der 66 Kinder (vgl. DEHN 1984) haben wir drei Ebenen gefunden, deren Beziehung zueinander das pädagogische Verständnis des Schrifterwerbs grundlegend verändern kann.

Die ersten beiden Ebenen sind bekannt und werden im Schulalltag wie in Diagnoseinstrumenten häufig verwendet: Das ist erstens das Beherrschen der Elemente der Schrift, der Buchstaben, also die materiale Ebene; das ist zweitens das Beherrschen der Teilfähigkeiten, insbesondere der Fähigkeit der Synthese, also die Ebene der Operationen mit diesen Elementen. Die dritte Ebene betrifft die Art der Beziehung und Aufeinanderfolge der einzelnen Teiloperationen im Prozess des Erlesens. Diese Ebene der „Metaoperationen" erscheint uns zentral, um den Vorgang der Aneignung der Schriftsprache und die Schwierigkeiten dabei zu verstehen.

Die materiale Ebene des Lesens: Buchstabenkenntnis

Besonders bemerkenswert ist, dass die Behandlung der Buchstaben im Unterricht für den Lernprozess nicht die Rolle spielt, die ihr zumeist zuerkannt wird. Die Kenntnis der Buchstaben und Buchstabengruppen („Zweier", „Dreier") haben wir auf drei verschiedene Arten geprüft. Wir haben

- das rezeptive Verfügen über die Buchstaben bei den Leseaufgaben (Einzelwörter und Textlesen) analysiert; diese Aufgaben enthalten stets auch Buchstaben, die noch nicht bzw. bei einem Teil der Klassen noch nicht im Unterricht behandelt sind;
- bei den Aufgaben zum Schreiben von Wörtern, die noch nicht im Unterricht behandelt waren („„Schreib' mal ‚Lampe'!"), das produktive Beherrschen beobachtet; auch diese Aufgaben enthalten Buchstaben, die nicht bzw. bei einem Teil der Klassen noch nicht eingeführt sind;

- bei jeder Beobachtung den Kindern drei Buchstaben (Einer, Zweier oder Dreier) diktiert, die in allen Klassen bereits im Unterricht behandelt waren *(Schreib' mal das kleine/große ... !)* – also das reproduktive Verfügen geprüft.

Im Hinblick auf diese unterschiedlichen Arten der Buchstaben-Beherrschung haben wir den Stand im Lernprozess mit dem Stand im Lehrgang verglichen und darüber hinaus die Buchstaben-Beherrschung zur Zugriffsweise des Leseanfängers in Beziehung gesetzt.

Bei dem Lesewort *Hammer* z.B. ist das *e* zwar bei 16 von 32 Kindern noch nicht im Unterricht behandelt worden, aber keins fragt nach dem Buchstaben, kein Prozess des Erlesens scheitert daran (rezeptives Verfügen). Dasselbe trifft für *leise* zu, von dem 16 Kinder neben dem *e* auch das *s* noch nicht im Unterricht behandelt haben. Auch das *m* in *Motor* ist noch nicht Unterrichtsgegenstand gewesen. (Allerdings beginnt der häufig vorkommende Name der Fibelfigur Mario mit demselben Buchstaben.) Zwei der 34 Schüler fragen danach, alle anderen haben im Prozess des Erlesens mit diesem Buchstaben keine Schwierigkeiten.

Bei dem Wort *hat*, dessen drei Buchstaben bereits eingeführt sind, kommt es bei 11 von 32 Kindern (also bei etwa einem Drittel) zu Verwechslungen mit den optisch ähnlichen Lehrgangswörtern *halt* und *holt*, die beide syntaktisch auch möglich wären. Und *Motor* wird häufig zunächst mit dem semantisch und syntaktisch an dieser Stelle durchaus auch akzeptablen Lehrgangswort *Mario* verwechselt.

Noch deutlicher wird diese „Unabhängigkeit" der Lernenden von der lehrenden Vermittlung dieser materialen Ebene, wenn es darum geht, unbekannte Wörter zu schreiben (produktives Beherrschen):

Obwohl *w* bei 34 Kindern nicht eingeführt war, schreiben es 18 ohne weiteres in dem Wort *Lastwagen* richtig; das ebenfalls „unbekannte" *m* in *Arme* schreiben 24 Kinder richtig, das *p* in *Lampe* notieren 16, obwohl es im Unterricht noch nicht behandelt ist.

Die im Buchstabendiktat gemessene Kenntnis der Buchstaben (reproduktives Verfügen) entwickelt sich nicht wie andere der beobachteten Fähigkeiten kontinuierlich, sondern ist auch in den Mittelwerten im Verlauf des Schuljahrs Schwankungen unterworfen (vgl. DEHN 1984, S. 102). Das lässt sich auch bei den Leseaufgaben und den Aufgaben zum Wörterschreiben zeigen. Die Kinder kennen einerseits – vermutlich aufgrund außerschulischer Lernprozesse – bereits etliche Buchstaben, die noch gar nicht behandelt sind, andererseits beherrschen sie den Stoff des Lehrgangs nicht in dem erwarteten bzw. gewünschten Ausmaß. Bei den schwachen Lesern

Lesenlernen als Problemlösen

ist die Buchstabenkenntnis nicht durchgängig unterdurchschnittlich, und auch gute Leser kennen manche Buchstaben und Buchstabengruppen, die bereits behandelt sind, nicht sicher.

Wenn man den Zusammenhang zwischen dem Verfügen über Buchstaben und den Teiloperationen beim Erlesen eines einzelnen Wortes oder eines Textes betrachtet, findet man, dass die Buchstabenkenntnis bei guten Leseanfängern einen anderen Stellenwert hat als bei schwachen. Während gute Leser eine unzureichende Buchstabenkenntnis kompensieren können (sie fragen z.b. auch eher nach), ist für die schwachen Leser eine Buchstabenverwechslung häufig eine Hürde, die sie nicht überwinden können. Sie verstricken sich in langwierigen Versuchen und erneuten Verwechslungen.

Dennoch erscheint aufgrund unserer Beobachtungen das Gewicht, das viele Lehrer der bloßen Vermittlung dieser materialen Einheit geben, wenn es um die Einschätzung geht, wie weit ihre Klasse oder einzelne Schüler im Lehrgang fortgeschritten sind, durchaus fragwürdig.

Demgegenüber ist das prinzipielle Verfügen über einen zunächst noch diffusen Begriff „Buchstabe" ein wichtiges Kriterium für den Schrifterwerb: In unseren Beobachtungsgruppen gehörten die wenigen Kinder, die bei Schulbeginn keinen einzigen Buchstaben schreiben und benennen konnten, sämtlich zu denen, die im Verlauf des Schuljahrs Schwierigkeiten mit dem Lesen- und Schreibenlernen hatten (vgl. dazu die Beobachtungen in einer Vorschulklasse, S. 80 ff.).

Das hat sich in dem Hamburger Modellprojekt bestätigt: Von den 480 Kindern, deren Buchstabenkenntnis wir mit der Schulanfangsbeobachtung (s. Band II, Kap. 5) untersucht haben, kannten 6,5 Prozent keinen einzigen Buchstaben. Durchschnittlich kennen die Anfänger allerdings fünf bis sieben Buchstaben; die bekanntesten Buchstaben sind *A, O, S*, bei den Kleinbuchstaben ist es das *i* (vgl. DEHN/HÜTTIS-GRAFF 2000, 2002). Die Bildung des Begriffs Buchstabe ist schulisch nicht einfach vermittelbar. Wer in der Zeit vor der Schule noch keinen Begriff vom Buchstaben gebildet hat, eignet ihn sich nicht ohne weiteres im Unterricht an. In dem Modellprojekt z.b. zeigte sich, dass selbst in der siebten Schulwoche noch 6 % der Kinder keinen einzigen Buchstaben aus einer vorgegebenen Menge heraussuchen, benennen und dann nach Diktat richtig aufschreiben konnten (DEHN/HÜTTIS-GRAFF 2002, S. 21). Dies betraf vor allem die Klassen, die sogleich alle Buchstaben (anhand der Anlauttabelle von Reichen) verfügbar machten. Ohne Kenntnis wenigstens einiger Buchstaben können diese Kinder keinen adäquaten Buchstabenbegriff entwickeln und damit auch keine Einsicht in die Struktur der Schrift gewinnen.

Die Ebene der Teiloperationen des Lesens: Synthesefähigkeit und anderes

Die Bedeutung, die Lehrer der Fähigkeit zur Synthese bei der Beurteilung des Leistungsstandes beimessen, ist nach unseren Untersuchungen auch als Kriterium für lang anhaltende Lernschwierigkeiten, und zwar vor allem im Bereich des Rechtschreibens, durchaus berechtigt:

1. Wir fanden, dass die Kinder, die später Rechtschreibschwierigkeiten haben, zu denen gehören, die in der 6. Beobachtung (18. Schulwoche) die Synthese noch nicht beherrschen – d. h. von 4 Synthesewörtern *(alt, Motor, laut, Hammer)* keines erlesen – oder in den folgenden Wochen wieder stark abfallen.

2. Wir fanden, dass die späte Synthesefähigkeit mit anderen Schwächen korreliert. Dieses Syndrom lässt sich so kennzeichnen: Die Schwierigkeit beim Erwerb der Synthesefähigkeit tritt später als anhaltende Rechtschreibschwierigkeit wieder auf. Das Lerntempo ist danach Indiz für Lernschwierigkeiten beim Schriftspracherwerb. Die Korrelation zum Segmentieren, zur syntaktischen Dimension der Sprachkompetenz und zur Fähigkeit, die lautliche Struktur des Wortes beim Schreiben wiederzugeben (vgl. DEHN 1985), ist stark ausgeprägt. Weitere Beobachtungen:

- Alle schwachen Leser sind schwach in der Lautsynthese *(S-o-f-a)*. Dass auch gute Leser z.T. schwach in der Lautsynthese sind, lässt darauf schließen, dass sie „anders" erlesen als ausschließlich über eine akustische Synthese (oder Analyse).
- Bei Kindern, denen die Synthese spät gelingt, findet sich in mindestens einem Teilbereich im Verlauf des Schuljahrs ein starker Leistungsabfall, eine Diskontinuität des Lernprozesses.

Wenn man die Entwicklung der Synthesefähigkeit bei den beiden Gruppen vergleicht, die nach unterschiedlichen Lehrgängen unterrichtet wurden, stellt man eine erstaunliche Übereinstimmung fest (DEHN 1984, S. 105). Das ist umso bemerkenswerter, als die Synthese in den beiden Lehrgängen mit sehr unterschiedlichem Gewicht gehandhabt wurde. Das zeigt – wie schon der Befund zur Kenntnis der Buchstaben –, dass Lehren und Lernen durchaus nicht analoge Prozesse sein müssen. Einerseits scheint die Fähigkeit zur Synthese entwicklungsabhängig, andererseits ist das späte Beherrschen dieser Fähigkeit ein Indiz für lang anhaltende Schwierigkeiten im Rechtschreiben, also jedenfalls kein Entwicklungsrückstand, der einfach im Laufe der folgenden Schuljahre aufgeholt wird.

Die Lautsynthese gehört wie die Fähigkeit zum silbischen Sprechen und Klatschen, wie das Segmentieren von Anlauten und das Assoziieren von

Lesenlernen als Problemlösen 31

Wörtern mit gleichem Anlaut sowie die Entscheidung, ob zwei vorgesprochene Wörter sich reimen, zur phonematischen Bewusstheit (language awareness). Die beiden großen Studien, die dazu jüngst vorgelegt wurden, betrachten sie als Voraussetzung des Schrifterwerbs; die Studien dienen der Prognose von Lernschwierigkeiten und – mit Trainingsverfahren – der Prävention (JANSEN u. a. 2002, EINSIEDLER/KIRSCHHOCK 2003). Aufgrund unseres Befundes, dass auch gute Leser schwach in der Lautsynthese sind, sehen wir die neuen Studien mit einigen Bedenken, vor allem, was die Folgerungen für das Unterrichten betrifft. Wenn nun als „Teilleistung" gerade das vermittelt werden soll, was als Defizit diagnostiziert worden ist, stellen sich folgende Fragen:

• Wird durch die Aufgabenstellung bereits etwas als kognitives Schema vorausgesetzt, das gerade durch Schrift zu erwerben und zu vermitteln ist? Zum Beispiel ist die Frage nach dem Anfangslaut von *Kuh* für den, der zunächst an ihren Kopf denkt, besser zu verstehen, wenn er sich zugleich auch am geschriebenen Wort orientieren kann.

• Wird auf diese Weise die Fähigkeit, ein solches Defizit zu kompensieren, möglicherweise eingeschränkt?

• Warum wird die Ausbildung phonematischer Bewusstheit isoliert, warum wird sie nicht als Element schriftkultureller Tätigkeiten (Zungenbrecher, Abzählverse, Reime, Lieder) entwickelt? (Zur Kritik am Training phonematischer Bewusstheit vergleiche auch BRÜGELMANN 2003 und VALTIN 2003, S. 769.)

Die Ebene der Metaverfahren:
Zur Abfolge der Operationen im Prozess des Erlesens

Wir wissen, dass neben der Fähigkeit zur Synthese vor allem ihre Integration mit den übrigen Operationen für das Lesenlernen wichtig ist und die damit verbundene Fähigkeit, die Wörter bzw. den Text zu strukturieren und Segmente zu bilden. Man spricht von der Verbindung zwischen top-down- und bottom-up-Prozessen, also eher wissensgeleiteten Prozessen, für die Wissen und Kontexte eine Rolle spielen, und eher textgeleiteten Prozessen, die die Verarbeitung des Wortaufbaus bzw. der Graphem-Phonem-Beziehung betreffen (vgl. SCHRÜNDER-LENZEN 2004, S. 87; zum Lesemodell s. Kap. 5, S. 68 ff.).

Wir haben uns dem Prozess des Erlesens zugewandt und unser Material eingehend daraufhin geprüft, worin sich gelingende von misslingenden Formen des Erlesens isoliert dargebotener sowie kontextbezogener Wörter bei Leseanfängern unterscheiden lassen. Bei unserem Versuch, Kriterien zur Unterscheidung zu bestimmen, beziehen wir uns gleichermaßen auf alle Leseprozesse. Wir haben die Transkriptionen eingehend auf ihre qualitativen Merkmale hin analysiert, daraufhin,

- wie das Kind die Aufgabe des Lesetextes anpackt,
- auf welchen Stufen es zu ihrer Lösung fortschreitet,
- inwiefern manche Schüler diese Lösung trotz großer Anstrengungen doch immer wieder verfehlen und nur selten mit starker Hilfe des Versuchsleiters erreichen können.

Dafür ein Beispiel:

	Olaf hat ein altes Auto. Der Motor ist zu laut.	
	altes (Auto)	**zu (laut)**
Enno	*al:*	*kaputt*
	al: al:	*nee … „k"?*
	al:te:s	*Da seh ich aber kein „k".*
		Das kann ich nicht lesen
		mit dem „zet" … zu
Hannes	*a-l-t*	*zet-u*
	ge … e	
	es, es	
	al'las	

Enno und Hannes (Januar Klasse 1)

- ≙ keine lautliche Verbindung (keine Synthese)
' ≙ kurze Pause, aber keine Unterbrechung des Artikulationsstroms
: ≙ Aushalten (Dehnen) der Laute
( ) ≙ geflüstert
/ ≙ Hilfe des Versuchsleiters

Enno beginnt bei *altes* mit einem Wortteil, hier der Silbe, die er gedehnt dreimal wiederholt. Tastend erarbeitet er sich die weiteren Buchstaben. Bei *zu* geht er von einer Sinnerwartung aus, die er selbst an der Vorgabe kontrolliert *(da seh ich aber kein „k").* – Er ergänzt noch, dass der Buchstabe noch nicht im Unterricht behandelt ist, liest dann (trotzdem) das Wort. Die einzelnen Schritte sind stringent auf das Ziel bezogen.

Hannes benennt bei *altes* zunächst die ersten drei Buchstaben, dann nach einem Zwischenschritt den letzten mit dem Buchstabennamen *es* (vielleicht synthetisiert er auch zwei Buchstaben), er kann nun das Erreichte aber nicht zusammenfügen und sagt ein sinnloses Wort, das optisch Ähnlichkeit mit der Vorgabe hat. Das nennt MAY (1986) eine Notfallreaktion. Hannes bringt die Situation für sich zu Ende, bricht den Prozess ab. Bei *zu*

Lesenlernen als Problemlösen

bezeichnet er die Buchstaben. Hilfen des Versuchsleiters (/) kann er auch nicht produktiv annehmen.

Während Enno bei den beiden Prozessen des Erlesens etwas dazulernt – die angewendeten Verfahren kann er Erfolg versprechend auf andere Wörter anwenden –, lernt Hannes in dieser Situation nichts, er erlebt sie allenfalls als Misserfolg.

Dafür dass das Erlesen gelingt, ist weniger relevant, ob der Ausgangspunkt der Buchstabe, das Wortteil oder das Wort als Ganzes ist, entscheidend ist vielmehr, ob die einzelnen Schritte – bezogen auf das Problem, das gelöst werden soll – stringent sind.

Wir haben folgende Zugriffsweisen beim Erlesen gefunden (Beispiele aus der 18. Schulwoche):

---

(1) Vom einzelnen **Buchstaben** ausgehen
gelingend: *h-a-t, hat*
     au, a:l:'t, alt
misslingend: *l-a-u-t, ut,/ au, Auto, ault, Auto (≙ laut)*
     l-a-u, lalt, alt, / l, lär, fula, la, lauf (≙ laut)
(2) Vom **Wortteil** (meist K-V-Gruppe) ausgehen
gelingend: *la, la, lau:, laut*
     Ma, Mo:'tor
misslingend: *Ma, M-mau, Maut, / M:aut, / ein o, Mau (≙ Motor)*
     he, h, Hammer, ha't, at, alt (^= hat)
(3) Vom **Wort** als ganzem ausgehen
gelingend: *Mario, M-a-r, ja Mario*
     lahm, le:, leise
     halt, hat
     Mari, Motor
misslingend: *Mario, / Ma, / Mattor (≙ Motor)*
     Mario, / M-o-t-o-r, mag, Mond (≙ Motor)
     Mann, Frau (≙ Motor)
     lau: f, laa, lat (^= laut)
(4) **Wort** sofort richtig lesen / nicht lesen

Ergebnisse

Die verschiedenen Formen der Abfolgen im Prozess des Erlesens ähneln in ihrer Gesamtstruktur den verschiedenen Formen des problemlösenden Denkens (vgl. DUNCKER 1966; DÖRNER 1979, 1984), das heißt:

- Fortgeschrittene und schwache Leseanfänger unterscheiden sich nicht dadurch voneinander, dass die einen eher ganzheitlich, die anderen eher mit synthetischem Zugriff operieren. Beide Zugriffsweisen, der Zugang „von oben" und der „von unten", können gelingen oder misslingen. Fortgeschrittene und langsame Leseanfänger unterscheiden sich auch nicht dadurch, dass die einen beim Vorgang des Erlesens Fehler machen, die anderen nicht.

- Gute und schwache Leseanfänger unterscheiden sich allerdings in der Art, wie sie mit ihren Fehlern umgehen. Während die einen ihre Fehler selbst zu korrigieren vermögen und sich der Lösung schrittweise annähern, entfernen sich die schwachen Leseanfänger immer wieder von dem Ziel. Ihr Vorgehen zeigt Brüche. Sie verfahren nicht stringent. Das Wort, das als Ergebnis eines analytisch-synthetischen Teilschrittes genannt wird, hat kaum Ähnlichkeit mit dem, was sich das Kind zuvor erarbeitet hat. Es kann die Verwechslungen nicht auflösen. Sie werden im Gegenteil im Vorgang des Erlesens sogar größer. Auffällig sind auch die unsinnigen Wortbildungen (z.B. *Mat'tor, lat*).

- Fortgeschrittene und schwache Leseanfänger unterscheiden sich außerdem in der Art, wie sie Hinweise und Hilfestellungen des Versuchsleiters aufnehmen. Wir haben das als Mangel an Flexibilität gekennzeichnet. Mangel an Flexibilität kann sich auch darin äußern, dass sich der Leseanfänger auf ein einziges Verfahren beschränkt und sein Vorgehen nicht auf die unterschiedliche Qualität der Wörter bezieht, wenn er z.B. ein vielfach geübtes Fibelwort mühsam zu synthetisieren sucht.

- Obwohl die beiden Fibeln, nach denen unterrichtet wird, durchaus unterschiedliche Akzente bei der Gewichtung der Synthese setzen, ist die Entwicklung der einzelnen Formen des Erlesens im Verlauf von Klasse 1 wie auch die Leseleistung insgesamt ähnlich:
  - Die Anzahl der sofort richtig gelesenen Wörter (4) stimmt in beiden Lehrgängen überein.
  - Der Ausgang von der Konsonant-Vokal-Gruppe (2) nimmt bei beiden Lehrgängen gegen Ende des Schuljahrs zu. Sie spielt im Leselernprozess eine besondere Rolle und ist ein wichtiges Indiz für ein Fortschreiten. Denn damit wird nicht nur die Synthese grundsätzlich geleistet, sondern zugleich noch eine zweite wichtige Operation, das Strukturieren. Besonders während der von uns beobachteten Phase des Erwerbs übt offenbar die Silbe als artikulatorische Einheit dabei eine besondere Funktion aus. Während diese Form des Erlesens bis zum Ende von Klasse 1 zunimmt, vermindert sich der Anteil des zunächst ebenfalls stark vertretenen globalen Zugriffs auf das Textwort als Teilschritt in beiden Lehrgängen (3).

- Aber: Erstaunlich ist, dass bei Kindern, die nach einem Lehrgang unterrichtet wurden, der die Synthese als Lehrverfahren besonders am Anfang nicht so stark betont und daneben auch ganzheitliche Prozesse

Lesenlernen als Problemlösen

nahe legt („lesen – lesen – lesen"), der Anteil dieses strukturierenden Verfahrens (2) mehr als doppelt so groß ist als bei den Kindern, die nach dem Lehrgang unterrichtet wurden, der die Synthese von Anfang an in den Vordergrund stellt („Bunte Fibel").

- Diese Beobachtung, die zumindest den gängigen Vorstellungen über die Beziehung von Lehrverfahren und Lernprozessen widerspricht, wird in Bezug auf den Zugriff der sukzessiven Synthese (1) bestätigt. Die Kinder verwenden diese – für das Textlesen nicht gerade ökonomische – Form gegen Ende des Schuljahrs bei beiden Lehrgängen seltener. Besonders bemerkenswert ist, dass die Kinder, die mit der Fibel „lesen – lesen – lesen" gearbeitet haben, die sukzessive Synthese erfolgreicher anwenden können als die Kinder, die mit der „Bunten Fibel" gearbeitet haben (vgl. im Einzelnen DEHN 1984).
- Hilfen der Versuchsleiter führen in kaum der Hälfte der Eingriffe zum Ziel. Das könnte daran liegen, dass die studentischen Versuchsleiter ungeübt waren. Aber bei der Folgestudie, die der Entwicklung der systematischen Lernbeobachtung galt (s. Band II, Kap. 10) und an der ausschließlich Lehrer beteiligt waren, hat sich dieser Befund bestätigt. Vermutlich ist auch das ein Indiz für die Eigenständigkeit des kindlichen Lernprozesses. Vielleicht aber auch dafür, dass wir bei den Lernhilfen Lesen bisher zu wenig als Problemlösen behandeln.

PETER MAY hat den Prozess der Schriftaneignung eingehend mit Kategorien des Problemlösens analysiert (1986) – theoretisch wie empirisch – und die hier vorgestellten Befunde bestätigt und wesentlich weitergeführt. Als zentral erkennt er den Begriff der „heuristischen Kompetenz" (DÖRNER), d. h. der Selbsteinschätzung der Fähigkeiten des Lernenden. Denn sie ist Motor der Lernbereitschaft. Das bedeutet, dass die schwachen Leseanfänger vor allem deshalb langsam voranschreiten bei ihrer Auseinandersetzung mit Schrift, weil sie an die Aufgaben, z. B. zum Textlesen, nicht so initiativ und zuversichtlich herangehen, dass sie durch den Prozess des Erlesens ihre Fähigkeiten erweitern, sondern dass sie sich frühzeitig – häufig unbemerkt – auf Ausweich- und Kompensationsstrategien zurückziehen.

Eng mit der hier vorgestellten Interpretation von Beobachtungen zum Lesenlernen unter kognitivem Aspekt hängt die Fragestellung zusammen, welche Kontroll- und Korrekturprozesse bereits den Schulanfängern zur Verfügung stehen (im Vollzug) und welche ihnen (analytisch) zugänglich gemacht werden können, d. h. wie sich Sprachbewusstheit und Schriftaneignung in den verschiedenen Dimensionen des Handelns und der verbalen Reflexion beeinflussen und bedingen. Dazu hat PETRA HÜTTIS detaillierte

Studien durchgeführt (1985, 1989): Und zwar konfrontiert sie Leseanfänger mit den Verlesungen einer Handpuppe. Auch den schwachen Schülern wird damit die Rolle des Wissenden angetragen. Ein Ergebnis ist, dass schwachen Leseanfängern Kontroll-, Reflexions- und Korrekturprozesse sehr viel weniger zugänglich sind als den fortgeschrittenen; vor allem aber, dass die schwachen auch die Fähigkeiten, über die sie bereits verfügen (z. B. Unterscheidung von Wort und Pseudowort), nicht für diese Vorgänge einsetzen.

Diese Sicht auf das Lesenlernen als Problemlöseprozess hat jüngst eine prominente Bestätigung gefunden:

„Je besser Schülerinnen und Schüler einschätzen können, worin die Schwierigkeit von Aufgaben und Anforderungen besteht, desto eher können sie ihr Vorgehen auf diese Besonderheiten abstimmen", so definiert die PISA-Studie das Wissen über effektive Lernstrategien; es hat sich „als der beste Prädiktor der Lesekompetenz" erwiesen (BAUMERT u. a. 2001, S. 296).

Damit wird eine Sicht etabliert, die erlaubt, die Zugriffsweisen beim Erlesen nicht nur im Hinblick auf richtig und falsch zu bewerten, sondern im Hinblick darauf, ob sie lernförderlich für weitere Leseprozesse sind, und damit ein Kriterium an die Hand gibt für die Diagnose von Lernschwierigkeiten – bereits in den ersten Schulmonaten. Weniger erfolgreiche Leseanfänger unterscheiden sich von erfolgreichen vor allem in der Flexibilität ihrer Zugriffsweisen und in dem Ausmaß, in dem sie Hilfestellungen in den Prozess des Erlesens integrieren können. Sie können also weniger gut einschätzen, „worin die Schwierigkeit von Aufgaben und Anforderungen besteht ... (und) ihr Vorgehen auf diese Besonderheiten abstimmen" (BAUMERT u. a. 2001, S. 296). Was in der PISA-Studie als „Wissen über Lernstrategien" bezeichnet wird, ist Teil und Ergebnis von Problemlöseprozessen.

Ein weiteres starkes Argument für den Erkenntniswert, den Prozess des Lesenlernens als Problemlösevorgang zu betrachten, ist der Befund, dass es nur zwischen allgemeinen Problemlösefähigkeiten (Go-bang-Spiel, Turm von Hanoi, Brücke aus Streichholzschachteln bauen) und der Lesefähigkeit statistisch signifikante Korrelationen gibt und dass die übrigen Aspekte des Schrifterwerbs, visuelle und auditive Differenzierung z. B., bereichsspezifisch sind: Buchstaben lernt man durch Buchstaben, nicht durch Differenzierung anderer Zeichen. Lautanalyse lernt man unter anderem durch Reimen, nicht durch Unterscheiden von Geräuschen (vgl. MAY 1986, S. 245ff.; VALTIN 1981, S. 93, S. 144f.).

Schreibenlernen als sprachanalytische Tätigkeit

Unser Interesse daran, wie Kinder Wörter schreiben, die im Schreiblehrgang noch nicht behandelt worden sind (z. B. *Schreib mal „Lampe"*), war zunächst lediglich darauf gerichtet, Aufschluss zu gewinnen über die „kognitive Landkarte" (NEISSER), die das Kind im Stadium der elementaren Aneignung der Schriftsprache von einem Wort hat.

Die Entscheidung darüber, welche sprachlichen Elemente schriftlich fixiert werden sollen, setzt einen Akt der Sprachanalyse voraus. Diese Perspektive hat COULMAS (1981) durch den Vergleich verschiedener Schriftsysteme begründet, aber seine Ausführungen legen Parallelen zum kindlichen Schrifterwerb nahe.

In einem wichtigen Punkt unterscheidet sich die Tätigkeit der Schreibanfänger allerdings von der der Schrifterfinder. Sie begegnen in ihrer Umgebung und im schulischen Lehrgang immer schon der Norm der Schriftsprache. So ist die sprachanalytische Tätigkeit der Kinder nicht nur auf die gesprochene Sprache, sondern auch auf die Schriftsprache gerichtet. Weil die Schriftsprache in mehrerlei Hinsicht nicht bloß eine Verschriftung gesprochener Sprache ist, ist der Anspruch an die sprachanalytische Tätigkeit des Kindes besonders komplex.

Dass der sprachanalytische Aspekt des Schreibenlernens hier gegenüber dem optisch-motorischen so stark betont wird, ist m. E. auch durch die Art gerechtfertigt, mit der die Kinder selbst die optische Form behandeln: Auch die Kinder, die in der Studie (noch) einen Schreibschrift-Lehrgang bearbeiten, wählen alle (bis auf zwei Ausnahmen) bei dieser Aufgabe die Druckschrift. Sie schreiben zunächst vorwiegend in Großantiqua, später in Gemischtantiqua, wobei Großbuchstaben auch mitten im Wort vorkommen. Sogar bei *tut*, das 26 Kinder im Unterricht bereits in Schreibschrift geschrieben haben, wählen 19 Kinder für unsere Aufgabenstellung die Druckschrift.

Die Beobachtung, dass alle Kinder, vor allem im ersten Halbjahr, bei Aufgaben, die außerhalb des eigentlichen Lehrgangs stehen, fast ausnahmslos die Druckschrift zum Schreiben wählen, lässt sich über unsere Studie hinaus vielfach im Unterricht wiederholen. Sie zeigt, dass die Kinder von sich aus Schreiben nicht als Imitieren und Kopieren vorgegebener optischer Muster verstehen. Das belegt auch die Tatsache, dass sie große und kleine Buchstaben im Wort mischen. Denn solche optischen Präsentationen sind ihnen auch außerhalb der Schule nirgendwo begegnet. Dieses Merkmal kindlicher Schreibungen verliert sich bis zur Mitte von Klasse 2, ohne dass der Unterricht darauf eigens eingehen müsste.

Kategorien zur Kennzeichnung der sprachanalytischen Tätigkeit des Schreibanfängers

Die Gesichtspunkte zur Kennzeichnung der sprachanalytischen Tätigkeit des Schreibanfängers sind induktiv gewonnen und bewusst offen gehalten: Eine solche Kennzeichnung kann m. E. nicht bloß die Kategorien übernehmen, die in der Rechtschreibdidaktik zur Beschreibung der Prinzipien der deutschen Orthografie verwendet werden. Die Fragestellung erfordert einerseits, die Kategorien der Beschreibung aus dem Material selbst zu gewinnen. Andererseits besteht das Rechtschreiblernen gerade in der Aneignung dieser kodifizierten Norm.

Zum einen müssen die Kategorien also der sachstrukturellen Beschreibung genügen, zum anderen müssen sie auch den Besonderheiten des kindlichen Zugriffs gerecht werden können.

Die hier vorgeschlagenen Kategorien erheben den Anspruch, inhaltlich unterschiedliche Schreiblernprozesse beschreiben zu können, behaupten selbst aber keine Stufenfolge. In den letzten 20 Jahren sind etliche solcher Stufenmodelle entwickelt worden. Sie beziehen sich zumeist auf das theoretisch, nicht empirisch konzipierte Modell von UTA FRITH (1986), das vor allem die Korrespondenz von Lesen und Schreiben thematisiert: (symbolisch), logographisch, alphabetisch, orthografisch. Lese- und Schreiblernprozesse einzelner Kinder können an FRITHS theoretischem Modell jeweils daraufhin betrachtet werden, inwieweit sie ihm entsprechen bzw. davon abweichen (vgl. SCHEERER-NEUMANN u. a. 1986, GÜNTHER 1986).

Die Schreibungen der Kinder werden
- daraufhin betrachtet, ob sie als regelgeleitet erkennbar sind oder nicht,
- hinsichtlich der Vollständigkeit klassifiziert, mit der sie die lautliche Struktur des Wortes wiedergeben,
- hinsichtlich der Perspektive bestimmt, mit der Schreibanfänger ihre Aufmerksamkeit auf die Merkmale der gesprochenen und der geschriebenen Sprache richten.

Als regelgeleitet wird eine Schreibung bezeichnet, bei der die Prozesse der Laut-Buchstaben-Beziehung rekonstruierbar sind. Andere Schreibungen gelten als diffus. Mit einer Ausnahme kommen in allen von uns beobachteten Klassen Schreibungen vor, die zwar aus Schriftzeichen bestehen, die man jedoch weder entziffern noch hinsichtlich ihres Zustandekommens verstehen kann. Solche diffusen Schreibungen (z.B. *LBED* statt *wo*; *1tL* statt *Lampe*) können ein gleichsam mechanisches Wissen von Schrift offenbaren.

Schreibenlernen als sprachanalytische Tätigkeit

Die Kinder wissen zwar, dass die Schrift aus Buchstaben besteht, aber sie kennen deren Funktion nicht. Auf diese Weise können die Schüler kaum Zugang zur Schriftsprache finden.

Die Schreibungen, die als regelgeleitet erkannt werden, unterscheiden sich nach dem Grad der Vollständigkeit:

Einige enthalten erste wichtige Bausteine. Diese Schreibungen markieren „ausgezeichnete Lautwerte" (EICHLER 1976). Sie werden als rudimentär bezeichnet (z. B. *HDL* statt *Hundeleine*). Auf den ersten Blick ähneln solche fragmentarischen Notierungen vielleicht den diffusen Schreibungen. Der entscheidende Unterschied besteht darin, dass – mit Ausnahme von ein oder zwei Buchstaben – alle Schriftzeichen eine lautliche Entsprechung in dem Wort haben. Gegenüber frühkindlichen Formen des Schreibens wie dem Kritzeln oder dem ikonischen Abbilden ist die Zuordnung einzelner Schriftzeichen zu lautlichen Elementen des Wortes ein entscheidender Lernschritt. Er setzt voraus, dass das bisher in der Interaktion unwillkürlich wahrgenommene sprachliche Gebilde zum Gegenstand analytischer Aufmerksamkeit gemacht, vergegenständlicht, werden kann. Gemessen an der Schreibnorm aber sind diese Schreibungen verkürzt. Mit der Wortwahl rudimentär wird dieser Aspekt und damit ein Ziel des Erwerbsprozesses betont, das die meisten Schüler am Ende von Klasse 1 längst erreicht haben.

Die übrigen Formen sind als Entfaltung rudimentären Schreibens zu verstehen, allerdings nicht gradlinig im Hinblick auf die orthografische Norm: Viele Schreibungen enthalten Aspekte der gesprochenen Sprache, die für die Schrift nicht relevant sind, so die Bezeichnung der Artikulationsstelle (z. B. *BUR* statt *Buch*) oder Merkmale gedehnten Sprechens (z. B. *redeher* statt *Räder*) oder Eigenarten der Umgangssprache (z. B. *Toa* statt *Tor*).

Viele Kinder folgen in ihren Schreibungen schon früh dem phonematischen Prinzip der Orthografie (s. Kap. 5). Das führt in vielen Fällen zur richtigen Schreibung, aber dort, wo Buchstaben (Grapheme) mehrere bedeutungsunterscheidende Laute (Phoneme) repräsentieren oder wo das morphematische Prinzip dominiert, auch zu falschen Schreibungen (z. B. *Kop, Bal, Reder* statt *Korb, Ball, Räder*).

Außer am Lautlichen orientieren sich die Kinder von Anfang an auch an der Schriftsprache, und zwar an „orthografischen Elementen". Die Schreibanfänger bemerken, dass manchmal zwei gleiche Buchstaben aufeinander folgen, dass manchmal *ck* gebraucht wird, dass manchmal *er* steht, wo man *a* hört. Es hat den Anschein, als erprobten die Kinder zunächst einfach Elemente, die über die eindeutige Zuordnung von Lautung und Schreibung hinausgehen: z. B. *Lammpe, Schranck, sover (Sofa)* (s. dazu das Zwei-Wege-Modell, S. 72).

Individuelle Lernwege und Formen des Schreiblernprozesses

Im Verlauf von Klasse 1 verändert sich die Art der kindlichen Zugriffsweise auf Schrift. In der Schrift das zeitliche Kontinuum der lautlichen Struktur des Wortes zu berücksichtigen, gelingt den Schülern im Wesentlichen bis zum Ende des ersten Schuljahrs. Die Schwierigkeit, die lautliche Analyse vollständig durchzuführen und sich dabei auf die distinktive Funktion der Lautzeichen hochsprachlicher Artikulation zu beschränken, erscheint demgegenüber bedeutend größer. Und im Verlauf von Klasse 1 nimmt der Umgang mit „orthografischen Elementen", der in den ersten Schulmonaten nur selten vorkommt, deutlich zu. Dieser Umgang hat sich als besonders lernförderlich und -effektiv erwiesen.

Die Lernwege der von uns beobachteten Kinder unterscheiden sich im Hinblick auf den Ausgangspunkt ihrer sprachanalytischen Tätigkeit zu Beginn des Lernprozesses und im Hinblick auf das Ausmaß und die Qualität ihrer Zugriffsweise im Verlauf von Klasse 1. Kein Lernweg gleicht dem anderen, aber dennoch lassen sich die 66 Lernwege, die wir auf diese Weise beobachtet haben, unter den beiden Aspekten zu Gruppen ordnen. Wir verfahren idealtypisch, wenn wir Lernwege einzelner Schüler beschreiben und anschließend die Form des Schreiblernprozesses, dem wir den einzelnen Lernweg zuordnen, in seinen Variationen zu bestimmen suchen.

Peter: Der sichere Weg phonematischen Schreibens (I)

Peter fällt uns früh auf, weil er wenig Fehler beim Schreiben macht (s. S. 41). Von den 41 Wörtern, die er bei unserer Untersuchung im Verlauf von Klasse 1 schreiben soll, schreibt er 30 vollständig richtig. Falsch sind bei den übrigen 11 Wörtern lediglich 8 Grapheme (falsche Buchstabenformen, phonematische Schreibungen an Stellen mehrdeutiger Graphem-Phonem-Korrespondenz – zu den Begrifflichkeiten s. Kap. 5). 4 Grapheme hat er ausgelassen (/e/ in der Endsilbe, silbenauslautendes /r/).

Peters Schreibungen sind von Anfang an vorwiegend phonematisch. So schreibt er schon in der 14. bzw. 18. Schulwoche *Marmelade* und *wunderbar* richtig. Auffällig ist auch, dass er mit orthografischen Elementen nicht fehlerhaft umgeht. Da, wo er die Länge oder Kürze des vorausgehenden Vokals kennzeichnet *(Ball, die)*, schreibt er orthografisch korrekt. Zu Beginn des Schuljahrs (in der 4. Schulwoche) beherrscht Peter bereits 11 Buchstaben im Lesen und Schreiben nach Diktat. Aber er gehört nicht zur Gruppe derer, die schon lesen können. Die Synthese gelingt ihm sicher erst nach den Weihnachtsferien. Er ist also beim Schreiben weiter fortgeschritten als beim Lesen. Er schreibt *Marmelade* vollständig richtig, aber er kann *Hammer* nicht erlesen.

Formen des Schreiblernprozesses in Klasse 1

Auswahl von 11 (von insgesamt 41) diktierten Wörtern

	8. Schulwoche		14. Schulwoche	18. Schulwoche		25. Schulwoche		36. Schulwoche				Testwerte Klasse 2–4 (PR Rechtschreiben)		
	Rute / Lise*	Tor / los*	Marmelade / Limonade*	Arme	Lampe	Lampe	wunderbar	Tulpe	Garten	Kinder	mit	SBL 2	DRT 3	DRT 4–5
I. Phonematisches Schreiben von Anfang an														
Peter	ru↓	Tor	MARMELADE	ARME	LAnPE	LaMPe	wUNderbAr	*Tulpe*	*Gaten*	*Kinder*	*mit*	> 50	51–65	72
Kerstin	Ruta	Tor	MaMELRAdE	ARMe	L nP	LamP	wun BA	TuIPe	*garten*	Ki der	*mit*	25	76–85	50
Claudia	Lis	los	LiMoNAD	ARMe	LAM e	LAMP	wuꓥDErDAR	*Tolpe*	*garten*	*Kinder*	*mit*	> 50	83	87
II. Anfängliche Auseinandersetzung mit der eigenen Artikulation														
Sven	lis	los	L monAt	arME	LarMB	LaMPe	fontaPa	tolqe	Katen	Kender	mit	> 25	69	54
Meike	si	ols	LiMonade	Arme	LaMPe	LamPe	womerba	Tolbe	Karten	Kinder	met	> 75	45	23
Felix	ETUR·	Aot·	MAMILAT	ARME	LAMPE	LAMPE	WONDAPA	tolp9	gATəN	K NDər	mit	19	11–15	54
III. Erschließen der lautlichen Struktur														
Thomas	isi	lo	Li o a	a m	lam	La P	fo a a	*Tolpe*	*garten*	*Kender*	*met*	> 50	76	73
Jan	ƥs	r s	LimonADE	A ME	LAMPE	LAMPe	WONDABA	Tolpe	gaten	KINder	*mit*	22	22	20
Silke	rt	T	M malot	A	L	lammp	won pra	Tulpe	arten	Kinper	mit	13	6–10	54
IV. Stagnation verschiedener Zugriffsweisen														
Anja	—	T	W t	AME	LAMDPE	L P E	MonePA	tolPe	—	KI R	—	5	4	9
Hannes	—	Tor	M	AMR	LR LPL	LaMPe	Mond	toIP	GATN	K NDR	MET	4	3	12
Claudia	—	—	MA	ARME	LAM e	L mf	w n rmr	Tol	Gaten	K ndr	—	3	1	5
V. Schwierigkeiten bei der grundlegenden Orientierung														
Sönke	—	—	M w	A	Mt	LaR	MdM	*laP*	—	Kn r	—	8	3	3
Mark	—	Tor	M L tr	am	L P	LA	w DT B	t I	G t	K я	—	5	2	4
Mirina	DANE	RARF	Mkbh	AMLRP	LPRAN	L Mt	osfMa	TolP	at↗	K R	*mit*	5	5	14

PR = Prozentrang
SBL = Schulleistungstestbatterie (Rechtschreiben)
DRT = Diagnostischer Rechtschreibtest

Die kursiv gesetzten Zeichen sind in Schreibschrift geschrieben.

* Zu Beginn des Schuljahrs wurden in den Klassen lehrgangsbezogen andere Wörter diktiert.
— Das Kind benennt den Laut und erfragt die Buchstabenform.

Der Student beschreibt Peter nach der ersten Begegnung so: „Peter war bei allen Übungen sehr genau und konzentriert. Seine Präzision spiegelt sich auch in seiner Handschrift und der Ausführung der optischen Differenzierungsprobe (BREUER/WEUFFEN 2004) wider. War er sich z. b. beim Buchstabendiktat nicht sicher, fragte er den Buchstaben zurück."

Peter ist ein Schüler mit guten Lernvoraussetzungen. Sie betreffen vor allem die Fähigkeit zur Phonemanalyse. In dieser Zugriffsweise ist er von Anfang an sicher. Unsere Befunde können nicht erklären, welches die Gründe dafür sind. In einer hochsprachlichen Artikulation allein können sie jedenfalls nicht gesehen werden. Diese Art seiner sprachanalytischen Tätigkeit erweitert Peter nur sehr vorsichtig. Er eignet sich zwar Lehrgangswörter an, die die Länge/Kürze des Vokals in der Schreibung kennzeichnen, aber er operiert mit dieser Erfahrung nicht im unbekannten Feld. Das gilt auch für seine Schreibungen am Ende von Klasse 2. Hier beruhen Fehler auf falscher Verallgemeinerung des phonematischen Prinzips, aber nicht auf falschem Umgang mit orthografischen Elementen.

Wie Peter folgen noch 9 der 66 Kinder von Anfang an dem phonematischen Prinzip, also etwa 15 Prozent der Kinder, die wir so genau beobachtet haben. Ihre Fehler ähneln seinen. Allerdings versuchen sich die anderen Kinder durchaus im Umgang mit orthografischen Elementen, z. B. der Verdoppelung von Buchstaben. Andi schreibt *Lammpe, gutt, Schall* (Schal) und verfährt dabei auch dysfunktional. Allerdings verwenden diese Kinder orthografische Elemente in den meisten Fällen korrekt (bei 5,9 Wörtern gegenüber 2,3 Wörtern, in denen sie falsch gebraucht sind). Keins dieser Kinder hat in der Grundschulzeit Rechtschreibschwierigkeiten. Man kann ihre Leistungen insgesamt als überdurchschnittlich bezeichnen.

Sven: Anfängliche Auseinandersetzung mit der eigenen Artikulation (II)

Sven kann wie Peter von Anfang an die lautliche Struktur des Wortes nahezu vollständig wiedergeben (s. S. 41). Das heißt, bei ihm kommen rudimentäre Schreibungen nicht vor; wohl allerdings Auslassungen, vor allem von Vokalen. Seine Schwierigkeiten bestehen in der Abstraktion von irrelevanten Aspekten des Lautlichen (s. *LarMB, fontaPa, tolqe, Kender, Laene*), in der Unterscheidung harter und weicher Verschlusslaute (s. *LarMB, fontaPa, Katen*) und in der Beherrschung der korrekten Buchstabenform (sechsmal schreibt er achsengespiegelte Formen). Die unzureichende Diskrimination der Verschlusslaute hängt wahrscheinlich mit seiner Artikulation zusammen. Im BAT (Bremer Artikulationstest) hat er am Ende von Klasse 1 nur PR 41. So ist es nicht verwunderlich, dass er im Verlauf unserer Beobachtungen

Schreibenlernen als sprachanalytische Tätigkeit 43

nur halb so viele Wörter wie Peter richtig schreibt. Mit orthografischen Elementen operiert er kaum, die Verdoppelung von Buchstaben verwendet er zweimal, dysfunktional bei *Sffa (Sofa)* und funktional bei *BateFassa (Badewasser)*, dessen Schreibung er sonst vornehmlich an seiner Artikulation ausrichtet.

Am Ende von Klasse 2 hat er diese Schwierigkeiten überwunden. Seine Fehler beziehen sich jetzt ausschließlich auf phonematische Schreibungen an Stelle mehrdeutiger Graphem-Phonem-Korrespondenz sowie auf Großschreibung. So schwierige Wörter wie *fährt, Rad, ihrer, wird, spät, steigt* schreibt er richtig.

Wie Sven verfügen insgesamt 13 der 66 Kinder von Anfang an über die Fähigkeit, beim Schreiben die lautliche Struktur des Wortes nahezu vollständig wiederzugeben. Ihre Schwierigkeiten bestehen vor allem in der Abstraktion von irrelevanten Aspekten des Lautlichen. Auch sie setzen sich mit orthografischen Elementen auseinander und schreiben immerhin mehr als ein Drittel solcher Wörter richtig. Dass sie im Verlauf von Klasse 1 gegenüber den Kindern, die bereits von Anfang an phonematisch schreiben, deutlich weniger Wörter richtig schreiben, ist im Hinblick auf ihre Schwierigkeiten der Orientierung am Lautlichen plausibel. Am Ende von Klasse 2 hat sich allerdings dieser Unterschied ausgeglichen. Die beiden einzigen Kinder, die in unserer Untersuchung im standardisierten Rechtschreibtest einen Prozentrang > 75 erreichen, gehören zu dieser Gruppe.

Thomas: Erschließen der lautlichen Struktur (III)
Thomas (s. S. 41) ist uns während der Beobachtungen nicht aufgefallen. Er lässt wie viele andere Kinder etliche Buchstaben beim Schreiben einfach aus und schreibt zunächst rudimentär: *lo (los), Lioa (Limonade), lam (Lampe), foaa (wunderbar)*. Darin, dass er früh Elemente der Schreibschrift übernimmt und sich vorrangig auf Vokale konzentriert, unterscheidet er sich von anderen Schreibanfängern, die bei unseren Aufgabenstellungen noch weit ins zweite Schuljahr hinein die Druckschrift verwenden und die gerade Vokale eher unberücksichtigt lassen, vermutlich, weil deren kinästhetische Wahrnehmung schwieriger ist als die der Konsonanten.

Bis zur 35. Schulwoche schreibt Thomas nur 8 kurze Wörter der Struktur KVK und KVKV richtig, deren Schreibung das phonematische Prinzip zugrunde liegt. Bei den übrigen, häufig rudimentären Schreibungen orientiert er sich an seiner Artikulation, wenn er *a* statt *er*, *aei* statt *ei*, *o* statt *u* notiert und *r* silbenauslautend auslässt. Hinzu kommt die Verwechslung von *f* und *w*, *t* und *d*, die vermutlich auditiv motiviert ist, und die von *m* und *w*, *m* und *n*, die vermutlich visuell begründet ist.

In den letzten 10 Wochen des ersten Schuljahrs macht Thomas entscheidende Fortschritte. In der 36. Schulwoche schreibt er 7 der 16 diktierten Wörter richtig. Mit einer Ausnahme *(Ft – Heft)* geben seine Schreibungen die lautliche Struktur des Wortes vollständig bzw. nahezu vollständig wieder. Interessant ist, dass er nun die verschiedenen Zugriffsweisen nebeneinander verwendet (vgl. Meike):

- Er orientiert sich an seinem Hamburger Dialekt, indem er *u* als *o (Tolpe)* und *i* als *e (Kender, met)* notiert.
- Er folgt dem phonematischen Prinzip, indem er 5 Wörter richtig schreibt (darunter so schwierige wie *Schrank* und *Garten*) sowie *Reder* und *Bal* falsch.
- Er beachtet orthografische Besonderheiten, indem er *Korb* und *die* richtig notiert und die mehrdeutige Graphem-Phonem-Korrespondenz /ʃ/ in *spilen* beachtet.

Am Ende von Klasse 2 ist Thomas ein überdurchschnittlicher Rechtschreiber (PR > 50). Seine Fehler beziehen sich jetzt auf die Groß- und Kleinschreibung und bestehen in der Auslassung eines Endungs-e und eines diakritischen Zeichens.

Thomas' Lernweg unterscheidet sich vor allem in der Lernausgangslage von den vorher beschriebenen. Er ist ein Beispiel für eine allmähliche Differenzierung der kognitiven Vorstellung von der lautlichen Struktur des Wortes und für das Nach- und Nebeneinander der unterschiedlichen Zugriffsweisen. Wichtig erscheint, dass auch Thomas früh über eine – wenn auch begrenzte – Sicherheit verfügt: beim Schreiben einfacher kurzer Wörter. Von da aus kann er seine sprachanalytische Tätigkeit beim Schreiben entfalten. Daraus, dass er in einem bestimmten Stadium des Lernprozesses verschiedene Zugriffsweisen nebeneinander verwendet, entsteht für ihn keine lernhemmende Verwirrung. Voraussetzung für dieses Stadium ist, dass der Schreibanfänger über die lautliche Struktur des Wortes kognitiv verfügt. Und dazu braucht mancher Schüler wie Thomas mehr als ein halbes Schuljahr. Sein Lernweg entspricht unseren Erwartungen vom Schreibenlernen insofern, als er deutliche Fortschritte macht. Dass er eine Zeit lang verschiedene Arten der „Sprachanalyse" gleichzeitig verwendet, stimmt allerdings nicht mit unseren Erwartungen vom Lernprozess als zunehmender Adaption der orthografischen Norm überein.

Die meisten der von uns beobachteten Kinder, nämlich 27 (von 66), beginnen wie Thomas mit rudimentärem Schreiben. Im Hinblick auf die Schreibleistung zeigt diese Gruppe die größten Unterschiede: sie betreffen das Lerntempo und die Leistungsdifferenzierung am Ende von Klasse 2.

Schreibenlernen als sprachanalytische Tätigkeit

Aber keines dieser Kinder hat in den folgenden Schuljahren größere Lernschwierigkeiten. Bei vier Kindern finden wir Verzögerungen in Klasse 1. Sie beziehen sich in erster Linie auf das Überwinden einer Orientierung an irrelevanten Aspekten des Lautlichen. Auf rudimentäres Schreiben greifen am Ende von Klasse 1 nur wenige Kinder aus dieser Gruppe zurück, und auch diese nur ausnahmsweise.

Anja: Der mühsame Lernweg (IV)

Anja (s. S. 41) schreibt bis zum Ende von Klasse 1 immer wieder rudimentär. Dem Anspruch der letzten Beobachtung, 16 Wörter zu schreiben, widersetzt sie sich bei 5 Wörtern; nur *gut* und *Heft* schreibt sie in dieser Beobachtung richtig. Während sie in der Mitte des Schuljahrs kurze Wörter wie *Wut, Leine, Mut, Sofa* richtig schreibt, verliert sie diese kleine Sicherheit mit zunehmender Anforderung wieder. Von den 41 im Laufe des Schuljahrs diktierten Wörtern schreibt Anja nur 8 richtig. Anja verfügt zwar grundsätzlich über die lautliche Struktur des Wortes, aber ihr fehlt die Orientierung an den orthografischen Prinzipien. Der Lernprozess stagniert. Anja gewinnt keine Sicherheit.

Im Verlauf von Klasse 2 nimmt der Lernprozess eine Richtung, die die orthografische Norm gerade verfehlt. Anjas Schreibungen im SBL 2 sind zwar vollständig, aber sie sucht nun jeden Laut in der Schrift zu repräsentieren und verschriftet gedehntes *(Uolie, hoiete, schtaiekt)* und dialektales Sprechen: *waten (warten), sschpresen (spritzen), kerchen (Kirschen), Werd (wird)*. Orthografische Elemente verwendet sie selten, mehr falsch als richtig *(grünez, ierer, drauzen – Rad, die)*. Überhaupt schreibt sie nur wenige kurze Wörter richtig *(mit, dem, ist, nun, er, Licht, rot)*. Im standardisierten Test erhält sie PR 5. Wenn man als Lehrer ihre Schreibungen liest, erhält man ein eindrucksvolles Bild von der Schwierigkeit der Orthografie.

Ähnlich verlaufen in Klasse 1 die Lernwege von 5 anderen Kindern. Sie können zwar Laut und Schreibung zueinander in Beziehung setzen und schließlich die lautliche Struktur des Wortes differenziert wahrnehmen, allerdings überwiegen gegenüber den phonematisch richtigen Schreibungen solche, die irrelevante Aspekte des Lautlichen wiedergeben, sowie rudimentäre Schreibungen. Zwei von den Schülern, deren Lernprozess stagniert, scheiden im Verlauf von Klasse 2 aus (Sonderschule, Umzug), während die drei anderen bis zum Ende der Grundschulzeit zu den schwachen Rechtschreibern gehören. Aber sie fallen im Unterricht – wie auch Anja – nicht so auf, dass sie gefördert werden. Claudia kann bei geübten Diktaten ihre Schwierigkeiten kompensieren. Erst im Verlauf von Klasse 4 werden sie manifest. Sie wiederholt diese Klasse freiwillig.

Sönke: Frühe Indizien für lang anhaltende Rechtschreibschwierigkeiten (V)

Sönke (s. S. 41) unterscheidet sich von Anja nicht nur in der Anzahl der Wörter, die er richtig schreibt: Es sind nur drei *(Mut, Sofa, Schal)*. Er unterscheidet sich von ihr vor allem darin, dass seine Schreibungen bis zum Ende von Klasse 1 rudimentär (17 Wörter) oder diffus (7 Wörter) bleiben: z. B. *Mt (Lampe), MdM (wunderbar), laB (Tulpe)*. Bei den wenigen Wörtern, bei denen ihm die Verschriftung der Lautfolge vollständig oder nahezu vollständig gelingt, orientiert er sich an seinem Dialekt *(Reta, PAewAsA, RAse = Reise)*. Auch am Ende des 2. Schuljahrs verschriftet er noch irrelevante Aspekte des Lautlichen (*ch* statt *r* und statt *h*, *e* statt *i*, Auslassen des postvokalischen *r*). Aber mit einer Ausnahme sind seine Schreibungen jetzt vollständig. Da er im Lesen nicht auffällig ist (SBL 1 PR 13, SBL 2 PR > 25), bleibt seine Schwierigkeit, eine erste grundlegende Orientierung für das Schreiben zu finden, unentdeckt. Während sich Anja falsche Vorstellungen über die Beziehung von Lautung und Schreibung macht, gelingt es Sönke in Klasse 1 schwer, überhaupt eine solche Vorstellung zu finden und zu differenzieren. Seine Rechtschreibschwierigkeiten bleiben bis zum Ende der Grundschule bestehen (DRT 4 – 5 PR 3). Förderung erfährt er ebenso wenig wie Anja. Auch er wiederholt Klasse 4.

Wie Sönke haben insgesamt 10 der 66 Kinder ähnliche Schwierigkeiten bei der grundlegenden Orientierung. Sie kommen im ersten Jahr kaum über rudimentäres Schreiben hinaus. Auffällig sind der hohe Anteil an diffusen Schreibungen und ihre häufige Weigerung, die diktierten Wörter überhaupt zu notieren.

Zwei der 10 Kinder, deren sprachanalytische Tätigkeit im Verlauf von Klasse 1 unentfaltet bleibt, kommen in Klasse 2 auf Sonderschulen (für Verhaltensgestörte und Sprachbehinderte); drei Kinder wiederholen das 2. bzw. 3. Schuljahr; drei Kinder erhalten in Klasse 3 bzw. 4 Einzelförderung. Alle diese Kinder bleiben schwach in der Rechtschreibleistung – mit Ausnahme von Mirina, der die Einzelförderung offenbar hilft (DRT 4 – 5 PR 14). Zwei Kindern allerdings, die in Klasse 1 immer wieder diffus oder rudimentär geschrieben haben, gelingt in Klasse 2 ein deutlicher Lernfortschritt (SBL 2 PR 15 – 17). Das kann möglicherweise auf den Einfluss eines intensiven Rechtschreibunterrichts in diesen Klassen zurückgeführt werden.

Es stellt sich die dringliche Frage, ob wir nicht früher aufmerksam werden müssen auf grundlegende Schwierigkeiten, die die Kinder in ihren Schreibungen unbekannter Wörter zu erkennen geben. Dann bliebe ihnen – durch intensiven Schreibunterricht in der Klasse oder durch individuelle Lernhilfe, an der sie aktiv beteiligt sind – mancher Misserfolg erspart.

Schreibenlernen als sprachanalytische Tätigkeit

Die Formen des Schreiblernprozesses (I bis V), die wir gefunden haben, lassen sich zu drei Gruppen zusammenfassen:

- Die erste Gruppe (I und II) kann bereits zu Beginn des schulischen Schrifterwerbs die Struktur der Wörter nahezu vollständig wiedergeben und schreitet rasch zur Auseinandersetzung mit der orthografischen Norm fort: Die einen folgen dabei von Anfang an dem phonematischen Prinzip (I), die anderen kommen dazu erst nach längerer Auseinandersetzung mit der eigenen Artikulation (II).
- Die zweite Gruppe (III) beginnt mit rudimentärem Schreiben und erschließt sich erst allmählich die lautliche Struktur. Bei allen diesen Formen des Schreiblernprozesses (I bis III) gelingt – von unterschiedlicher Ausgangslage – sicher die Aneignung der orthografischen Norm (s. Leistungsmessung am Ende von Klasse 4, S. 41).
- Zur dritten Gruppe gehören die Lernwege, die ebenfalls mit fragmentarischem Schreiben beginnen, aber länger dabei verharren (IV). Die Kinder beachten orthografische Elemente der Schrift nur selten und verweigern sich häufiger der Aufgabe. Ihnen fehlt eine Richtung für ihre Orientierung, deshalb können sie keine Sicherheit gewinnen. Ihr Lernprozess stagniert. Zu dieser Gruppe gehören auch die Kinder, die eigentlich gar nicht recht mit dem Schreibenlernen anfangen (V). Sie bleiben, weil ihnen die Einsicht in die grundlegende Beziehung zwischen Laut und Schreibung lange verschlossen ist, gleichsam außen vor. Schlimm für sie ist, dass diese basale Schwierigkeit dem Lehrenden manchmal zu lange verborgen bleibt. Diese Kinder (IV, V) haben noch weit über das zweite Schuljahr hinaus mit gravierenden Lernschwierigkeiten zu kämpfen.

Über den Zusammenhang zwischen Formen des Schreiblernprozesses und der Deutlichkeit sowie der Dialektmerkmale der Sprechweise (in spontaner Rede und beim Lesen) haben wir bei einem Vergleich der Extremgruppen (I/II und IV/V) Folgendes gefunden: Nur in den Gruppen I und II finden sich einige Kinder, die deutlich sprechen. Nur in diesen beiden Gruppen finden sich Kinder, die einzelne Wörter (z. B. *Hammer, laut, kaputt, Seil, Tisch, immer, Vater*) hochsprachlich artikulieren. Aber das hochsprachliche Artikulieren ist kein notwendiges Kriterium für „phonematisches Schreiben von Anfang an". Mehr als die Hälfte der Kinder aus Gruppe I artikulieren wie die aus Gruppe II zumindest teilweise umgangssprachlich (auch Peter, s. o.!). Bemerkenswert ist allerdings, dass alle untersuchten Kinder aus diesen beiden Gruppen beim Lesen deutlich artikulieren. (Damit haben sie Gelegenheit, Sprechen und Schreiben aufeinander zu beziehen: *Sprich, wie du schreibst!* und nicht umgekehrt.)

In Gruppe IV und V sprechen alle untersuchten Kinder undeutlich (bei einem Kind ist diese Entscheidung nicht klar zu treffen). Kein Kind aus diesen beiden Gruppen artikuliert hochsprachlich. Auch beim Lesen ist die Artikulation einiger Kinder undeutlich.

Wichtig ist m.E. der Befund, dass die dialektfreie Artikulation keine Bedingung für phonematisches Schreiben von Anfang an ist. Phonematisches Schreiben wäre danach eher eine Frage der Abstraktion.

Beide Perspektiven der Betrachtung des Lernprozesses – die systematisch auf alle Schreibungen gerichtete und die auf den Ablauf des individuellen Lernprozesses gerichtete – zeigen die großen Schwierigkeiten, die die Kinder mit dem lautlichen Aspekt beim Schreiben haben. Aus der Betrachtung der individuellen Formen des Schreiblernprozesses wird erneut deutlich, weshalb – entgegen der landläufigen Erwartung – im Verlauf des Lernprozesses Schreibungen zunehmen, die irrelevante Aspekte des Lautlichen berücksichtigen. Die einen Schreibanfänger verharren längere Zeit auf dieser Zugriffsweise (II), andere kommen dazu erst nach einer mehr oder weniger ausgedehnten Phase rudimentären Schreibens (III, IV), und etliche greifen darauf mit zunehmender Einsicht in die differenzierten Beziehungen von Laut und Schreibung zurück, allerdings nicht, wenn sie bereits von Anfang an im phonematischen Schreiben sicher sind.

Ergebnisse

- Der Prozess des Schreibenlernens erfolgt nicht zufällig oder willkürlich, sondern enthält Gesetzmäßigkeiten. Sie beziehen sich auf wiederkehrende Schwierigkeiten und wiederkehrende Formen des Lernprozesses. Diese unterscheiden sich nach der Lernausgangslage des Schreibanfängers, seinem Lerntempo und seiner Fähigkeit, bereits Gelerntes zu erweitern, zu differenzieren und mit dem im Unterricht Vermittelten zu vereinbaren. Im Einzelnen haben wir bei den Lernprozessen zwischen geradlinigem Fortschreiten, Stagnieren, Rückschritt und der „Umstrukturierung" der Zugriffsweisen eine große Vielfalt gefunden, sodass es schwer möglich ist, im Einzelfall Prognosen über die weitere Entwicklung zu formulieren.

  Erika Brinkmann (2003) hat das an Schreibungen von *Fahrrad* gezeigt, und zwar hat sie untersucht, wie einzelne Kinder am Ende von Klasse 2 das Wort im Abstand weniger Tage schreiben. Das stellt zwar den Längsschnittvergleich von Klasse 1 bis 4 als kontinuierliche Annäherung an die richtige Schreibung nicht infrage, macht aber die Vielfalt der Zugriffe, auch bei dem einzelnen Kind, deutlich. Für die schwachen Schreibanfän-

ger allerdings haben wir solche Schwankungen in Klasse 1 nicht gefunden: Sie geben ihre grundlegenden Schwierigkeiten, einen Zugang zur Orthografie zu finden, deutlich zu erkennen.
Wenn die Lernwege auch im Einzelnen nicht prognostizierbar sind, ihre Regelhaftigkeit ist eine Voraussetzung dafür, dass wir sie verstehen und nachvollziehen können.

- Der Regelbegriff, der diesem Sprachgebrauch zugrunde liegt, unterscheidet sich von dem der Linguistik und Didaktik. Die Kinder folgen, wenn sie bei ihrer sprachanalytischen Tätigkeit regelgeleitet verfahren, gerade nicht kodifizierten Regeln, etwa der Duden-Norm. Besonders deutlich wird das an ihrer Behandlung der Groß- und Kleinbuchstaben. Über eine lange Zeit ist diese Entscheidung offenbar kein Problem für sie, obwohl sie doch in der Fibel wie im Schreiblehrgang ständig mit einer kodifizierten Anwendung konfrontiert werden. Aber im Laufe der Zeit lernen alle Kinder, ohne dass sie darüber instruiert würden, dass Großbuchstaben nur am Wortanfang vorkommen. Ähnliches gilt für die „orthografischen Elemente". Von den schwachen Rechtschreibern wird dieses Phänomen überhaupt erst spät entdeckt.
Diese Befunde drängen die Frage auf, ob wir im Rechtschreibunterricht der Grundschule nicht viel zu früh mit der Vermittlung eines orthografischen Regelwissens beginnen, zu früh, weil diese Regeln Antworten auf Fragen geben, die die Kinder noch gar nicht (und vielleicht überhaupt nicht) stellen. So wäre jedenfalls erklärbar, weshalb die Kinder solche Regeln so selten anwenden. Der Regelbegriff, der unseren Betrachtungen zugrunde liegt, meint demgegenüber, dass die Schreibanfänger darüber operativ, im Vollzug des Schreibens, verfügen, und gerade nicht, dass ihnen die Zugriffsweise analytisch (bewusst) zugänglich wäre.
- Die Rede von der regelgeleiteten sprachanalytischen Tätigkeit schließt aus, sie als Ergebnis von Konditionierung zu verstehen. Diese Tätigkeit entwickelt so etwas wie Eigendynamik, die gemessen an einer sachstrukturellen Analyse der Orthografie durchaus sprunghaft erscheinen kann.
- Die Qualität der Lernprozesse in Klasse 1 bestimmt auch die Entwicklung der Leistung bis zum Ende der Grundschule, sofern nicht ein intensiver Schreiblehrgang erfolgt.

Dieser letzte Befund aus den 66 Einzelfallstudien hat sich in dem Hamburger Modellprojekt bei 20 Klassen bestätigt (s. Tabellen S. 50 f.).

Wir haben die Klassen nach der durchschnittlichen Rechtschreibleistung angeordnet, die sie am Ende von Klasse 2 im DRT 2 erreicht haben. Die Klasse 20 ist also die Klasse mit der besten Rechtschreibleistung aller Klassen des Modellversuchs. Ausgewählt haben wir hier je 4 Klassen aus dem oberen und aus dem unteren Drittel der Rechtschreibleistung. Es gibt zwar zwischen dem Ende von Klasse 1 und dem Ende von Klasse 2 noch einige Verschiebungen, aber im Wesentlichen verändert sich die durchschnittliche Rechtschreibleistung von Klasse 2 bis zum Ende der Grundschule nicht, es sei denn, es gibt – wie bei Klasse 19 – einen Lehrerwechsel (LW) am Ende des dritten Schuljahrs.

Dieser Befund wird auch in den 50 Klassen bestätigt, die WEINERT und HELMKE (1997) mit der SCHOLASTIK-Studie untersucht haben. Sie betonen, dass die Zugehörigkeit zu einer Klasse den höchsten Prognosewert für die Rechtschreibleistung des einzelnen Kindes darstellt (SCHNEIDER u. a. 1997, S. 127).

Bezogen auf unsere Tabelle heißt das, dass ein Kind, das in Klasse 4 eingeschult wird, eine ungleich geringere Chance hat, ein guter Rechtschreiber zu werden, als ein Kind, das in Klasse 20 eingeschult wird. Damit ist einmal mehr die zentrale Bedeutung der Lehrperson für das Lernen des Einzelnen und der Klasse bestätigt. Das gilt umso mehr, als sich die Klassen zu Schulanfang nicht wesentlich in Bezug auf die Lernvoraussetzungen unterscheiden, und auch nicht im Hinblick auf die Zahl der Kinder anderer Herkunftssprache (vgl. DEHN/HÜTTIS-GRAFF 2000).

Wir haben bei einer Analyse von Texten, die die Kinder des Modellprojekts im Februar Klasse 1 zu Bildern und Bilderbüchern schreiben (s. z. B. S. 117, Yasemin), bereits gravierende Unterschiede gefunden, was die Text-

Klasse = Rang nach Rechtschreibleistung Ende Klasse 2	Klasse 1 DRT 1	Klasse 2 DRT 2	Klasse 3 DRT 3	Klasse 4 WRT 4/5
20	52,8	67,1	65,9	47,1
19	46,0	50,1	47,6 (LW)	21,9
18	49,7	49,1	52,0	48,5
15	40,0	44,0	40,9	44,6
7	30,6	25,4	17,1	9,8
6	35,3	23,1	21,6	19,8
5	24,1	22,9	17,7	9,1
4	31,4	21,5	20,2	21,5

Entwicklung der Rechtschreibleistung bis Klasse 4

Schreibenlernen als sprachanalytische Tätigkeit

länge und die Zahl der zu diesem frühen Zeitpunkt richtig geschriebenen Wörter betrifft. (Wir haben alle Wörter gezählt, auch die, die mehrmals vorkommen – „token".) Vor allem aber unterscheiden sich die Klassen, die später gute Rechtschreibleistungen haben, bereits im Februar von Klasse 1 von den später schwachen Rechtschreibklassen darin, in welchem Ausmaß sie mit orthografischen Elementen experimentieren. Sie schreiben *Vatter, schneel, mier, weind, trivt, schlaven.* Diese Fehler sind offenbar lernproduktiv: Die Kinder erproben etwas, das sie aus ihrem Wissen von Schreibungen abstrahieren – sie bleiben nicht bei einer 1:1-Beziehung von Lautung und Schreibung stehen (s. Zwei-Wege-Modell, S. 71 ff.). Sie sind aufmerksam auf orthografische Phänomene und damit aufgeschlossen für Lernprozesse. Wohlgemerkt: Dies ist ein Befund vom Februar Klasse 1.

Man könnte diesen frühen Befund zum Rechtschreiblernen auch als Beleg für die These werten: *Wer viel schreibt, schreibt vieles richtig.*

Ein solches Textschreiben kann die Automatisierung befördern. Im Hamburger Modellprojekt können die Unterschiede zu einem Teil auch in Beziehung gesetzt werden zu dem Lehrgang: Die Klassen 20 und 6 haben mit einer Fibel gearbeitet, die Klassen 18 und 15 mit einer Eigenfibel, die Klassen 7, 5, 4 und 19 mit dem Lehrgang „Lesen durch Schreiben".

Bei der Analyse der Unterrichtsprotokolle hat sich *„Schriftorientierung"* als ein wesentliches Merkmal lernförderlichen Unterrichts erwiesen, also der Umgang mit Schrift, die Reflexion über Schreibungen und das Üben von Schreibungen (s. Kap. 7; s. auch Band II, Kap. 10).

Klasse	Anzahl der Texte	Wortanzahl token gesamt	Ø	richtig geschriebene Wörter gesamt	Ø	orthografische Elemente (falsch) gesamt	Textz.
20	22	524	22	363	16	23	10
19	21	419	20	152	7	10	7
18	21	491	24	313	15	13	9
15	17	401	24	224	13	24	7
	81	1835	22	1052	13	70	33
7	17	198	12	75	4	5	4
6	22	183	8	93	4	2	2
5	22	199	9	109	5	2	2
4	12	143	12	39	3	4	4
	73	723	10	316	4	13	12

Unterschiede im Rechtschreiben beim Textschreiben (Februar Klasse 1)

3 Über Kulturtechnik und Schriftkultur

Perspektiven – Positionen

Lesen und Schreiben ist mehr als das Beherrschen der Form der Buchstaben, der Zuordnung von Laut und Buchstabe, der Synthese, der Aneignung der Orthografie. Lesen und Schreiben stellt eine zweite Form für Artikulation und Austausch dar. Schrift ermöglicht nicht nur die Mitteilung an den räumlich Entfernten und die Überlieferung an den zeitlich Späteren, sie kann durch die entlastende Funktion der Fixierung und durch die Notwendigkeit, gedankliche Vorstellungen bewusst und ausdrücklich zu artikulieren, zu deren Entfaltung und Ordnung in weit höherem Maße beitragen als die gesprochene Sprache.

Wer lesen (und schreiben) lernt, kann einerseits an seine Spracherfahrungen anknüpfen, sein Sprachvermögen nutzen. Er kann, wenn er mehrere Wörter in einem Satz gelesen hat, semantisch und syntaktisch gerichtete Vermutungen darüber anstellen, wie es weitergehen könnte. Umfang des Wortschatzes und Weltwissen erleichtern ebenfalls das Leseverstehen.

Andererseits aber verlangt der Schriftspracherwerb ein grundsätzlich neues Verhältnis zur Sprache. Sie ist beim Lesen (und Schreiben) nicht mehr nur Medium für Austausch und Artikulation, sondern – zumindest im Stadium des Erwerbs – immer auch Gegenstand der Betrachtung (zur notwendigen „Vergegenständlichung" der Sprache beim Schrifterwerb vgl. Bosch 1984). Was im Gespräch für das Ohr als zeitliches Kontinuum wahrnehmbar ist, muss beim Lesen als lineare Zeile entschlüsselt werden. Auch Kontexthinweise zur Situation, die im Gespräch simultan wahrgenommen werden, müssen nun aus Schriftzeichen gewonnen werden.

Spracherwerb und Schriftspracherwerb ähneln sich, insofern es um Regelbildungsprozesse bei der Aneignung eines komplexen Systems geht. Sie unterscheiden sich, insofern Spracherwerb in der Interaktion unwillkürlich erfolgt, Schriftspracherwerb dagegen Distanz und Abstraktion voraussetzt. Er ist seit eh und je an institutionalisiertes Lernen gebunden, wird schulisch vermittelt.

Perspektiven – Positionen

Lange Zeit wurde in der Schule Lesen und Schreiben als Kulturtechnik betrachtet, als Voraussetzung für Teilhabe an Schriftkultur, und entsprechend galt das Beherrschen der Buchstaben als Voraussetzung für Lektüre und Autorschaft. Solange allerdings die Bibel Gegenstand für „Buchstabieren" und Syllabieren war, war den Lernenden das Ziel der Bemühungen immer präsent. Außerdem war kulturelle Teilhabe über Jahrhunderte durch Vorlesen, Predigt und Rezitation auf den Märkten auch Schriftunkundigen möglich. Bis ins Mittelalter waren Autorschaft und „Scriptorschaft" nicht an *eine* Person gebunden. Der eine konzipierte und diktierte, was ein Schreib-Handwerker zu Papier bringen sollte.

Eine solche Trennung bestimmt heute nur noch wenige Berufe. Im Allgemeinen muss jeder selbst schreiben, so lange jedenfalls der Computer noch nicht die Scriptorschaft übernimmt. „Lektüre" aber ist ohne Buchstabengebrauch vielfältig möglich: In Film und Fernsehen, als Video oder DVD, mit Tonkassette oder Hörbuch ist Teilhabe an kulturellen Geschichten möglich. Das gilt zum Teil auch für das Interesse an Informationen.

Die Opposition von Medien- und Schriftgebrauch, wie sie im schulischen Alltag und in der öffentlichen Diskussion vielerorts betrieben wird, entspricht nicht den Lebensgewohnheiten der Erwachsenen und auch nicht den Untersuchungen über lernförderliche Effekte schulischen Mediengebrauchs auf das Lesen (BERTSCHI-KAUFMANN u. a. 2004) und Schreiben (DEHN u. a. 2004). Aber das Lesen verändert andererseits auch den Mediengebrauch (HURRELMANN 2003). So wird jüngst Lesekompetenz „als Teil der Medienkompetenz" betrachtet (HURRELMANN 2002). Wenn Kulturtechnik nicht Voraussetzung ist für kulturelle Teilhabe, sollte der Unterricht zulassen, dass Kinder (und Jugendliche) an ihre Erfahrungen – auch im Mediengebrauch – anknüpfen können.

Aber: Die gesellschaftlichen Ansprüche an das Beherrschen der Kulturtechnik sind in den letzten Jahrzehnten stetig gewachsen (s. Einstellungsvoraussetzungen). So ist das Phänomen des funktionalen Analphabetismus erst mit dem Ende der Vollbeschäftigung in den Blick gekommen. Da könnte es nahe liegen, Lesen und Schreiben als Kulturtechnik verstärkt im Unterricht zu behandeln. Aber wir wissen sowohl aus der Geschichte der Elementarbildung wie aus Lebensläufen von Kursteilnehmern aus der Alphabetisierung, dass die Trennung von Kulturtechnik und Schriftkultur sozialer Selektion Vorschub leistet (EISENBERG 1983). Wer nicht von sich aus liest und schreibt, wird vieles, was er sich einmal angeeignet hat, wieder verlernen. Insofern kann man durchaus Teilhabe an Schriftkultur als Voraussetzung betrachten für das Aneignen der Kulturtechnik (zur Alphabetisierung vgl. HUBERTUS/NICKEL 2003, www.ich-will-schreiben-lernen.de).

Für den Anfangsunterricht bedeutet diese Perspektive, an Schrift- und Medienerfahrungen aus der Vorschulzeit anzuknüpfen und Erfahrungen mit den Funktionen von Schrift anzubahnen, insbesondere für die, denen Schrift bis zum Schulbeginn fremd geblieben ist.

Lesen als Erweiterung literaler Praktiken und als Entfaltung literarischer Sozialisation

Das Nutzen von Schrift im Alltag (z. B. Straßenschilder, Aufschriften, Karten, Ankündigungen, Zeitungen) – das ist das Erste, was kleine Kinder in der Familie kennen lernen, noch ehe sie mit Buchstaben vertraut werden. Für Schulanfänger, die in einer Umgebung aufwachsen, die literale Praktiken nicht pflegt, ist das Nachholen von Erfahrungen damit in der Schule eine unerlässliche Voraussetzung für den Schriftspracherwerb, für die Aneignung der Kulturtechnik. Wichtig dabei ist, dass das Kind eine Beziehung zu seiner Lebenswelt herstellen kann. Das ist manchmal nicht einfach. Es kann z. B. gelingen, wenn – wie beim Vorlesen von Janoschs Buch „Bär und Tiger" – die Bedeutsamkeit des Briefes für den zu Hause Zurückgebliebenen emotional erfahrbar wird (s. Kap. 7, S. 106 ff.).

Kinder, die in ihrer Vorschulzeit regelmäßig Geschichten hören, entwickeln für das Lesenlernen mehr Interesse als andere und können auch komplexere Äußerungen dazu formulieren (vgl. FENEBERG 1994, WIELER 1997). Dennoch kann man davon ausgehen, dass – in unterschiedlichem Ausmaß und mit unterschiedlicher Intensität und Nachdrücklichkeit, vor allem in unterschiedlichen Medien – alle Kinder in der Zeit vor der Schule in der Begegnung mit Geschichten grundlegende Verstehensprozesse entwickelt haben.

Auch wem literale Praktiken zu Schulanfang weitgehend fremd geblieben sind, hat teil an literarischer Sozialisation, an den Geschichten seiner Kultur, wie sie nicht nur in Büchern, sondern auch in audiovisuellen Medien präsent sind. Das Bedürfnis nach Geschichten ist nicht an Schrift gebunden, aber es wird beim Lesen entfaltet als Vorstellungsbildung, Imagination, als Erinnerung an Episoden aus der eigenen Lebenswelt, als Übernahme von Perspektiven, als Verstehen von Zusammenhängen.

Für den Anfangsunterricht kommt es darauf an, dafür Anknüpfungsmöglichkeiten zu schaffen, beispielsweise durch Vorlesen und beim Schreiben eigener Geschichten, insbesondere zu Vorgaben von Bilderbüchern, Geschichten und Bildern, aber auch zu Figuren aus Film und Fernsehen sowie aus weiteren Medien (vgl. DEHN 1999). Das gilt insbesondere für Kinder mit gravierenden Lernschwierigkeiten.

Lesen als Erweiterung literaler Praktiken 55

Die folgenden Beispiele zeigen, wie Kinder, wenn sie im Unterricht dafür Spielräume haben, gerade die Möglichkeiten des *Schreibens* nutzen. Für das Lesen haben wir weit weniger Beispiele gefunden, vielleicht auch, weil es flüchtig bleibt, selten ein Produkt hinterlässt.

Wer seinen Kindern in Klasse 1 Gelegenheit gibt, kleine Geschichten, eigene Erfahrungen oder schon Bekanntes von sich aus oder für sich aufzuschreiben, eröffnet ihnen einen persönlichen Zugang zur Schrift (vgl. dazu auch GRUST 1997, HABERSAAT 1997). Viele, wenn auch nicht alle, nehmen ihn an. Die folgenden Schriftstücke sind z. T. außerhalb des Schulunterrichts entstanden, aber angeregt sind sie – mit einer Ausnahme – durch ihn. Bis auf den Bericht von Lena stammen alle Beispiele von Kindern, denen Schrift in ihrer Lebenswelt bis zum Schulanfang fremd geblieben war.

Die Kinder suchen sich durch das Schreiben zu entlasten, von bedrängender Erfahrung, von Schuldbewusstsein, geben inneren Wünschen Ausdruck, oder sie umgehen auf diese Weise schwierige Situationen. Ich führe sie als Beispiele an, um Leserin und Leser zu ermutigen, ihren Schreibunterricht in dieser Hinsicht zu öffnen.

Schreiben als Entlastung schon in Klasse 1?
Projektion von Wünschen und Ängsten

Susanne (Klasse 1) schreibt im Januar und Februar zu Hause verschiedene Zettel: Geschichten von Uta und Ralf, den Fibelkindern, und deren Eltern.

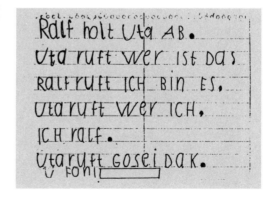

Sie gibt der Lehrerin ihre Zettel mit dem Gestus, dass sie sich mit der Fibel beschäftigt, zusätzlich zu den Hausaufgaben: Ihre Texte sind scheinbar Adaptionen der Fibel: Susanne übernimmt deren einförmige Satzmuster, z. T. wörtlich *(Uta ruft Tor Tor)*, aber sie stellt sie in einen ganz anderen Kontext: Susannes Eltern leben in Scheidung. Der Vater wird von Mutter und Kindern als bedrohlich empfunden. Susannes Geschichten aber zeigen ein harmonisches Zusammenleben. Die Frage der Mutter nach der Heimkehr des Vaters und ihre Aufforderung zum gemeinsamen Essen werden freundlich aufgenommen und beantwortet. *Uta ruft, ja Papa.* Susanne möchte das wohl auch tun. Aber stattdessen hat sie Angst und muss sich vor Bedrohlichem schützen; Ralf steht vor der Tür, um Uta abzuholen. Uta öffnet erst, als sie ihn eindeutig erkannt hat. *Gott sei Dank*, sagt sie erleichtert.

Inge besucht schon die dritte Klasse, aber ihre Schulzeit ist erst kurz (vgl. SCHNELLE 1987). In Klasse 2 z.B. ist sie von 190 Schultagen 140 Tage nicht in die Schule gekommen. Die Familie lebt außergewöhnlich isoliert und hält Inge häufig anscheinend wegen häuslicher Notwendigkeiten vom Schulunterricht fern. Die daraus entstandenen Konflikte sind bis zur Schulratsebene behandelt worden – mit dem Effekt, dass Inge in Klasse 3 ziemlich regelmäßig zum Unterricht kommt. Aber den meisten schulischen Anforderungen

Der Junge sitzt in der Küche.
Er liest ein' Brief. Da steht
drinne etwas geschrieben!
Du, Junge, ich weiß nicht,
wie du heißt. Aber du, ich
möchte mit dir spielen.
Aber du kommst zu mir!
Tonstraße 9. Dein Klaus Bu!
Und du? Ich heiße Tom
Deutsche. Ich wohne ... Straße 95. Und denn ist Ende!

gegenüber hat sie sich verschlossen, sie übernimmt Aufgaben teilnahmslos, wirkt resigniert, fast stumpf und zeigt auch bei kleinen Lernerfolgen keine Freude. Die Lehrerin hat ihr viele Lernangebote gemacht und sich, als alles ohne erkennbare Wirkung blieb, ihrerseits zurückgezogen.

In einer Förderstunde liegen mehrere Übungen und Anregungen zum Lesen und Schreiben bereit. Die Lehrerin arbeitet mit einer Vierer-Gruppe zusammen. Als sie Inge fragt, was sie tun möchte, antwortet diese: *Spielen.* Die Lehrerin lehnt das mit der Bemerkung ab: *Nein, wir haben jetzt Förderstunde* und weist Inge auf verschiedene Arbeitsmaterialien hin. Inge nimmt das leere Blatt mit einem Foto und schreibt darunter – fast 30 Minuten lang ohne Unterbrechung (s. S. 56).

Inge projiziert ihren Wunsch nach Kontakten zu anderen Kindern in einen Jungen. Er liest einen Brief, in dem ein anderer freundschaftliche Beziehungen zu ihm sucht. Inge lässt ihn in einem Antwortbrief darauf eingehen – eine ziemlich komplexe geistige Leistung, was die Rollenübernahme betrifft.

Schon vorher hatte Inge gern Gelegenheiten zu freiem Schreiben genutzt. Nach Gesprächen mit Kolleginnen und Kollegen über Inges Text bestärkt die Lehrerin Inge in ihrem Tun. Im Schreiben kann Inge sich mit sich selbst und ihren Beziehungen auseinander setzen und sich möglicherweise langsam „freischreiben". In den folgenden Monaten kommt Inge mit dem inneren Konflikt zwischen Elternhaus und Schule besser zurecht. Im Schreiben findet sie einen Zugang zur Schrift. Ihre Probleme beim Erlesen schwieriger Wörter, die auch in Klasse 3 noch für alle belastend sind, werden auf diese Weise allmählich verringert. Die Befürchtung, sie könne später funktionale Analphabetin werden, besteht nicht mehr. Inge bleibt weiterhin schwach im Rechtschreiben, aber sie erwirbt den Hauptschulabschluss. Am Tag danach ruft sie ihre Lehrerin an (jahrelang hatte es keine Kontakte gegeben).

Schreiben als unmittelbare Verarbeitung von Erfahrung

Hanno (Klasse 1) schreibt im November verschiedene Erlebnisse mit Tieren auf. Anlass war die Aufgabe, eine Geschichte zu verfassen. Im Gespräch über seinen Text und die krasse Illustration (in Rot und Schwarz) wird deutlich, dass ihn das Schicksal des Kaninchens Niki stark beschäftigt.

Karo Hat Honer
Pu schleft
Pu MaCht Wenta SChlaf
Niki Wirt GSChlaChtet
Moli Ht Honer mit zini

Lena hat einen Frosch gefangen und ihn im Weckglas nach Hause gebracht. Die Mutter schimpft mit ihr wegen dieser Freiheitsberaubung und hält ihr vor, welche Lebensmöglichkeiten der Frosch im Teich hat und wie beengt er im Glas sei. Für Lena bleibt auch nach der Freilassung ein Konflikt zwischen diesem moralischen Anspruch und dem Wunsch nach Nähe zu einem Tier. Sie nimmt ein Heft und klärt schreibend und malend ihre Erfahrung für sich selbst in den „Berichten über Frösche". Lena geht noch nicht in die Schule, aber ihr ist Schrift als Werkzeug und Tätigkeit offenbar vertraut.

Teilnehmerinnen und Teilnehmer im Kurs zur Alphabetisierung Erwachsener schreiben öfter von sich aus Abschnitte ihrer Lebensgeschichte für sich und/oder die Kursleiterin auf oder nehmen Anregungen dazu bereitwillig auf. Sie haben erhebliche Schwierigkeiten mit der Orthografie, können ihre Texte selbst aber gut lesen. Sie erheben für sich den Anspruch auf Perfektion und können sich nicht erklären, warum sie manche Wörter immer wieder falsch schreiben. In dem folgenden Text markiert Frau H. zuerst Stationen, die ihren derzeitigen Status erklären, jahrelange Krankenhausaufenthalte als Kleinkind.

Meine Lebenserzählung

… Ich kam in einer Klasse in mein Alter bestimmt war, ich konnte aber Schreiben und Lesen u. Rechnen. Es war ihnen igal, mit 15. Jahren konnte ich nicht mehr weiter zur Schule gehen, es war vorbei. Meine Mutter sagte, jetzt müsste ich arbeiten, sie steckt mich in eine Fabrik rein. Es war in Str., eine Fischfabrik, die hieß L., aber diese Arbeit war mir zu schwer, es gab da Akkord, ich konnte das nicht. Dann war ich auch noch Linkshändern. Die Maschinen waren aber alle nur für Rechtshänder, also wurde ich entlassen, und so ging es immer weiter, Arbeiten, Entlassen, bis ich einen Mann kennen gelernt habe und meine Mutter sagte, wenn du nicht mal arbeiten kannst dann heirate lieber. Dann hast du dein Einkommen.

(Das Wort *Einkommen* steht in der Mitte unter dem Text und ist durch eine Girlande zusätzlich hervorgehoben.)

Schreiben anstelle von Reden

Manchmal ist Schreiben auch für Schulanfänger einfacher als Reden. Marc ist neu in die erste Klasse gekommen, die schon als Vorklasse zusammen war. Er hat Schwierigkeiten, sich einzugliedern und sich an die Rituale und Arbeitsformen zu gewöhnen. Auch zu Hause hat er es außergewöhnlich schwer mit einer alleinstehenden alkoholkranken Mutter.

Während der Pause würgt er Felix. Die Lehrerin ist entsetzt und zornig. Sie gibt Marc deutlich zu verstehen, dass er sich selbst etwas überlegen müsse, um mit Felix wieder ins Reine zu kommen.

Schreiben als Entlastung schon in Klasse 1?

Einige Wochen später hat Marc einen jungen Baum auf dem Schulgelände mutwillig abgebrochen. Auch diesmal zieht er sich auf das Schreiben zurück. Die Postkarte ist an den Rektor gerichtet.

LiBer her ...
der Baum an der Tornhalle ist kapot
ist Tut mir leit
dein Marc

Es gelingt im Verlauf von Klasse 1, Marc zu integrieren. Das ist sicher nicht auf das Schreiben zurückzuführen, aber vielleicht hat diese Form, die Marc bisher nur in der Schule als möglich erfahren hat, dazu beigetragen.

Solche Texte sind natürlich nur eine Form der Schriftaneignung. Andere Formen, die handwerkliches Rüstzeug und Teilhabe an Funktion und Inhalt von Schrift verbinden, sind sachbezogenes Schreiben sowie unterschiedliche Arten von Lektüre.

4 Lernschwierigkeiten und Nicht-Lernen: Schulgeschichten

Andreas wird „entdeckt"

Station 1

Dass Andreas mit dem Lesen mehr Schwierigkeiten als andere Schüler hat, das hat die Lehrerin (I. Wolf-Weber) sehr bald bemerkt. Sie hat damals ein Unterrichtstagebuch geführt. Er gehört von Anfang an zur Gruppe der langsam Lernenden, sie notiert am 22.9.:

Alle Kinder einzeln vorlesen lassen und festgestellt, wer schon zusammenziehen kann. Noch nicht: Lesly, Ismail, Banu, Andreas, Joschi, Lennard, Horst, Peter, Ilka, Grete.

Natürlich sind die Aufgaben ganz einfach: *La, Mo* ... Die Lehrerin macht mit diesen elf Kindern während der Förderstunde in zwei Gruppen (je 5 bzw. 6 Kinder) zusätzliche Übungen dazu. Bald darauf können es zwei Kinder aus dieser Gruppe. Und nach den Herbstferien haben viele Kinder gute Fortschritte gemacht.

Andreas kommt nur langsam voran. Anfang Dezember notiert die Lehrerin: *Joschi, Andreas, Ilka, Banu, Ismail, Grete müssen möglichst noch täglich zu zweit üben, damit es flotter geht.*

Zuerst waren es elf Kinder, die langsamer als andere lernten; nach zwei Monaten bedürfen noch sieben zusätzlicher Lernhilfen.

Station 2

Im Schreiben fällt Andreas zunächst weniger auf. Kurz vor Weihnachten diktiert die Lehrerin neun ungeübte Wörter, die als „lautrein" gelten, ins „Kopfheft" (s. dazu S. 122 ff.). 15 der 27 Kinder aus der Klasse machen keinen Fehler dabei, auch Andreas nicht, 3 haben nur bei den Groß- und Kleinbuchstaben Schwierigkeiten, 5 machen einen Fehler. Zu 4 Kindern schreibt die Lehrerin am 20.12.:

Andreas: ohne Fehler, aber langsam und unsicher; Ilka: sehr unsicher; 5 von 9 Wörtern richtig. Beide müssen einzeln üben. Ismail 3 richtig, Grete 1 richtig; beide müssen üben; evtl. zu zweit.

Andreas wird „entdeckt" 61

Station 3

Am 2. April, dem ersten Tag nach den Hamburger Frühjahrsferien, erschrickt die Lehrerin über Andreas. Sie hat den Kindern wieder eine „Kopfgeschichte" diktiert, um an Gelerntes anzuknüpfen und Neues vorzubereiten.

Andreas' Text ist kaum zu lesen. Er schreibt nur *das, ein, fell* richtig. Was hat er denn bisher von Schrift verstanden? Das bestätigt sich zwei Tage später. Andreas schreibt – wie die anderen Kinder – etwas über die Ferien auf: *ein fos gbt – ein Floß gebaut.*

Andreas hat sich einige Wörter aus dem Grundwortschatz gemerkt. Aber seine übrigen Schreibungen sind nur rudimentär. Von diesem Tag an intensiviert die Lehrerin die Lernhilfe für Andreas weiter. Er hat neben den Leseübungen für alle und dem Förderunterricht für einige täglich Gelegenheit, einen kleinen Text für sich zu erlesen und ihn anschließend der Lehrerin oder der Praktikantin vorzulesen. Das heißt, die Lernhilfe erstreckt sich in erster Linie auf das Lesen, weil von größerer Sicherheit in diesem Bereich auch Sicherheit im Schreiben erwartet wird.

Bis zum Ende des Schuljahrs macht Andreas Fortschritte: Einfache Texte kann er nun wirklich selbstständig lesen. Beim Schreiben bleibt er der Schwächste, aber von 60 „Kopfwörtern" schreibt er immerhin 22 richtig. Begrifflich ist ihm noch manches unklar. Beim Diktieren eines Satzes zählt er auf die ihm aus vielen Übungen bekannte Frage, wie viele Wörter er geschrieben hat, die Buchstaben der bereits geschriebenen Überschrift (vgl. OSBURG 2002).

Wenige Tage vor Schuljahrsende sollen sich die Kinder selbst beurteilen. Die Lehrerin gibt ihnen einen Fragebogen. Andreas hat sein positives Selbstbild behalten und schätzt sich auch realistisch ein: *gut und langsam.*

In Klasse 2 erfolgt ein Lehrerwechsel. Andreas muss dieses Schuljahr wiederholen. Danach ist er leistungsmäßig fast durchschnittlich, aber im Sozialverhalten hat er nun große Schwierigkeiten.

Überlegungen zu dieser Lehr-Lern-Geschichte

Obwohl die Lehrerin von Anfang an ungewöhnlich genau die Lernwege der Kinder ihrer Klasse beobachtet und darauf im Unterricht frühzeitig eingeht, bleibt ihr eine lange Zeit verborgen, wie grundlegend Andreas' Schwierigkeit ist. Erst als seine Wörter aus der Bahn geraten, wird die Schwierigkeit offenkundig.

Im Nachhinein ist nicht mehr zu klären, ob es Andreas schon zu Anfang an grundlegender Orientierung über Schrift fehlte und er manches zunächst durch eine besonders gute Merkfähigkeit kompensieren konnte (u. U. sogar auch bei dem Diktat im Dezember, bei dem die Wörter zwar nicht eigens geübt, aber doch nicht gänzlich unbekannt waren) oder ob sich die Vorstellungen, die er sich über Schreibung und Lautung gemacht hatte, erst später, als im zweiten Schulhalbjahr viele neue Informationen zu verarbeiten waren, als unzureichend erwiesen, sodass er sein bisheriges kognitives Schema – etwa zum Zeitpunkt der Frühjahrsferien – aufgeben muss und nun ohne Möglichkeit der Strukturierung fast orientierungslos agiert.

Andreas' Lerngeschichte habe ich auch als Beispiel dafür ausgewählt, wie das Schreiben eines Wortes, das optisch bisher weder beim Lesen noch beim Schreiben vertraut ist, als Rekonstruktion der orthografischen Vorstellung weitreichenden Aufschluss gibt. Andreas hat dazu auch bei etlichen Anlässen zu freiem Schreiben Gelegenheit gehabt, aber er beschränkte sich stets auf das Reproduzieren von Bekanntem.

Für mich war die „Entdeckung" von Andreas ein Grund mehr, die Lernbeobachtung für die Hand des Klassenlehrers auszuarbeiten (s. Band II). Unter Umständen hätte diese systematische Beobachtung früher seine massiven Schwierigkeiten offenbaren können.

Andreas wird von Ende September an besonders gefördert, zunächst in einer Sechser-Gruppe, später auch einzeln. Inhaltlich sind diese Lernhilfen eine Wiederholung des Lehrgangs – vermutlich wären für Andreas anfangs auch Anregungen zur basalen Auseinandersetzung mit Schrift wichtig gewesen, z. B. mit der Schulanfangsbeobachtung als Unterrichtsaufgabe und Beobachtungsinstrument (s. S. 80 ff. und Kap. 2 bis 5 in Band II). Auch dafür war seine Lerngeschichte eine Anregung.

Entscheidend scheint mir zu sein, dass Andreas am Ende von Klasse 1 die Phase des Schrifterwerbs gemeistert hat – an Automatisierung fehlt es noch lange. Und vermutlich wird er kein eifriger Leser und Schreiber werden. Nicht weniger bedeutsam für seinen Lernweg ist, dass er Zutrauen in seine Fähigkeiten behalten hat. Meines Erachtens hat dazu zweierlei wesentlich beigetragen:

Dass er nicht ausgesondert wurde, sondern die Förderung im Klassenunterricht erfolgte (in der Sechser-Gruppe oder als Einzelaufgabe), und dass er sich, besonders im letzten Quartal, als aktiver Lernender selbst erfahren hat, weil er täglich in der Schule für sich allein einen kurzen Text zum Vorlesen vorbereiten musste und nicht die Rolle des bloß auf Hinweise und Hilfestellungen Reagierenden übernehmen konnte. Bei ihm konnte das erste Schuljahr als „Zeit für die Schrift" genutzt werden.

Warum hat Peter so wenig gelernt?

Peter ist einer der jungen Erwachsenen, die unmittelbar nach dem Ende der Schulzeit einen Kurs zur Alphabetisierung besucht haben. Peter ist 10 Jahre lang zu Sonderschulen für Lernbehinderte gegangen und hat die Schule mit der 8. Klasse verlassen. Ich kenne Peter seit seinem letzten Schuljahr und habe seinen Weg über einige Jahre verfolgt. Er ist freundlich und aufgeschlossen für Gespräche. Seine Sprechweise ist sehr undeutlich. Anfangs hatte ich Mühe, ihn zu verstehen.

Nach mehreren Begegnungen in der Sonderschule, bei denen ich seine schriftsprachlichen Fähigkeiten allmählich einzuschätzen lernte, habe ich ihm ein halbes Jahr vor dem Ende seiner Schulzeit die folgende Leseaufgabe gestellt, die eher ein „Kindertext" ist. Bei den Leseaufgaben der ersten Begegnungen musste ich das meiste vorlesen, weil die Schwierigkeiten für Peter nicht zu bewältigen waren.

Olaf soll essen.
Mama hat Eier und Salat.
Olaf will nicht essen.
Er ist satt.
Er will nur Saft trinken.
Mama holt eine Flasche Saft.
Mama ruft:
Erst Salat, dann Saft.

Bei der Einführung zeigt sich Peter sehr kooperationsbereit. Ich leite den Text ein, um seine Sinnerwartung anzuregen, ohne dass Wörter aus dem Text genannt werden (mit Ausnahme von Olaf):
Die Geschichte ist von Olaf. Der kommt aus der Schule. Und seine Mutter hat das Mittagessen fertig. Olaf hat gar keinen Hunger. Der will nur was Kaltes trinken.
Peter beginnt mit dem Lesen, noch bevor ich geendet habe:

Text	Peter	VL
Olaf	*Olaf*	mh
<u>soll</u>	<u>*holt*</u> *(oder...)*	
	...	
	holt	s
	soll	ja
essen	*essen*	
Mama	*Mutter* hat	mh
hat Eier	*Eier und*	
und Salat	*Salat*	
...	...	...
Er ist <u>satt</u>	*Er ist* <u>*Durst*</u>	Ne, aber so ähnlich.
		Er ist.
	sarcht(?)	Was ist er?
	satt	mh
Er will nur	*Er will nur*	Ja, wie heißt das Wort?
<u>Saft</u> trinken.	<u>*was*</u> *trinken*	(zeigt auf Saft)
	Salt. Sa:l:t	Er will nur...
	S:a:l:t, Saft	Ja.

Peter erliest den einfachen Text mit Hilfe der Versuchsleiterin (VL). Er versteht die Geschichte, wie seine Antworten im Anschluss an das Lesen zeigen. Allerdings erinnert er nicht alle Einzelheiten und kann sich in dem kurzen Text auch erst mit Hilfe der VL orientieren.

Peter bezieht sich beim Lesen stark auf den Kontext und sein Vorwissen. Die Verlesung *holt* ist syntaktisch und semantisch akzeptabel, hat aber optisch wenig Ähnlichkeit mit der Textvorlage. Da die Bestätigung der VL ausbleibt, äußert Peter selbst Zweifel, aber er kommt nach längerem Überlegen nicht zu einer anderen Lösung. Erst als die VL den ersten Buchstaben benennt, kommt er – vermutlich aufgrund von Assoziationen – auf das richtige Wort, ohne dass ein Syntheseprozess erkennbar wäre.

Ähnlich ist auch die Substitution von *Mama* durch *Mutter* zu verstehen. Bei *Saft* versucht er eine sukzessive Synthese *(Sa:)*, die aber zu einem sinnlosen Wort führt. Erst durch die Wiederholung des Satzanfangs findet er schließlich das richtige Wort.

Die übrigen Verlesungen sind wie die vorigen kaum optisch an der Vorlage orientiert, unterscheiden sich von ihnen aber dadurch, dass sie auch syntaktisch nicht oder kaum akzeptabel sind. Bei *satt* kommt Peter über einen ähnlichen Lautkörper *(sarcht)* vermutlich wieder aufgrund von Assoziationen zur richtigen Lösung.

Warum hat Peter so wenig gelernt? 65

Kann Peter eigentlich lesen? Bei dieser Aufgabe kommt er gut voran, weil ihm der Kontext bekannt ist; aber die einzige Strategie, mit der er bei Schwierigkeiten Erfolg hat, ist das Assoziieren. Bei einem Text, bei dem er Kontextbezüge durch das Erlesen erst selbst herstellen muss, scheitert er bei längeren Wörtern. Bemerkenswert scheint mir auch die Geschäftigkeit zu sein, mit der er die Aufgabe behandelt. Er fragt bei Schwierigkeiten nicht nach, sondern suggeriert sich selbst und dem Partner ein „Können" (vgl. dazu das Ergebnis der PISA-Studie, s. oben S. 36).

Nachdem Peter den Olaf-Text gelesen hat, habe ich ihm einige Sätze daraus diktiert. Peter spricht, während er schreibt. Aber das hindert ihn nicht, Wortendungen gleichsam mechanisch zu setzen *(sols, Eien)*.

Manche Wörter spricht er in eins *(will nicht – wilt, will nur – wilt)* und schreibt die Endung wiederum mechanisch. Interessant ist, dass er dabei seine Sprechweise unversehens der Schreibweise anpasst: *will nur* wird auch beim Sprechen zu *„wil-t"*. Dass er Unterschiedliches gleich schreibt, scheint er nicht zu bemerken.

Ein Text, den er zu einer Bildergeschichte notiert, ist rechtschreiblich weithin „diffus" im Einzelnen und ohne erkennbaren syntaktischen Zusammenhang. Im Vergleich zu den konzeptionellen Schwierigkeiten, die er dabei hat, nimmt der nun fast Siebzehnjährige die Briefe, die der Stoff-Pinguin Pondus, der im Hamburger Zoo lebt, von seinem Artgenossen Motu vom Südpol erhält, fast begierig auf und beginnt von sich aus, an dessen Stelle zu antworten:

4.2.: *ich vgsse disch so* (Ich vermisse dich so.)
25.2: *ich fessed ich* (Ich vermisse dich.)
30.4.: *Lib Motu ich tage den* (gern) *deen Sascha* (Schal) *un nei Haltz. ich dee naen* (nehme den) *Sascha nimaz* (niemals) *van neen* (von meinem) *Halz.*

Überlegungen zu dieser Lehr-Lern-Geschichte

Man kann Peters Lernschwierigkeiten kognitionspsychologisch interpretieren. Die Teilschritte beim Erlesen sind nicht stringent auf das Ziel bezogen. Die Verbindung zwischen visueller Wahrnehmung und Sinnerwartung ist unzureichend. Schwierigkeiten werden nicht als solche behandelt und z.B. durch Nachfragen gemindert. Die Schreibungen sind weithin diffus und verwischen z.T. die Wortgrenzen. Bei beiden Tätigkeiten aber wird ein „Können" suggeriert.

Peter ist bereits in einem Sonderkindergarten eingeschult worden, er hat drei Sonderschulen (in verschiedenen Regionen) besucht, bevor er im 7. Schulbesuchsjahr wegen Schwierigkeiten zwischen Schule und Elternhaus in die Schule umgeschult wird, die er bis zur Schulentlassung nicht verlassen hat. Diese Schule hat sich sehr um Peter bemüht und ihn zwei Jahre lang intensiv gefördert, sowohl im sprachlichen wie im schriftsprachlichen Bereich. Zu Beginn der Förderung konnte Peter fast kein Wort lesen. Er hat während der Förderung (u. a. mit dem „Heinevetter Lesetrainer") gelernt, einfache Wörter (aus drei oder vier Buchstaben) und einfache Texte zu erlesen. Das ist gemessen an der Lernausgangslage des 14-Jährigen, bei dem die Schule auch zentrale Sprachstörungen vermutet, ein großer Lernfortschritt. Gemessen am Ziel des Schriftspracherwerbs und den Anforderungen des außerschulischen Alltags muss Peter allerdings als funktionaler Analphabet bezeichnet werden.

Welches die Ursachen dafür sind, ist nicht mehr genau zu rekonstruieren. Peter ist der mittlere von drei Söhnen aus einer Familie, die in selbst gewählter nahezu totaler Isolation lebt. Bis vor kurzem waren die Wohnverhältnisse äußerst beengt.

Der ältere Bruder geht täglich in eine „Beschützende Werkstatt", der jüngere besucht gleichfalls die Sonderschule für Lernbehinderte. Die Kinder dürfen nachmittags nicht Kontakt zu Gleichaltrigen haben; die Möglichkeit zu einem Kuraufenthalt für Peter und seinen jüngeren Bruder schlägt die Mutter kurzfristig aus mit der Begründung, die Aufsicht in der Freizeit dort sei nicht gewährleistet. Schrift spielt vermutlich in der Familie eine untergeordnete Bedeutung. Die Mutter regelt den Schriftverkehr mit Behörden. Ob der Vater lesen kann, ist nicht bekannt. Auf die Frage, ob Peter zu Hause auch mal was lese, antwortet er sehr entschieden: *„Überhaupt nicht!"* Er weiß, dass er noch üben muss, wenn er Arbeit finden will. Aber dieses Problem ist für ihn noch nicht konkret geworden.

Peter gehört zur Gruppe derjenigen Lese- und Schreibanfänger, denen eine entscheidende Voraussetzung zum Schrifterwerb fehlt: die Motivation aufgrund persönlicher Erfahrung im Umgang mit Schrift (als Betrachter

Warum hat Peter so wenig gelernt? 67

oder Handelnder). Hinzu kommt, dass er ohnehin ein besonders langsamer Lerner ist.

Für den Unterricht im Kurs zur Alphabetisierung bedeutet das, dass bei Peter zuallererst ein Lese- und Schreiblernbedürfnis entwickelt werden müsste. Ein Ansatzpunkt dafür wäre vielleicht Peters Interesse am Briefeschreiben und sein Wunsch und seine Fähigkeit, Beziehungen zu artikulieren. Ob das jedoch über fiktive Briefe – wie die an Pondus und Motu – erreicht werden könnte, erscheint mir fraglich. Denn wie soll institutionalisiertes Lehren konkrete Basiserfahrungen vermitteln? Das war im Kurs gegenüber dem Schulanfang noch dadurch erschwert, dass Peter zunächst sich und anderen seine Lese- und Schreibschwierigkeiten überhaupt eingestehen musste. Außerdem mussten seine 10-jährigen Schulerfahrungen bearbeitet werden. – Peter hat den einjährigen Kurs ohne merkliche Fortschritte beendet. Er ist weiterhin auf die Sicherung seines engeren Lebensbereichs gerichtet. Die Eltern unterstützen ihn dabei. Nicht lesen zu können, empfindet er kaum als Mangel und bleibt bei der Selbstinterpretation, noch üben zu müssen.

Fast kann man bei Peter von „schriftsprachlichem Autismus" sprechen: In seiner Welt kommt er ohne Schrift aus. Schrift erscheint ihm vermutlich als etwas Schulspezifisches. Und er hat sich Verfahren zu Eigen gemacht, mit dieser Anforderung möglichst schmerzlos fertig zu werden. Solches Ausweichen ist vielleicht durch das intensive Training seiner letzten Schuljahre noch verstärkt worden. Sicher ist, dass auch für ihn der Schulanfang eine besondere Chance darstellte, die – aus welchen Gründen immer – vergeben wurde.

5 Über Schrift

Einheiten in Sprache und Schrift

Was wir beim Lesen auf dem Papier vorfinden, ist an unsere Sprache gebunden. Die Buchstaben des Alphabets stehen für – Laute, könnte man meinen. Aber so einfach ist das nicht. Man kann dem <a> in *Wal* nicht ansehen, dass es sich beim Lesen von dem <a> in *Wall* unterscheidet, ja geradezu die unterschiedliche Bedeutung der beiden Wörter bestimmt. Man kann dem <e> in *Weg* nicht ansehen, dass es sich beim Lesen von dem <e> in *weg* unterscheidet. Und beim Schreiben haben wir das Problem, dass /a:/ auf mehrere Weise notiert werden kann, meist als <a>, aber manchmal auch als <ah> oder gelegentlich auch als <aa>. Das /i:/ wird meist als <ie> *(Wiese)*, manchmal auch als <ih> oder <i> *(Igel)*, selten als <ieh> geschrieben.

Was wir beim Reden und Zuhören vernehmen, sind nicht Laute. Mit welcher Stimme jemand spricht, ob er das /r/ als Zungen-r oder Rachen-r artikuliert, spielt für unser Verständnis keine Rolle. Wir verstehen auch den, der lispelt. Unsere Aufmerksamkeit beim Reden und Zuhören ist auf die „Laute" gerichtet, die Bedeutungsunterschiede markieren.

Welche lautlichen Merkmale Bedeutungsunterschiede anzeigen, ist von Sprache zu Sprache verschieden. Im Deutschen ist die Länge oder Kürze des Vokals so ein Merkmal, das die unterschiedliche Bedeutung markiert:

/wa:l/ oder /wal/

/mi:te/ oder /mite/

/flo:s/ oder /flos/

Im Spanischen ist das nicht so: So kann ein Spanier, wenn wir ihm diese Wörter einer ihm fremden Sprache vorsprechen, kaum einen Unterschied wahrnehmen, weil das Merkmal Vokalkürze oder -länge in der ihm vertrauten Sprache keine Rolle spielt. Und wir haben große Mühe wahrzunehmen, dass das /k/ wie in *keep* und *cool* im Arabischen einen Bedeutungsunterschied kennzeichnet. Und auch die Aspiration macht uns große Schwierigkeiten – sie markiert im Deutschen keinen Bedeutungsunterschied, wohl aber im Russischen. Und von den Japanern wissen wir, dass

Einheiten in Sprache und Schrift 69

sie mit /l/ und /r/ (z. B. bei /ʃaːl/ und /ʃaːr/) sowohl beim Verstehen wie beim Sprechen europäischer Sprachen große Schwierigkeiten haben, weil diese „Laute" in ihrer Sprache eben keinen Bedeutungsunterschied markieren.

Beim Reden und Zuhören ist unsere Aufmerksamkeit also auf diejenigen Laute gerichtet, die Bedeutungsunterschiede markieren. Das sind die Phoneme. Was in der Rede wahrgenommen wird (aus dem Gesamt der „verfügbaren Information"), ist also eine Abstraktion des Lautlichen (vgl. NEISSER 1979, s. ausführlich Band II, Kap. 1). Wenn Kinder sprechen lernen, eignen sie sich das Phonemsystem dieser Sprache an. Es bestimmt ihr kognitives Schema für die Sprachwahrnehmung und -produktion. Rechtschreibung bezieht sich nicht auf Laute, sondern auf das Phonemsystem, und zwar das der Standardsprache. Die Buchstaben oder Buchstabengruppen, die einem Phonem entsprechen, sind Grapheme.

Ein Verfahren, um Aufschluss über das Phonemsystem einer Sprache zu erhalten, ist die Bildung von „Minimalpaaren" – Wörtern, die sich in nur einem Phonem unterscheiden. Die Tabelle von THOMÉ (2000, S. 13) enthält eine Übersicht über das Phonemsystem des Deutschen und kennzeichnet zugleich die Grapheme, die statistisch am häufigsten ein Phonem wiedergeben, es sind die Basisgrapheme. Die Orthographeme treten mit geringerer Häufigkeit auf. So wird das /iː/ am häufigsten als <ie> wiedergegeben (Basisgraphem, zu mehr als 80 Prozent für /iː/), viel seltener als <ih>, <i> oder <ieh> (Orthographeme des /iː/). Die Übersicht zeigt auch, dass /x/ bzw. <ch> zwei „Laute" enthält (vgl. *ich* und *ach*), aber sie machen eben keinen Bedeutungsunterschied aus, sondern sind „stellungsbedingte Varianten": nach i, e, ei bzw. a, u, o, au.

Die Phonem-Graphem-Beziehung ist für Leser wie für Schreiber – und erst recht für Anfänger – deshalb schwierig, weil 40 Phonemen nur 26 Buchstaben (des lateinischen Alphabets) gegenüberstehen. Es müssen also Kombinationen gefunden werden, z. B. das <sch> für /ʃ/, <au> für /au/, das <ng> für /ŋ/. Wichtig für Lehrer zu wissen ist, dass die Langvokale (mit Ausnahme des /iː/) in der Mehrzahl der Schreibungen mit dem einfachen Buchstaben als Basisgraphem wiedergegeben werden. Und dass *Igel* deshalb in der Anlauttabelle ein wenig geeignetes Wort für /iː/ ist.

Die komplizierte Beziehung von Graphemen und Phonemen erklärt sich auch daraus, dass dieses phonologische Prinzip der Schreibung nicht das einzige ist. Die Schreibung markiert auch die bedeutungtragenden Einheiten, die Wortstämme: So wird /ɛː/ in *Räder* mit <ä> geschrieben, um für den Leser den Zusammenhang mit *Rad* sichtbar zu machen. Und neben diesem morphologischen Prinzip (Stammschreibung) gibt es schließlich noch das grammatische, das vor allem der Markierung der Substantive gilt.

Die wichtigsten Basis- und Orthographeme des Deutschen

Phoneme | **Basisgrapheme** | **Orthographeme (nach der Häufigkeit sortiert)**

Vokale

/a:/	\<a\>	Tal	\<ah\>	Wahn	\<aa\>	Saal		
/e:/	\<e\>	Weg	\<eh\>	Reh	\<ee\>	See		
/i:/	\<ie\>	Wiese	\<ih\>	ihr	\<i\>	Tiger	\<ieh\>	ziehen
/o:/	\<o\>	Ofen	\<oh\>	Sohn	\<oo\>	Zoo		
/u:/	\<u\>	Kuchen	\<uh\>	Ruhe				
/ɛ:/	\<ä\>	Käse	\<äh\>	nähen				
/ø:/	\<ö\>	Öl	\<öh\>	verwöhnen				
/y:/	\<ü\>	über	\<üh\>	Mühe				
/a/	\<a\>	alt						
/ə/	\<e\>	Farbe						
/ɪ/	\<i\>	mit	\<ie\>	vierzig				
/ɔ/	\<o\>	offen						
/ʊ/	\<u\>	unter						
/ɛ/	\<e\>	bellt	\<ä\>	hält				
/œ/	\<ö\>	öffnen						
/y/	\<ü\>	Mütze						
/aɪ/	\<ei\>	Eis	\<ai\>	Kaiser				
/aʊ/	\<au\>	Auto						
/ɔʏ/	\<eu\>	Leute	\<äu\>	läuten				

Konsonanten

/p/	\<p\>	Post	\<b\>	Laub	\<pp\>	Treppe					
/t/	\<t\>	Teil	\<d\>	Bild	\<tt\>	Mitte	\<dt\>	Stadt	\<th\>	Thron	
/k/	\<k\>	kalt	\<g\>	Berg	\<ck\>	Zweck	\<ch\>	Chor	\<c\>	Clown	
/s/	\<s\>	Eis	\<ß\>	Gruß	\<ss\>	Kuss					
/f/	\<f\>	Fenster	\<v\>	Vogel	\<ff\>	Schiff	\<ph\>	Philosophie			
/b/	\<b\>	Buch	\<bb\>	Ebbe							
/d/	\<d\>	Dach	\<dd\>	Kladde							
/g/	\<g\>	Gast	\<gg\>	Egge							
/x/	\<ch\>	ach/ich	\<g\>	König							
/z/	\<s\>	Sonne									
/ʃ/	\<sch\>	schön	\<s\>	spielen							
/v/	\<w\>	Wasser	\<v\>	Vase							
/r/	\<r\>	Rad	\<rr\>	wirr	\<rh\>	Rhetorik					
/l/	\<l\>	Lampe	\<ll\>	schnell							
/m/	\<m\>	Mond	\<mm\>	Kamm							
/n/	\<n\>	Nase	\<nn\>	Kanne							
/ŋ/	\<ng\>	Gang	\<n\>	Bank							
/h/	\<h\>	Haus									
/j/	\<j\>	Jäger									
/pf/	\<pf\>	Pfanne									
/ks/	\<chs\>	Lachs	\<x\>	Hexe							
/ts/	\<z\>	Zahn	\<tz\>	Katze							

Die wichtigsten Grapheme des Deutschen
(THOMÉ 2000, S. 13)

Noch einige Beispiele dafür, welche Schwierigkeiten die Graphem-Phonem-Korrespondenzen beim Lesen machen: Wer *ist* lesen will und zunächst zu *i:st* kommt, hat es sehr schwer, die Bedeutung zu erschließen. Wer *hängt* lesen will und zunächst zu *hän* kommt, „hängt" mitten im Graphem fest. Er müsste <ng> als Graphem für /ŋ/ erkennen können. Wer *Motor* lesen will und zunächst zu *Mot* kommt, hat es mit der Silbenstruktur schwer. Das gilt auch für den, der bei *altes* zunächst zu *alt-es* kommt.

Grund für die letztgenannten Schwierigkeiten ist, dass die Silbenstruktur des Deutschen mehrere Formationen umfasst (vgl. AUGST/DEHN 2002, S. 30 f., S. 44) und für die Lesenden an der Schrift schwer zu erkennen ist, wo sie die Silbenfuge setzen können, zumal dann, wenn ihnen ein Wortteil – wie bei *alt-es* – bereits als Morphem vertraut ist.

Schulanfänger verfügen über das Phonemsystem ihrer Herkunftssprache. Das bedeutet, dass die Kinder, die Deutsch als Zweitsprache lernen, in der Regel nicht nur Wortbedeutungen und Satzbau lernen müssen, sondern sich auch die Merkmale dieses Phonemsystems aneignen müssen. Dieses Verfügen über das Phonemsystem ist allerdings der Reflexion kaum zugänglich. Ob dazu die „phonologische Bewusstheit" beitragen könnte, ist bisher nicht erforscht. Die Aufmerksamkeit auf das, was man „hört", taugt jedenfalls nur begrenzt dazu – eher die Frage nach der Bedeutung dessen, um das es geht. Hier kommt der Beschäftigung mit der Schreibung eine zentrale Bedeutung zu, weil man sieht, was gemeint ist. Für Kinder, die einen Dialekt sprechen, ist das Aneignen der Schrift bestimmt von dem Wissen, dass sie nun „nach der Schrift" sprechen lernen.

Das Verfügen über das Phonemsystem unterscheidet sich von dem Verfügen über die Silbenstruktur. Silben sind artikulatorische Einheiten der Rede und – sprachunabhängig – leicht operativ zugänglich. So kann man – mit nur geringen Fehlerquellen – die Silbenzahl eines Satzes bestimmen, der in einer fremden Sprache gesprochen ist. Aus der Schreibung aber ist die Silbenstruktur nicht gleichermaßen „natürlich" zu erschließen. Weil Silben operativ leicht zugänglich sind, können Leseanfänger, wenn sie Schwierigkeiten beim Erlesen eines Wortes haben, Lehrerhilfen, die sich auf die Vorgabe einer Silbe beziehen, in aller Regel gut in ihr weiteres Vorgehen integrieren (s. Band II, Kap. 10).

Zwei-Wege-Modell des Schreibens

Wie kommt nun – theoretisch – die richtige Schreibung zustande? Grundlage ist die Wortbedeutung: Rechtschreibung ist keine Lautschrift, sondern „interpretiert die Lautung auf der Basis eines abstrakten Lautschemas", also der Abfolge der Phoneme, und stellt ein „abstraktes Schreibschema" her, das dann Grundlage für die konkrete Schreibung ist (AUGST/DEHN 2002, S. 37 ff.). Das Schreibschema ist nicht mit dem „Wortbild" zu verwechseln, es ist vielmehr ein „inneres Lexikon", das mentale Vernetzungen aus sprachstrukturellem Wissen enthält (SCHRÜNDER-LENZEN 2004, S. 63). Das Schreibschema ist mehr als die Abfolge von Graphemen und „orthografischen Elementen", es umfasst auch die lautlichen Entsprechungen und, weil das Modell an der Wortbedeutung orientiert ist, auch die emotionale Bedeutung für den jeweiligen Schreiber. Das Lautschema ist die kognitive Basis für das Verstehen (s. S. 69). Was wir als „Einzel-Laute" im Unterricht in Übungen isolieren, ist daraus abgeleitet – und nicht umgekehrt.

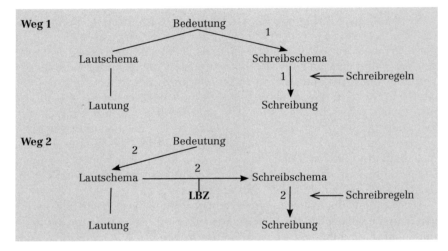

Zwei-Wege-Modell des Schreibens (und Lesens) von AUGST

GERHARD AUGST geht von der Wortbedeutung aus und begründet von daher ein „Zwei-Wege-Modell" (AUGST/DEHN 2002, S. 45 f.). Bei Weg 1 geht „Speicherung vor Produktion" – wie auch sonst in der Sprache. Es ist das ökonomischste Verfahren. Wenn ein Schreiber ein Wort schreiben will, prüft er also, ob er bereits über das Wort als ganzes oder über Teile davon verfügt, und bringt dieses Schreibschema als konkrete Schreibung aufs Papier. Dabei beachtet er Schreibregeln wie die Großschreibung am Satzanfang. Bei Weg 2 ist kein Schreibschema vorhanden, also muss es der Schreiber erzeugen – vom Lautschema aus über die „Laut-Buchstaben-Zuordnung". Und es gibt Verbindungen zwischen beiden Wegen, wenn z. B. ein aufgeschriebenes Wort noch einmal über die Laut-Buchstaben-Beziehung geprüft wird.

Zwei-Wege-Modell des Schreibens

Rechtschreiben lernen „basiert auf impliziten oder expliziten Instruktionen, auf die die so genannten eigenaktiven Tätigkeiten aufbauen" (OSSNER 1998, S. 5). Diese Formulierung kennzeichnet Konsens und Kontroverse der gegenwärtigen Diskussion gleichermaßen. Als unstrittig gilt, dass die Tätigkeit der Aneignung „innere Regelbildungsprozesse" darstellt (vgl. schon EICHLER 1976). Konsens besteht auch darin, dass diese sich implizit ausbilden – anhand von „Instruktionen", die auch bloß Vorgaben (z. B. als Fibel- oder Grundwortschatz) sein können. Kontrovers dagegen ist, wie sich das Verhältnis von impliziten und expliziten Vorgaben auf den Aneignungsprozess auswirkt. Kontrovers ist insbesondere, welche Funktion der Vermittlung von Einsichten in die Struktur der Schreibung und der Vermittlung orthografischer Regeln zukommt. Kontrovers ist auch, welches die Struktur ist, die für das Rechtschreiblernen am besten geeignet ist.

OSSNER schlägt als Modellierung die silbenbasierte Orthografie vor, mit dem Argument, dass Silben das „Basiselement in der Beziehung von Sprache zu Sprechen" sind (1998, S. 7), also auch den Schreibanfängern zugänglich, und dass Silben Struktureinheiten sind, die im Gedächtnis leichter bewältigt werden können als die Laut-Buchstaben-Zuordnung. Ein solches Modell der silbenbasierten Orthografie wird den Anfängern vermittelt, damit sie es als Instrument gleichsam nutzen, beim Rechtschreiben – wie beim Lesenlernen (vgl. RÖBER-SIEKMEYER/TOPHINKE 2003) oder es dient der didaktischen Begründung für einen Lernwortschatz (OSSNER 1998 – aus dem Vergleich mehrerer Fibelwortschätze).

Das Zwei-Wege-Modell des Rechtschreibens sieht in der Tätigkeit der Schreibenden unterschiedliche Ausrichtungen und individuelle Unterschiede (z. B. in Art und Umfang der Ausbildung von Schreibschemata). Es korrespondiert mit der kognitiven Wahrnehmungstheorie (NEISSER 1979), sofern die Ausbildung kognitiver Schemata nicht nur oder gar in erster Linie von den verfügbaren Informationen des Objekts abhängt, sondern vor allem von den „Erkundungen" des Subjekts, die geleitet sind von den kognitiven Schemata, über die es verfügt. Sie können unter Umständen wiederum von den verfügbaren Informationen verändert werden (vgl. AUGST/DEHN 2002, S. 58 ff.). Wenn zutrifft, dass kognitive Schemata nicht unmittelbar gelehrt werden können, wohl aber ihre Ausbildung provoziert oder zumindest verstärkt werden kann, folgt daraus, dass direkte Instruktion über Strukturen als Bereitstellen eines Instruments nicht besonders lernförderlich ist. Daraus folgt auch, dass der Unterricht von Anfang an die Auseinandersetzung mit Schreibungen befördern muss (nicht nur eine Analyse des *Sprechens*), weil das die Ausbildung von Schreibschemata befördert. Mir erscheint es lerntheoretisch fragwürdig, von Kindern zu erwarten, dass sie jeweils beim

Lesen oder Schreiben eines Wortes sich zuerst einer Struktur mit Hilfe eines Instruments vergewissern und nicht direkt auf Funktion und Bedeutung zugreifen sollen. Längsschnittuntersuchungen zur orthografischen Entwicklung haben gezeigt, dass Anfänger sich keineswegs ausschließlich an ihrer Artikulation orientieren, sondern dass sie sich – von Anfang an – auch analytisch mit Schrift auseinander setzen (DEHN 1985). Das führt z.B. schon im ersten Schulhalbjahr zu Schreibungen gegen die Lautung, beispielsweise bei *GUD, Kienda, Schranck*. Mit dem Zwei-Wege-Modell kann auch eine Kritik an Lehrgängen wie „Lesen durch Schreiben" begründet werden, weil Weg 1 dabei systematisch vernachlässigt wird.

Modell des Leseverständnisses

Wie kommt – theoretisch – das Leseverständnis zustande? Dafür spielen nicht nur die Fähigkeiten des Lesers eine Rolle, sondern auch Text und Kontext. Das interaktive Modell des Leseverständnisses von GIASSON (1990, zitiert nach EUROPÄISCHE KOMMISSION 1999, S. 16 ff.) zeigt, wie beim Lesen die drei Komponenten zusammenwirken: der Text in seiner Form, mit seinem Inhalt, mit der Intention des Autors, die Fähigkeiten des Lesers, sein Wissen, die Prozesse, über die er verfügt, und der Kontext der Aufgabenstellung bzw. der Lesesituation, also die soziale Umgebung, Zeit und Raum. Das Leseverständnis ist eine Funktion dieser Faktoren und ihres Verhältnisses untereinander. Je mehr der Text den Fähigkeiten des Lesers in einem geeigneten Kontext entspricht, desto leichter und besser ist er zu verstehen.

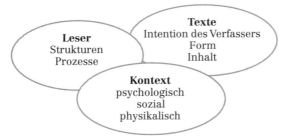

Modell des Leseverständnisses (nach GIASSON 1990)

Das, was auf dem Papier steht, ist auch für den Anfänger nicht ohne Kontexte. Das Erschließen des Inhalts, der Wortbedeutung, ist zwar von den Strukturen abhängig, über die der Lesende verfügt: von seinem Weltwissen, seinem Sprachwissen und seinem Handlungswissen, von seiner Einstel-

Modell des Leseverständnisses

lung gegenüber Welt und Sprache, und von den Prozessen, die er anwenden kann, – aber eben auch von den Kontexten. Dazu gehört die Absicht, mit der er etwas erlesen will, sein Interesse an dem, was da geschrieben steht. Dazu gehören soziale Bedingungen, wie Verhalten von Mitschülern und Anspruch der Lehrperson, und auch äußere Bedingungen, wie die Zeit, die er für das Lesen hat, der Raum, in dem gelesen wird, Größe und Art der Schrift. Die Prozesse, die beim Erlesen stattfinden, umfassen

- Mikroprozesse: Wiedererkennen von Wörtern (Sichtwortschatz), Lesen nach Wortgruppen und Erlesen anhand der Laut-Buchstaben-Zuordnung
- Integrationsprozesse: Nutzen der Verknüpfungen, Folgerungen aufgrund von Schemata
- Makroprozesse: Erkennen der Hauptaussagen, Nutzen des Textaufbaus
- Erarbeitungsprozesse: Vorhersagen treffen, Vorstellungsbilder entwickeln, emotionale Reaktionen, Verknüpfen mit dem Vorwissen, Schlussfolgerungen
- Metakognitive Prozesse: Beurteilen des eigenen Verständnisses und Bearbeiten der Schwierigkeiten (vgl. EUROPÄISCHE KOMMISSION 1999, S. 18)

Eine Folgerung aus diesem Modell ist, dass das Leseverständnis eine Gesamtheit von Fähigkeiten darstellt, die nicht nacheinander vermittelt werden, sondern als „kontinuierliche Interaktion aller dieser Fähigkeiten" (ebd.) und dass es darauf ankommt, Silbenbildung, Buchstabieren und Hypothesenbildung zu verbinden.

Für den Anfänger ist das Leseverständnis, wie es in dem Modell dargestellt ist, insofern etwas Besonderes, weil es nicht einfach eine Aufgabe ist, die er als Routine lösen kann. Für den Leseanfänger stellt es ein Problem dar – eine Barriere, die mit den vorhandenen und neu zu erwerbenden Fähigkeiten überwunden werden muss. Das Ziel ist klar vorgegeben: Das, was auf dem Papier (dem Bildschirm) steht, zu verstehen. Es kommt darauf an, sich in Schritten diesem Ziel anzunähern und jeweils zu prüfen, was bereits erreicht ist.

Eine Folgerung aus den bisherigen Kapiteln: Für den Anfangsunterricht im Lesen und Schreiben geht es also darum, zwischen den Erfahrungsgrundlagen, den literalen Praktiken und der literarischen Sozialisation bei Schulanfang, und der Ausbildung kognitiver Schemata von Schrift sowie der Aneignung von Operationen und ihrer Koordination zu vermitteln. Das kann – schon theoretisch – nicht mit einer bestimmten Methode (Materialien, Arbeitsformen), einer bestimmten Organisationsform für Unterricht erreicht werden.

6 Über die Passung von Lernprozess und Unterricht

Die Einblicke in den Lernprozess zeigen, dass ein hoch komplexer Vorgang wie der Schriftspracherwerb bereits im Anfangsstadium so etwas wie eine Eigengesetzlichkeit entfaltet:

Beim Lesenlernen gilt das für die materiale Ebene (die Kinder kennen etliche Buchstaben sicher, die noch nicht im Unterricht behandelt sind, beherrschen andererseits nie alle den Buchstabenbestand des Lehrgangs). Es gilt auch für die Teilschritte, die sie beim Erlesen anwenden (abgesehen von der sukzessiven Synthese sind sie zumeist nicht Gegenstand von Unterricht) und vor allem für die Metaverfahren, mit denen sie die einzelnen Teilschritte verknüpfen.

Beim Schreibenlernen gilt das für die Schriftform (auch die Kinder, die im Unterricht Schreibschrift gelernt haben, verwenden bei neuen Aufgabenstellungen die Druckschrift). Die Eigengesetzlichkeit des Schreibenlernens wird vor allem in der Auseinandersetzung mit der eigenen Artikulation deutlich und in der Art, wie diese mit dem visuell Wahrgenommenen verarbeitet wird: Auch wenn Kinder im Unterricht angehalten werden, sich Schreibungen ausschließlich memorierend einzuprägen, orientieren sie sich bei Aufgaben in neuen Kontexten an ihrer Artikulation oder an Vorstellungen von Prinzipien des Rechtschreibens, die sie aus ihren Kenntnissen abstrahiert haben.

Unsere Beobachtungen stellen die verbreitete Vorstellung von der Vorgängigkeit und Dominanz des Lehrens gegenüber dem Lernen durchaus infrage:

Natürlich ist schulisches Lernen angeleitetes Lernen, aber der Lernweg des Kindes ist weder in quantitativer noch in qualitativer Hinsicht in erster Linie vom Lehrverfahren bestimmt. Damit jedoch ist die Bedeutung des Lehrers keineswegs eingeschränkt, weder, was die Konzeption der Aufgabenstellungen und die Struktur des Lehrgangs, noch, was die Verständigung mit dem Schüler betrifft. Die Lernwege zeigen ja gerade, in welchem Maße viele Kinder der Hilfestellung bedürfen, allerdings eben nicht nur der unmittelbaren Anleitung durch Demonstration der richtigen Lösung, sondern

„Kognitive Schemata" – „Zone der nächsten Entwicklung"　　　　　**77**

einer „nachgehenden" Unterstützung, die die Zugriffsweise des Lernenden berücksichtigt, seine Schwierigkeiten kennt und seine Lernfortschritte unterstützt.

Die Eigengesetzlichkeit des Schrifterwerbs betonen, bedeutet aber auch nicht, Lesen- und Schreibenlernen im Unterricht gleichsam als naturwüchsige Vorgänge zu behandeln. Der Schrifterwerb verarbeitet einerseits zwar – wie der primäre Spracherwerb – die vielfältigen Anregungen der Umgebung und der Lernsituationen in der Schule, andererseits ist er aber im Unterschied zu ihm auch auf Instruktion angewiesen, denn – anders als beim Spracherwerb – erfahren die Kinder Schriftgebrauch nicht als existenziell notwendig. Dabei sind Lehren und Lernen nicht einfach analoge Vorgänge, sodass das Lehrverfahren nun seinerseits nur den Einblicken in den Lernprozess zu folgen brauchte. Wer im Unterricht etwa die Tendenz der Kinder, sich beim Schreiben an der eigenen Artikulation zu orientieren, uneingeschränkt förderte, z. B. durch die Aufforderung: *Schreibe, wie du sprichst,* würde den Kindern wichtige Grundsätze der Orthografie vorenthalten.

„Kognitive Schemata" und die „Zone der nächsten Entwicklung"

Wer nicht weiß, was Lesen und Schreiben für ihn bedeutet, wer noch kein Interesse an Schriftzeichen entwickeln konnte, wird es schwer haben, Lesen und Schreiben zu lernen. Denn die Informationen des Lehrgangs sind Antworten auf Fragen, die ein solcher Lese- und Schreibanfänger noch gar nicht gestellt hat. Und auch die methodisch minutiös ausgearbeiteten Vorübungen zur auditiven und visuellen Analyse, zur Ausbildung der Feinmotorik bleiben in seiner Vorstellung disparat, er wird sie allenfalls mechanisch absolvieren können, solange er noch keinen Begriff von Schrift hat, der seine Aufmerksamkeit richten, seine Tätigkeiten steuern und die Ergebnisse so ordnen könnte, dass daraus neue Fragestellungen entstehen.

Auch Schrifterwerb vollzieht sich als Erweiterung und Differenzierung von Strukturen. Die meisten Schulanfänger verfügen bereits über einfache „kognitive Schemata" (NEISSER 1979; s. Band II, Kap. 1) von unserer Schrift. Aber wie bildet sich eine erste umrisshafte Vorstellung, wie lässt sie sich anregen und entfalten? WYGOTSKI (1969) zeigt, dass Lernen immer vom Entwicklungsstand abhängig ist:

> „Das Lernen ist nur dann gut, wenn es Schrittmacher der Entwicklung ist. Dann werden dadurch eine ganze Reihe von Funktionen, die sich im Stadium der Reifung befinden und in der Zone der nächsten Entwicklung liegen, geweckt und ins Leben gerufen" (WYGOTSKI 1969, S. 242).

Er bezieht sich auch auf den Begriff der „sensitiven Phase" bei MARIA MON-
TESSORI:

> „Daher ist das Lernen nur dann fruchtbar, wenn es innerhalb einer gewissen,
> durch die Zone der nächsten Entwicklung bestimmten Periode erfolgt" (ebd.,
> S. 243).

Und für den Unterricht fordert er,

> „dass jedes Unterrichtsfach vom Kind stets mehr verlangt, als es im Augen-
> blick geben kann, d. h. dass das Kind in der Schule eine Tätigkeit ausführt, die
> es zwingt, über sich selbst hinauszuwachsen" (ebd., S. 244).

Die Fragen, die sich daraus für die Bedingungen des Unterrichts ergeben,
möchte ich erörtern, indem ich mich der Lehr-Lern-Situation der Schule
schrittweise nähere. Ich beginne mit einem Beispiel nicht institutionalisier-
ten Lernens, nämlich wie sich bei einem dreijährigen Kind Schrifterfahrungen artikulieren und die „kognitiven Schemata" sich in einer alltäglichen
Situation in der „Zone der nächsten Entwicklung" ganz selbstverständlich
erweitern. Es ist ein Erlebnis im Wartezimmer einer Zahnarztpraxis, die in
einem Vorort mit Werkswohnungen der Kieler Werft liegt.

Wilhelm Dehn und ich sind dort verabredet. Als wir das Wartezimmer betreten,
werden wir ungewöhnlich begrüßt. *Frau, Mann*, sagt ein kleiner Junge, der mit
seiner Mutter schon wartet. Und so fährt er in der folgenden Stunde fort, alles,
was er wahrnimmt, zu klassifizieren. Darein bezieht er die Anwesenden, die ja
auch wechseln, mit ein. Als ein zweiter Mann das Wartezimmer betritt, sagt er:
Viele Männer. Und diese Äußerung wiederholt er später bei der gleichen Konstel-
lation. Auf meine Frage nach seinem Namen antwortet er mit großer Sicherheit:
Zwei Jahre. Aber ich vermute, dass er wenig später drei Jahre alt wird.
Der Junge ist mit den Utensilien beschäftigt, die in einem kleinen Waschkorb für
Kinder bereitgestellt sind: Bauteile aus Plastik und Holz, Bauklötze, Stäbe, Buch-
staben aus Plastik. Er beginnt, mit den Bauklötzen einen Zug auf dem Fußboden
zu bauen. Zwischendurch schaut er wieder auf, bemerkt die Sonne und erklärt:
Sonne scheint. Dann weist er mit einer kühnen Geste auf ein kleines Regal, in
dem verschiedene Prospekte stehen: *Briefe*.
Der Junge trägt die Elemente, die in dem Waschkorb liegen, zu den einzelnen
Wartenden und benennt sie. *Garagendach; Schreiber,* sagt er zu einem längeren
Stab. Der Angesprochene ist etwas unsicher, lässt dann das Kind bei dieser
Bezeichnung. *Rote Zahl*, sagt er zu einem der großen Plastikbuchstaben.
Er wird belehrt. Und sagt es fortan nicht mehr falsch. An den Buchstaben
interessiert ihn vor allem die Farbe. *Roter Buchstabe, blauer Buchstabe …*
Seine Farbbezeichnungen sind – mit Ausnahme des Rot – ganz unsicher. Stets
korrigieren ihn die Wartenden. Und er wiederholt jedes Mal das Richtige von
sich aus, macht die Farbangabe jedoch beim nächsten Mal wiederum falsch.
Als die Mutter aufgerufen wird, erklärt er: *Ich bleib hier.* – Eine ungewöhnliche
Reaktion bei einem so jungen Kind. Er geht zu einer gerade angekommenen
Frau mit einem Bilderbuch, das er vom Tisch geholt hat, und sagt: *Vorlesen.* Aber
nicht etwa sie soll es vorlesen. Das macht er selbst, indem er großzügig mehrere

„Kognitive Schemata"– „Zone der nächsten Entwicklung"

Seiten auf einmal umblättert und das jeweils Abgebildete benennt. In rascher Folge „liest" er mehrere Bücher. Schließlich kommt er mit einem Bilderbuch ohne Text auch zu mir. Er „liest" *Wald.* Ich sage: *Aber das ist ja gemalt, nicht geschrieben.* Er macht eine lange Pause. Sieht mich an und erklärt bestimmt: *Doch geschrieben.* Dann klappt er das Buch zu und wendet sich einer anderen Tätigkeit zu. Er kommt nun auch mit anderen Dingen nicht mehr zu mir. – Dann fällt ihm seine Mutter ein: *Mama kaputt.* Er macht die Tür auf und sucht seine Mutter im Behandlungszimmer, kehrt danach offenbar beruhigt zurück und setzt das alte Spiel, Gegenstände zu bezeichnen, fort. Aber die Bücher rührt er – für diesmal – nicht wieder an.

Der Junge tut seine vielfältigen Schrifterfahrungen ganz selbstverständlich kund. Sie sind eingebettet in Spielaktivitäten und dienen wie diese auch der Kontaktaufnahme. *Briefe, Schreiber, Zahl, Buchstabe, Vorlesen* sind seine Begriffe. Er nimmt Korrekturen willig an, wo sie ihm – wie bei den Farbbezeichnungen – fasslich sind, ohne dass er sie jedoch sogleich verinnerlichen könnte. Meine Unterscheidung von gemalt und geschrieben dagegen übersteigt die „Zone der nächsten Entwicklung" bei ihm – er kann sie nicht in sein kognitives Schema integrieren und lehnt sie ab (s. dazu das Gespräch der Vorschulkinder S. 81 ff.). Mir hat diese Situation manches zu bedenken gegeben:

- Nicht alle Kinder haben in so frühem Alter solche Begrifflichkeit ausgebildet. Und wie vielfältig wird dieses Kind seine Schrifterfahrung in den kommenden drei Jahren bis zum Schulanfang erweitern?
- Wie aber sollen es diejenigen Kinder ausgleichen, die solche Begriffe erst viel später erwerben, und wie können diejenigen einen Zugang zur Schrift finden, die vor der Schule überhaupt nicht mit Büchern vertraut geworden sind, weil es bei ihnen zu Hause keine gibt (z. B. Andreas und Peter)?
- Wie kann Unterricht die Ausbildung kognitiver Schemata in Bezug auf Schrift anregen und dabei die Zone der nächsten Entwicklung treffen – für alle Kinder einer Klasse?

Bevor die Aufgaben des Lehrens unmittelbar in den Blick kommen, sollen die „Zeit für die Schrift" und die „Möglichkeiten zur Anbahnung von Schrifterfahrung" detaillierter gekennzeichnet werden: Es geht darum, wie Kinder einer Vorschulklasse miteinander die Spielräume nutzen, die die Lehrerin ihnen schafft. Diese Spielräume des Unterrichts erlauben noch einmal Einblicke in Lernprozesse, und zwar zu einem Zeitpunkt vor Beginn des Schreib- und Leseunterrichts. Sie waren Anstoß für die Entwicklung der SCHULANFANGSBEOBACHTUNG (s. Band II).

Zeit für die Schrift: Schrifterfahrung anbahnen
Die Faszination des Leeren Blattes

Die Lehrerin (Ingeborg Wolf-Weber) legt im zweiten Halbjahr der Vorschulklasse manchmal ein großes weißes Blatt (die Rückseite von Plakaten, etwa
DIN A2 oder sogar DIN A1) und einen Stift auf einem Tisch aus, der seitab
im Raum steht und nicht als Sitzplatz dient. Kinder dürfen sich darum ver-
sammeln, um zu „schreiben". Sie sollen sich auch selbst noch einen Stift
mitbringen.

Mehrere Kinder stehen um den Tisch herum. Sie schreiben, was sie schon
können: ihren Namen, den der Großmutter (Rosa), USA und HSV kommt vor,
auch Kritzelschrift. Beim Schreiben sprechen sie fortwährend. Nachher
wird das beschriebene Blatt ausgehängt, verschiedene Kinder gruppieren
sich davor und „lesen", was dort geschrieben steht. Das ist auch für Erwach-
sene nicht einfach. Meist sind die Schreiber selbst dabei.

Einmal im Februar legt die Lehrerin ein etwas kleineres Blatt auf dem
Tisch im Gruppenraum aus, für drei oder vier Kinder, und stellt einen Kassettenrekorder dazu auf:

*Ich möchte hören, was ihr euch dabei erzählt. Ich muss jetzt ja rüber zu
den anderen ...*

Und nachher hören sie gemeinsam die Kassette an. Insgesamt 13 Kinder
„schreiben" in vier Gruppen nacheinander. Jede Gruppe verweilt etwa 20
bis 30 Minuten bei dieser Tätigkeit. Alle Kinder haben geschrieben. Nur ein
Kind, ein Mädchen, hat dabei nichts gesagt. – Auf Seite 81 ist ein Ausschnitt
aus einem der Gespräche abgedruckt, bei der Auswertung beziehe ich auch
die anderen Gespräche mit ein.

Was „schreiben" diese Kinder, die noch gar keinen Schreibunterricht
gehabt haben, und welche Schreibideen haben sie?

- Sie schreiben das Naheliegende, nämlich Namen, ihren eigenen und den
  von Geschwistern, Eltern, Freunden; bekannte Aufschriften und Abkürzungen aus ihrer Umgebung *(Polizei, Taxi, ADAC, CSU)*; einfache Wörter,
  nämlich *Papa, Mama, Oma, Opa.*
- Aber sie schreiben auch schwierige Wörter, die für sie eine große Bedeutung haben oder die ihnen assoziativ einfallen, z. B. *Elefant.*
- Und: *„einfach Buchstaben".* Die Gruppen schreiben zwischen 10 und 20
  unterschiedliche Buchstaben in Wörtern.

Und worüber sprechen sie dabei? Die Schreibaktivitäten jedes Einzelnen
sind fast immer auf die anderen bezogen, als Kundgabe oder Vorschlag
einer Schreibidee, als Nachfrage nach der Bedeutung *(Was steht da?)*, als

Zeit für die Schrift: Schrifterfahrung anbahnen

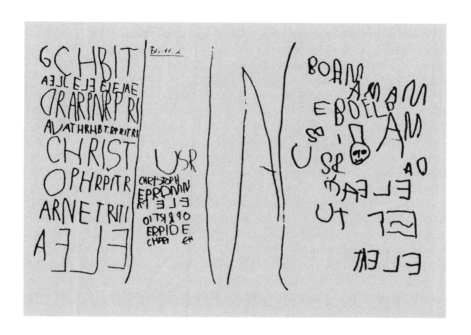

Ausschnitte aus dem Gespräch der Kinder:

*Schreib mir noch mal ELEFANT vor. – Du, guck mal, was ich hier geschrieben hab.
– Hallo, alter Floh. –
Schreib doch jetzt mal ELEFANT vor! – Mach ich doch schon. Du kannst
meinen Namen auch schreiben. Ich bin nämlich dabei (Christoph). – O ja.
– Hier, hab ich. – Gleich. Ich bin fertig. – Guck mal, hab ich so gemalt. – Warum
gemalt? Ich denk geschrieben. Na ja, hab ich auch letztes Mal gesagt ...
Was soll das denn sein, für'n Buchstabe? Ja, sieht doch aus
wie so'n Stuhl, ne, aber nicht mehr lange. – Ich schreib mal
HANSI. HANSI. Kannst du so was eigentlich? – Nein.
Was ist das denn für'n komisches A? – Hansi und Sonsi. Und Samson. – Kannst
du das schreiben? – ELEFANT. TELEFANT. Kannst mal gucken. – Muss mal
ELEFANT schreiben. Hab ich noch nie gelernt. E-L-E. – Schade, ich hab keinen
Zettel dabei. – Für was? – Dann könnt ich mir ELEFANT abschreiben ...
Was soll das denn für'n Buchstabe sein? Mach den mal richtig. – Ach, so einer ...
Ich schreib jetzt auch mal ELEFANT. – Bei mir kannst du abgucken. Bei mir steht
ELEFANT. – Na, ich kann das auch schon aus'm Kopf. – Ja, der hat schon bei mir
mal abgeguckt. – Mensch, deshalb weiß ich's jetzt. – – TELEFANT. PELEFANT.
– Ich will jetzt erst mal mit meine (!) ELEFANT fertig werden. – Ich weiß jetzt
auch, warum du weiter bist. – Warum? – Weil du größere Buchstaben machst.
Aber ich mach' kleinere. So sieht das hübscher aus. – Nein. So sieht das hübscher
aus. – Guck mal, wenn man das ganz dicht zusammen macht, sieht das gut aus*
(gemeint ist die Buchstabenkette).

Bitte um Unterstützung oder im Vormachen, als Korrektur oder in der Erklärung und Anweisung. Nur sehr selten sprechen die Kinder monologisch, für sich. Schrift stellt für diese Kinder im wörtlichen Sinn eine Vergegenständlichung von Sprache (BOSCH 1984) dar: *A-M heißt Arm. – So wird doch gar kein ARNE geschrieben.* Schreiben und Sprachspiel sind nicht nur in dieser Gruppe eng miteinander verwandt: *Telefant, Pelefant, Elefant. – Hansi und Sonsi. – Carina ist ein Osterei.* Es erscheint unwahrscheinlich, diesen Befund als zufällige Übereinstimmung zu betrachten. Der Schrift wie dem Sprachspiel haftet in der kindlichen Vorstellung etwas Magisches an; die Wirkung des Geschriebenen erscheint geheimnisvoll, Schrift zu beherrschen, verlockend (vgl. ANDRESEN 2005).

Die Kinder thematisieren außerdem das Lernen und Können. Sie fragen sich wechselseitig, ob sie ein bestimmtes Wort schon schreiben können, weisen andererseits auch Hilfsangebote zurück und erklären, warum sie etwas schon „aus'm Kopf" können, und möchten das Geschriebene gern als Besitz mit nach Hause nehmen *(Hab ich noch nie gelernt ... Schade, ich hab keinen Zettel dabei).* Und: Es gibt in dieser Gruppe auch Äußerungen freundschaftlicher Konkurrenz, im Hinblick auf die Menge des Geschriebenen und seine ästhetische Qualität.

Die Kinder sprechen über Buchstabenformen: Wie sie sich beim Schreiben aus scheinbar Gegenständlichem entwickeln *(wie so'n Stuhl)*; ein Kind beharrt auf der richtigen Form auch dort, wo es den Lautwert nicht kennt *(Mach den mal richtig. Ach, so einer).* Interessant ist, wie unter den Fünf- und Sechsjährigen in diesen Vorschulgruppen noch begriffliche Unsicherheit zwischen Malen und Schreiben besteht *(Warum gemalt? Ich denk geschrieben. Na ja, hab ich auch letztes Mal gesagt).*

Diese Gesprächsausschnitte zeigen, wie Kinder schon vor Schulbeginn bei dem Schreibanlass des „Leeren Blattes" ernsthaft miteinander und voneinander lernen, mit welcher Intensität und Ausdauer sie sprachanalytisch tätig sind.

Fast immer geht es dabei gelöst zu, nur einmal ist das Gespräch durch den Wissens- und Könnensvorsprung eines Kindes etwas forciert *(Kannst du so was eigentlich?).* So geheimnisvoll Schrift in ihrer Funktion für diese Kinder ist, so deutlich haben alle die Vorstellung, dass sie aus Buchstaben besteht. Was die Buchstaben mit der Wortbedeutung zu tun haben, ahnen etliche wohl erst. Aber das Orientieren an Namen und die wechselseitigen Instruktionen (die übrigens immer für „kognitive Klarheit" sorgen) und die Erfahrung eines lustvollen und erkenntnisreichen gemeinsamen Tuns geben allen Kindern Sicherheit und führen zu einer das jeweilige Können bestätigenden Erfahrung.

Zeit für die Schrift: Schrifterfahrung anbahnen

Das Rätsel des Memory mit Schrift

Memory spielen (fast) alle Kinder gern, auch weil sie dabei den Erwachsenen zumeist überlegen sind. Das Memory mit Schrift kann wie das einfache Memory gespielt werden. Man muss jeweils *zuerst* eine Karte *ohne Schrift* umdrehen, dann sieht man das Bild und sucht aus den Karten *mit Schrift* die, die dazu passt. Schriftkenntnisse sind zwar nicht Voraussetzung für das Spiel, aber wenn man sich auf die Schrift einlässt, hat man es leichter, die passende Karte zu finden. Die Lehrerin stellt das Spiel schon seit Weihnachten in der Vorschulklasse zur Verfügung, natürlich mit immer anderen Kartenpaaren. Der folgende Gesprächsausschnitt ist Anfang Juni, also kurz vor Schulanfang, entstanden:

Zuerst muss man immer die nehmen, wo nichts steht. Dann kann man die andere ja suchen ... Jeder darf immer nur ein Paar nehmen. Und dann kommt der Nächste dran. ... Eine solche und eine mit Schrift. Ihr müsst immer sehen, dass der Strich zu eurem Bauch zeigt. Sonst liegt das Wort verkehrt rum. Und jetzt geh ich zu den anderen.

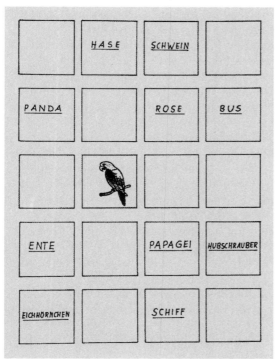

Gruppe 1:
P P, Papa' gei, Papagei.
(Singend) Papagei.
– Entweder das oder das.
– P, Pa' pa: g, G. – Nimm mal eins.
– G. G. – Irgendeins.
– Ne.
– Muss eins von den beiden sein.
– Nimm ich das. Oh! Panda.

Gruppe 2:

(1) *Daniel: Br. B. B. Bro:. – Sebastian: Bus.*

(2) *D: Was ist das für'n Buchstabe? – 'n T. – T. Und das? – I. – Und das? – E. – Und das? – E. – Und das? – R.*

S: Rus (lacht).

D: Remel. Esel, Eselohr! Ist 'n Eselohr?

S: E. E. E. – D: Eselohr, ne? – S: Passt nicht. Oh, Kadett.

(3) *D: Ich bin, ne! ... – S: Ich komm. – D: Nein, ich hab noch nicht ...*
D: Du willst ja den Bär finden, ne. Den Bär.

S: Ti:ger, Ti: 'ger, Ti: ger. – D: Ist das Tiger? – Ja.

S: Soll ich umdrehn für dich? – Ja. Ja.

(4) (Gemeinsam.) *Sch. Sch. Schwein! Sch. – S: 'n Sch. Sch. Sch. Sch. –*
D: B ist das. – S: 'n Bus ... S: Jetzt hab ich ein' (singend) *Jaju, jaju. Ich bin weg und überall ...* (Skandierend:) *Wie lange dauert das denn nun?!*
– D: Wo ist das Sch: Schwein? Wo ist das Sch:wein? – S: Sch: Schwein ist hier!

Die Kinder spielen – ohne die Lehrerin – in wechselnden Zweier-Gruppen. Man kann zwar nicht immer die beiden Sprecher unterscheiden und auch nicht immer ganz eindeutig von den Äußerungen auf die einzelnen Spielaktionen schließen. Aber: Hier entfalten sich Kinder in ihren geistigen, sprachlichen und sozialen Fähigkeiten. Und die Lebendigkeit der Situation ist sogar noch für den Leser der Gesprächsausschnitte spürbar.

Das Memory mit Schrift verändert die Redeweise der Kinder. Sobald sie ein Kärtchen umgedreht und das Bild erkannt haben, sprechen sie deutlicher und akzentuierter, so als wollten sie ihren eigenen Worten hinterherlauschen, um auf diese Weise einen Hinweis auf den richtigen Schriftzug auf dem anderen Teil des Kartenpaares zu erhalten. Die Kinder sind nicht wie sonst nur an der Bedeutung des Wortes orientiert, sondern auch an seinem Klangkörper, d. h. sie „vergegenständlichen" Sprache (BOSCH 1984) in dieser besonderen Form des Sprechens – wie schon bei dem Schreiben auf dem Leeren Blatt. Dabei lösen sie lautliche Elemente aus dem Kontext: *Sch: Schwein.* Und sie spielen mit den Wörtern *Esel – Eselohr. – Hubschrauber. Schubschrauber. U:-bschrauber.* Und alles ist eingebettet in die Aktionen des Memoryspiels: *Ich komm. – Nein ich hab noch nicht.*

„Lesen" vollzieht sich bereits auf dieser Vorstufe als Problemlösen:

- Eine Bildkarte aufdecken und benennen,
- den Klangkörper ausdrücklich wahrnehmen, analysieren und verändern,
- Zeichen auf den Karten mit Schrift suchen, die dem Laut entsprechen,
- Wissen über Buchstabenformen erfragen oder austauschen: *Was ist das für'n Buchstabe?,*
- Vermutungen äußern: *Bus fängt doch mit O an, ne? ... Bus. Oh, mit U:! Das darf doch nicht wahr sein. Wo ist das O?,*

Zeit für die Schrift: Schrifterfahrung anbahnen   85

- Hypothesen prüfen: *Guck, da ist nämlich kein U* (statt Hubschrauber hatte der Spieler Eichhörnchen aufgedeckt)
- und Ergebnisse beurteilen: *Ente. Oweioweiowei* (statt *Leopard* hatte die Spielerin *Ente* aufgedeckt).

Diese Beobachtung trifft allerdings nicht auf alle Kinder, deren Gespräche wir aufgenommen haben, in gleicher Weise zu. Daniel (Gruppe 2) kommt aus einer ganz schriftfernen häuslichen Umgebung. Aber auch er formuliert Hypothesen: *Du willst den Bär finden, ne? Den Bär.* Sie sind stärker als die der anderen Kinder global auf den Spielkontext bezogen. Aber auch Daniel verändert seine Redeweise, kommt vom Wort auf Einzellaute: *Wo ist das Sch: Schwein?* Und er fragt nach: einzeln nach (fast) allen Buchstaben eines Wortes *(Tiger)*. In Sebastian findet er einen kooperativen Partner, dessen Antworten freundlich sind und der auf jegliche Bevormundung verzichtet. Auch seiner Ungeduld gibt er eher spielerisch Ausdruck.

In allen Spielsituationen, die wir analysiert haben, finden wir diese Ko-operation, gelegentlich Wettstreit, aber nie Missgunst und Schikane. Der Anreiz, das Rätsel der Schrift zu lösen, ist größer als der Wunsch, das Spiel zu gewinnen. Und jeder merkt, dass sich die Lösung zu zweit leichter finden lässt. Voraussetzung dafür ist, dass das Memory mit Schrift das Ziel stets vorgibt und jeweils unmittelbar die Kontrolle präsentiert:

Wer die Karte mit Schrift umdreht, sieht, ob seine Vermutung richtig war. Freilich bleibt manches Einzelne ungeklärt, z.B. ob *Mississippidampfer* wirklich mit *E* geschrieben wird. Ob *Bos (Bus)* mit *O* anfängt – das mag für den, der das Kartenpaar findet, geklärt sein, für den anderen ist es das wohl nicht. Wichtiger als diese Klärung ist meines Erachtens, dass Kinder solche Fragen stellen.

Aber sie wachsen nicht „über sich selbst hinaus", wie es Wygotski für den Unterricht fordert. Das gilt für die Lernsituation des Leeren Blattes mehr als für die des Memory mit Schrift. Die Leeren Blätter, die die Kinder einige Monate später kurz vor Schulanfang beschrieben haben, zeigen verhältnismäßig kleine Lernfortschritte im Vergleich zu denen im Februar. Instruktion und Anleitung ist nun dringend erforderlich.

> Das Memory führt weiter als das Leere Blatt, weil es neben dem starken Aufforderungscharakter Momente der Selbstkontrolle enthält.
> Beides sind offene Lernsituationen. Die Initiative ist den Kindern über-lassen. Der Lernweg ist nicht festgelegt – es gibt viele Möglichkeiten, das Ziel zu erreichen. Das Lernergebnis ist beim Memory durch die Schrift vorgegeben, beim Leeren Blatt ist auch das Ergebnis, das Schreibpro-dukt, offen.

Offene Lernsituationen und Frontalunterricht

Offene Lernsituation:
Differenzierung des Materialumfangs

Beim Memory mit Schrift zeigen sich bereits in der Vorschulklasse unterschiedliche Niveaus und Zugriffsweisen. Das Memory lässt den Kindern diesen Spielraum. Es eignet sich für Kinder, die schon auf Schrift aufmerksam geworden sind, aber auch für solche, die – wie Daniel – bisher auf Zeichen noch nicht geachtet haben, kaum damit in Berührung gekommen sind. Die Lehrerin verteilt an die Kinderpaare unterschiedlich umfangreiche Memory-Spiele (zwischen 15 und 30 Kartenpaare). Eine spezifischere Differenzierung erscheint zunächst nicht erforderlich. Die Kinder in dieser Vorklasse kennen das Spiel seit mehr als einem halben Jahr. Und sie werden es auch zu Beginn von Klasse 1 noch spielen. Das zeigt, dass sie viel Zeit für die Schrift gebrauchen können. Wir sollten sie ihnen auch dann gewähren, wenn wir, mit Klasse 1 beginnend, nicht den Spielraum des Vorschuljahres zur Verfügung haben.

Eine besonders schöne Form des Memory ist das Namen-Memory: Mit Fotos der Kinder aus der Klasse, die man schon in den ersten Schultagen machen kann. Wieder ist eine Karte des Kartenpaares beschriftet. Dieses Memory ist sehr beliebt, weil mit dem Bild jeweils Beziehungen und Empfindungen ins Spiel kommen. Der Einwand, dass etliche Namen schwierig in der Laut-Buchstaben-Zuordnung sind, trägt meines Erachtens nicht recht. Der soziale Kontext, der mit diesem Spiel betont wird, wiegt das auf.

Wenn dann in Klasse 1 mit dem Lehrgang Wissen ausdrücklich vermittelt und in seinem Anspruch als schulischer Lernstoff auch in den Köpfen der Kinder gegenwärtig ist – sie einander also nicht mehr so unbefangen fragen mögen, weil sie selbst ein Bewusstsein davon haben, dass sie es eigentlich schon wissen müssten –, könnte es an der Zeit sein, andere Formen offenen Lernens neben den Lehrgang zu stellen.

Offene Lernsituation: Fragen beantworten – Anregungen geben – Zusammenhänge klären

Beim Leeren Blatt ist eine solche Differenzierung des Materialumfangs nicht möglich. Wenn man die Gespräche der Kinder verfolgt (Februar in der Vorschulklasse), stellt sich die Frage, welchen Stellenwert die Lehrerhilfe bei solchen Aktivitäten haben sollte:

Die Lehrerin kommt – ungerufen – zu jeder Gruppe einmal und fragt nach der Bedeutung des Geschriebenen.

Offene Lernsituationen und Frontalunterricht

Gegen Ende der Vorschulklasse (im Juni), also kurz vor Schulanfang, mehren sich die Fragen der Kinder, und die Lehrerin gibt auch ihrerseits ausdrücklich Anregungen zum Schreiben.

Sch (an einen anderen Schüler gerichtet): *Weißt du, wie „Gans" weitergeschrieben wird?*
Sch: A
L (kommt in den Gruppenraum): *Na, wie geht's euch?*
Sch: Gut
Sch: Frau Wolf, ist das schon richtig, von „Gans"? (Sch hat „GA" geschrieben.)
L: Gan:s. Der Anfang ist schon mal sehr schön.
L: G und a. Ga:. Du willst Gans schreiben ... Gans. Gans.
Sch: N
L: Ja. N. Gans. Und was hörst du zum Schluss?
Sch: S
L: Genau. – Und jetzt hast du Gans geschrieben, wie dein Papa auch Gans schreibt ... So steht's in jedem Buch, wie du's geschrieben hast.

Dass die Lehrerin die Kinder ausdrücklich darauf hinweist, sich beim Schreiben an dem zu orientieren, was sie hören, ist nicht ganz unproblematisch. Zu rechtfertigen ist es, weil diesen Kindern gleichzeitig Schrift in vielerlei Formen präsent ist, nicht nur bei dem Memory mit Schrift, auch beim Vorlesen, bei den Namensketten (s. S. 88 f.).

Wichtig scheint mir hier, dass die richtige Schreibung zum Anlass genommen wird, die Schreibnorm den Kindern fasslich zu machen. Falsche Schreibungen werden zu diesem Zeitpunkt nicht kritisiert – solange die Kinder nicht ausdrücklich danach fragen. Welcher Art solche Fragen schon sein können, zeigt das folgende Beispiel (die Lehrerin hat verschiedene Vorschläge gemacht, welche Wörter die Kinder schreiben können):

L: Ihr wollt noch eins? Dann nehm' wir doch mal Wol:'ke; Wolke ...
Sch: Wie wird'n o (betont kurz gesprochen) *geschrieben?*
L: O:; kannst du 'n o: sagen oder o (kurz). *Ja ...*
Sch: W o-l-k, 'n k; e:.
L: Ja. Wolke:. – Anders kann ich es auch nicht schreiben. So steht es in Büchern. Das ist genau richtig.
Ein anderes Kind hat auch Wolke geschrieben: WOLK
L (pointiert): *Wolke.*
Sch: E:.
L: Ja. Das ist dumm mit den Buchstaben. Die heißen e:, manchmal sagt man e (kurz). *Und sie heißen o:, und manchmal sagt man o* (kurz).

In diesen Szenen mit Kindern ihrer Vorschulklasse gelingt es der Lehrerin, ihre Reaktionen und Aktionen dem jeweiligen Stand im Lernprozess und dem Lernvermögen anzupassen. Wo eine Zugriffsweise – wie am Ende der Vorklasse – schon ziemlich gefestigt erscheint, fordert sie die Kinder zu

88   *Über die Passung von Lernprozess und Unterricht*

neuen schwierigeren Aktivitäten auf und provoziert damit z.T. sehr differenzierte Fragen (*Wie wird'n o* – kurz gesprochen – *geschrieben?*), die sie ausführlich beantwortet. Solche Formen der Verständigung sind nicht an offene Lernsituationen gebunden. Sie sind ebenso im frontal geführten Lehrgangsunterricht möglich, denn auch hier sollten die Lernwege – auch im Kopf der Lehrerin – offen gehalten sein. Aber: Wahrzunehmen, was gut für die Kinder ist, ist bei einer kleineren Gruppe leichter. Häufig wird jedoch das Etikett „offen" nur mit dem Anspruch verbunden, dass alle Kinder etwas Verschiedenes tun können. Und die bedeutsame Funktion des Lehrers gerät dann allzu leicht aus dem Blick.

Offene Lernformen: Vielfältige Anregungen zur Orientierung der Kinder

Die Welt der Bücher: Vorlesen, Mitlesen und Selberlesen

Wo keine Bücher stehen, kann man auch nicht zu ihnen greifen. Ein Bücherregal sollte in jedem Kindergarten, jeder Vorschulklasse und in jedem ersten Schuljahr eine Selbstverständlichkeit sein. (Dabei müssen die Bücher nicht Schuleigentum sein, sie können auch von den Kindern und Eltern leihweise zur Verfügung gestellt werden.) Kinder können sich gemeinsam oder allein die Bücher ansehen, sie also zunächst ausschließlich als Bilderbücher verwenden. Die Lehrerin kann aus einem Buch vorlesen, der ganzen Klasse oder einer kleinen Gruppe. In dem einen Fall bezieht sich Schrifterfahrung auf den Inhalt, die spezifische sprachliche Formulierung und Gestaltung von Geschichten, im anderen Fall können die Kinder mit den Augen den geschriebenen Text verfolgen, besonders wenn die Lehrerin oder der Lehrer etwa durch seine Handführung die Wahrnehmung der Reihenfolge der Zeichen und den Ablauf des Lesens unterstützt.

In England wird vorgeschlagen, den Fünfjährigen bei der Einschulung ein „book bag"; eine große Buchtasche, und eine Büchereikarte zu schenken, damit sie, die doch noch gar nicht lesen können, frei auswählen. Und die Eltern sind aufgefordert, das Vorlesen, wie es in der Schule betrieben wird, zu Hause fortzusetzen und die Kinder stets mitlesen zu lassen (WATERLAND 1985). – Derzeit werden literale Praktiken, wird literarische Sozialisation (mit verschiedenen Medien) in Projekten wie „family literacy" befördert (NICKEL 2004).

In vielen Einzelheiten wird beschrieben, wie die Kinder allmählich zum Selbstlesen angestoßen werden, indem sie sich Einzelnes merken und mit anderem kombinieren. Mir scheint bei diesen Anregungen besonders wichtig, dass die Kinder früh Leseinteressen und -haltungen entwickeln, dass die

Offene Lernsituationen und Frontalunterricht 89

einen sich mehr mit Lexika und Sachbüchern, die anderen sich mehr mit Geschichten oder Märchen beschäftigen können. Dabei sollten den Kindern auch unterschiedliche Medien an die Hand gegeben werden.

Zum Selberlesen, wenn man eigentlich noch nicht lesen kann, eignen sich die Hosentaschenbücher. Sie sind so klein, dass man sie leicht bei sich haben kann, um wieder einmal hineinzuschauen, und geben – wie das Memory mit Schrift – die Möglichkeit zur Selbstkontrolle, wenn man umblättert. Zum Selberlesen sind aber auch die Wörterbücher zu Beginn von Klasse 1 geeignet, die später ein wichtiges Lernmedium für das Schreiben darstellen (s. Abb. oben, s. S. 114 f.).

Die Klappbücher (D. Arp) setzen voraus, dass man schon ein wenig lesen kann (s. Abb. oben). Die Kinder greifen dazu noch lange, wenn der Lehrgang in Klasse 1 fortschreitet. Die Anzahl der Wörter ist überschaubar, und es ergeben sich beim Umklappen der Teile überraschende Kombinationen.

Reime, Lieder und Gedichte: Sprachklang und Schrift
Der Umgang mit Schrift (das Leere Blatt, das Memory mit Schrift) scheint Kinder anzuregen, mit Sprache zu spielen, und zwar auch dann, wenn sie – wie die dabei beobachteten Kinder – im Unterricht nur wenige Reime, Lieder und Gedichte kennen gelernt haben. Deshalb empfiehlt es sich, dieser Neigung der Kinder auch im Unterricht zu entsprechen – und zwar nicht nur um der Schrift willen!

Offene Lernsituationen und Frontalunterricht 91

In einer anderen Vorschulklasse (I. Schnelle) spielen diese Sprachformen im täglichen Schulleben eine große Rolle: bei den Ritualen, beim Malen und bei Schwungübungen zur Schulung der Feinmotorik, bei Brettspielen, bei denen man an Haltepunkten einen Vers hersagen muss, ehe man mit seinem Stein weiter vorrücken kann. *Ich bin ein armer Rabe…*, diesen Vers sprechen die Kinder aber auch, wenn sie im Winter auf dem Schulhof eine Krähe sehen.

Und die Lehrerin hat für jedes Kind ein Heft (Format DIN A4) bereitgelegt, in das die Verse eingeklebt werden. Die Kinder verzieren sie oder malen dazu, wie Manuela. Die Blockschrift empfiehlt sich, weil sie den Buchstaben als einzelnes Element am stärksten betont. Damit entspricht sie dem Interesse der Kinder mehr als andere Schriftformen.

Man könnte meinen, das Aufschreiben sei überflüssig, weil die Kinder der Vorklasse die Texte ja doch nicht lesen können.

Aber in dieser Form und Funktion übt Schrift eine starke Anziehungskraft auf sie aus: Während einer Hospitation im März bringt mir ein Kind sein Heft, schlägt die Seite vom Schnee auf und spricht den Vers. Mehrere Kinder gruppieren sich um uns, verfolgen das Geschehen und sprechen mit. Dann zeigt Jakob auf die letzten beiden Zeilen: *Lies!* Ich lese sie vor und begleite das Lesen mit dem Finger. Mein Tischnachbar holt eilends sein Heft hervor und versucht sich auch damit. Aber in der letzten Zeile kommt er im Rhythmus zwischen Lesen und Zeigen etwas durcheinander: *Schnee, so weit ich seh.* Ich lese es noch einmal vor. Alle Kinder folgen mit den Augen. Warum möchte Jakob vorgelesen hören, was er selbst unmittelbar vorher aufgesagt hat, und warum reizt der Vorgang Dennis sogleich zur Nachahmung? Das wird sich kaum eindeutig beantworten lassen. Aber die Kinder machen deutlich, wie Schrifterfahrungen auf diese Weise angebahnt werden können.

Der eigene Name: eine nahe liegende Orientierung

Schon früh in der Vorklasse oder gleich zu Beginn von Klasse 1 ist der eigene Name des Kindes ein selbstverständlicher Anlass für Schrifterfahrungen und eine nahe liegende Orientierung, um erste Einblicke in die Struktur der Schrift zu gewinnen. Er kann als Namensschild ausgeteilt und aufgestellt werden oder am Tischplatz aufgeklebt werden.

Beliebt ist auch das Buchstabenverkaufen. Jedes Kind erhält einen kleinen Pappstreifen mit doppelseitigem Klebestreifen. Die Lehrerin hat einen großen Vorrat von gestempelten Buchstabenstreifen, von denen sie nach Anforderung „verkauft". Die Kinder heften die Buchstabenmarken, die sie von ihr abfordern, auf der Pappe fest. Angela möchte ein *A* kaufen, Michael ein *M*. Kurz darauf möchte Angela noch ein *A* kaufen. Die Lehrerin erklärt, das habe sie doch schon getan. Angela: *Ich brauch zwei.*

Und dann machen sie sich Namensketten (s. S. 89). Zu Bild und Namenskärtchen bringt jeder Gegenstände oder Bilder mit, die genauso wie der eigene Name anfangen. Sie werden alle auf dem langen Streifen befestigt. Und damit man auch das Gehörte kontrollieren kann, schreibt die Lehrerin die Wörter jeweils noch dazu. Die optische Präsentation kann gerade für diejenigen, die nicht so recht wissen, warum die Maus nicht mit dem Kopf, sondern mit einem *M* anfangen soll, eine entscheidende Hilfe für die Richtung ihrer Aufmerksamkeit sein (vgl. DOWNING/VALTIN 1984).

Ein anderes Mal bekommt jeder ein Blatt mit einer Nachricht für die Eltern: MORGEN KEIN TURNEN. Die Kinder sollen die Schrift nachspuren und unter jeden Buchstaben, der in ihrem Namen vorkommt, einen Punkt setzen.

So erklärt sich allmählich bei immer mehr Kindern die Vorstellung von der Funktion der Buchstaben. Sie finden Wiederkehrendes in den Namen der anderen. Nicht jedes Kind kann die Buchstaben bezeichnen, viele helfen sich durch Zeigen: *So einen.*

Herausforderungen im Frontalunterricht:
Wer weiß, was da steht? – Ein Rezept lesen

Die Lehrerin (I. Wolf-Weber) will mit den Kindern der Vorschulklasse Waffeln backen. (Vor Weihnachten haben die Kinder schon Schokoladenbrot und auch Kekse gebacken.) Die Kinder wissen seit mehreren Tagen um dieses Vorhaben. Die erste Halbgruppe soll in der letzten Stunde des Schultages backen.

Die Lehrerin versammelt die Schüler mit ihren Stühlen um sich und entrollt ein großes Blatt rotes Tonpapier.

Hier habe ich das Rezept aufgeschrieben, was wir alles zum Waffelbacken brauchen. Was könnt ihr schon lesen?

Was steht da? Der erste Schüler ist sich ganz sicher: *Kuchenform*, denn die braucht man ja schließlich zum Backen (allerdings nicht zum Waffelbacken). Aber er kann seinen Vorschlag nicht auf dem Blatt wiederfinden. *Mehl* ist der zweite Vorschlag. Auch hier kann es sich um eine allgemeine Vermutung handeln. Aber ein anderer Schüler findet das Wort oben auf dem Blatt:

Weil da M und E und L ist, M:eh:l.

Zucker findet das nächste Kind schnell: *Weil das so anfängt* (gemeint ist das Z).

Offene Lernsituationen und Frontalunterricht

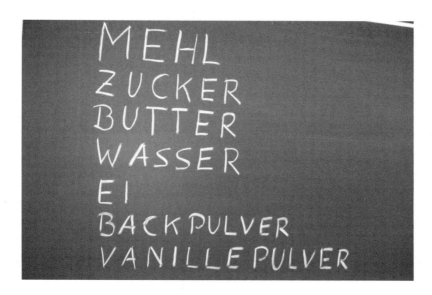

Die Zutaten werden jeweils aus einer Schüssel vorgezeigt. Nun kommt einer zum Blatt und sagt: *Eier*; er zeigt auf *Butter* und liest, begleitet von seinem Finger, langsam: „*EI:-ER?*". Aber er ist selbst unsicher. Auf die Nachfrage *Steht das da?* erklärt er, *nein, weil kein A dabei ist.*

Später geht es um *Butter* und *Backpulver*. Wo steht denn nun *Butter*? Ein Schüler erklärt:

B-a, Backpulver; B-u (wie bei der U-Bahn) Butter.

Der eine Schüler ist immer noch mit der Suche nach Eiern beschäftigt. *Ich hab EIER entdeckt.*

Er zeigt auf *Vanillezucker*. Dort findet er das *A*, das er sucht.

Aber da ist ja noch was davor, sagt er und geht wiederum auf seinen Platz zurück. Bald darauf kommt er abermals nach vorn, zeigt *Ei*, liest es richtig und sagt:

Weil da nur zwei Buchstaben sind. EI.

Schließlich geht es noch um *Wasser*. Auch hier kennen die Kinder die beiden Anfangsbuchstaben, sie kommen aber nur auf *Waage*, sodass die Lehrerin das Wort vorliest.

Die Lehrerin notiert noch die Mengenangaben. Dann geht es an das Anrühren des Teiges und das Backen mit den beiden Waffeleisen, die in der Klasse stehen. Ein genüssliches Essen im letzten Teil der Stunde beendet die Schrifterfahrung.

Die meisten Schüler haben sich sehr aktiv an dieser Erkundung von Schrift beteiligt. Aber drei oder vier haben nur – etwas unbeteiligt – zugehört. Das Entdecken der Buchstaben war zu diesem Zeitpunkt (Februar der Vorklasse) noch nicht ihre Sache. Aber eine Anregung war es auch für sie allemal, die Neugier und Entdeckerfreude der anderen zu beobachten, einen Zusammenhang zwischen „Lesen" und Tun zu ahnen. Vielleicht haben sie, ohne sich zu melden, Schriftelemente erkannt, vielleicht haben sie auch eher an den Geschmack der Waffeln gedacht.

Auch in dieser frontalen Lernsituation für alle hält sich die Lehrerin zurück. Sie beschränkt sich darauf, sie zu initiieren und zu inszenieren, und überlässt die Regie beim „Lesen" den Kindern.

Die Kinder orientieren sich an ihrem Handlungswissen (was man zum Backen braucht) und am Wissen von Schrift, das in der Gruppe kumuliert und als Kontrolle für die verschiedenen Vorschläge eingesetzt wird. Erstaunlich ist, dass abgesehen von der Buchstabenkenntnis einigen bereits das Prinzip der Reihung vertraut ist: *B-a, Backpulver. – Aber da ist ja noch was davor.*

Besonders bemerkenswert erscheint mir, dass der, der *Eier* sucht, von seiner Gleichsetzung *EI = A* von selbst abrückt, nicht länger das Geschriebene seiner Erwartung anzugleichen sucht (wie bei *Butter* und *Vanillezucker*), sondern umgekehrt dem Wahrgenommenen nach-denkt, es also liest: *EI. Weil da nur zwei Buchstaben sind.*

Die Szene aus der Vorschulklasse ist zugleich ein Beispiel dafür, wie man Kinder zum Problemlösen anregen kann. Gerade durch die Zurückhaltung der Lehrerin sind die Kinder gefordert, ihre Vorschläge bzw. Zurückweisungen zu belegen.

Diese Lernsituation unterscheidet sich von den zuvor dargestellten dadurch, dass die Lehrerin eine größere Gruppe gemeinsam unterrichtet. Der Lernweg ist offen, das Lernergebnis fixiert, denn die Kinder brauchen das Rezept, um anschließend Waffeln zu backen. Sie erreichen es in gemeinsamer Anstrengung. Nur einmal liest die Lehrerin das Wort *Wasser* vor, ohne weitere Erkundungsschritte anzuregen.

Im Unterschied zur Lernsituation des Leeren Blattes, in der es ganz den Kindern überlassen ist, ob und wie sie ihre Schreibideen verwirklichen, ist in dieser Situation des Frontalunterrichts allen Beteiligten selbstverständlich, dass die Aufgabe gelöst wird – von den Kindern oder von der Lehrerin. Das hat sicher auch Einfluss auf die Aktivitäten der Kinder. Sie gehen zielstrebig vor, schweifen nicht ab. Aber ein paar Kinder haben sich nicht beteiligt. Das hat auch die Lehrerin wahrgenommen, und sie kann in

Offene Lernsituationen und Frontalunterricht 95

einer anderen Situation ausdrücklich versuchen, die „Zone der nächsten Entwicklung" gerade dieser Kinder zu erreichen.
Gegenüber der Einzel- und Kleingruppensituation (z.B. im späteren Förderunterricht) hat die Lernsituation des Frontalunterrichts durchaus Vorteile: Einzelne Kinder können sich für eine Weile innerlich zurückzie-

---

Das Spannungsfeld zwischen Lernprozess und Unterricht betrifft

die Organisationsform: einzeln oder   **vs.** gemeinsam im
in Gruppen   Frontalunterricht

das Lernergebnis: offen (z.B. „Post für   **vs.** festgelegt (z.B.
den Tiger", S.106 f.)   „Rezept lesen",
S.92 f.)

Wichtig: Das Kind selbst kann mit dem
Ergebnis zufrieden sein.

den Lernweg: offen   **vs.** festgelegt

Wichtig: Festgelegte Lernwege (z.B. Verfahren
des Erlesens) sollten nur Angebote sein, nicht
aber Vorschriften; denn Lernwege sind stets
individuell.

den Umgang mit Fehlern: Fehler tolerieren, selbst   **vs.** Fehler korrigieren
finden lassen, der Norm
schrittweise angleichen

Wichtig: Das Kind gewinnt Zutrauen in das
eigene Vermögen. Es entwickelt seine Lernbereitschaft; es erprobt sich im neuen Lern-
bereich.

die Interaktion: Spielraum für Erkun-   **vs.** Instruktionen geben;
dungen geben;   Aufgaben formu-
Fragen beantworten   lieren;
Regeln nennen

Wichtig: Das Richtige bestätigen; das Können in
den Vordergrund stellen, auch da, wo es ganz
schmal ist.

hen und müssen nicht fortgesetzt auf direkte Ansprache reagieren. Das hat besonders dann gravierende Folgen, wenn auch im Förderunterricht das Lehrverfahren die Möglichkeiten des Kindes verfehlt. Dann bleibt dem Kind eigentlich nur die Möglichkeit der Abwehr oder der Resignation.

Auch zu späteren Zeitpunkten sind Abschnitte des Frontalunterrichts wichtig: Weil die Situation gemeinsamen Lernens, die Aufgabenstellungen und Instruktionen des Lehrers hilfreich für die Kinder sein können, die Anstöße für Lernfortschritte brauchen, und für die, die die Darbietung von Strukturen benötigen, um selbst welche bilden zu können.

Eine solche Situation im Frontalunterricht ist der Tafeltext vom Zirkusdirektor, den die Kinder anschließend basteln sollen (Februar, Klasse 1, s. S. 18 ff.). Hier weist die Lehrerin Einzelnes ausdrücklich zurück, z. B. die Sprechweise: *Herr Direktor.*

Direkte Lenkung im Unterricht für alle ist aber auch notwendig, um sich über Werte und über Regeln zu verständigen und um die Erfahrung persönlicher Verbindlichkeit beim schulischen Lernen und die sozialer Verpflichtung sowie Verantwortung der Gemeinschaft gegenüber zu vermitteln.

Die Passung von Lernprozess und Lehrverfahren müssen Lehrerin und Lehrer in einem Spannungsfeld von Gegensätzen vollziehen, in dem nicht einer der beiden Pole schon an sich der pädagogisch wertvollere wäre.

Es kommt auf die Passung von Lernprozess und Unterricht an, die den Möglichkeiten des Kindes und den Gegebenheiten des Lerngegenstandes gleichermaßen gerecht wird. Eine solche Passung muss etliche Widerstände bewältigen. Sie haben ihren Grund darin, dass der Lehrer viele Kinder mit unterschiedlichen Lernvoraussetzungen und Zugriffsweisen gleichermaßen unterrichten muss, dass die Lernzeit begrenzt und der Lehrstoff festgelegt ist.

Ansprüche an den Lese- und Schreiblehrgang

Manche Kinder werden im Rahmen solcher Anregungen im Kindergarten, in der Vorschule oder gleich zu Beginn von Klasse 1 schon lesen und schreiben lernen, weil sie für sich die Elemente, die ihnen dabei begegnen, zu ordnen und zu verarbeiten verstehen. Sie werden ihren Lernweg während des Lehrgangs mühelos fortsetzen, wenn ihnen dabei weiterhin Gelegenheit zum Experimentieren und zur Bestätigung ihres Könnens gegeben wird. Ein ausdrücklicher Lehrgang scheint mir um der vielen anderen willen notwendig, die die Struktur des Lerngegenstandes nicht selbst rekonstruieren. Aber auch sie brauchen weiterhin komplexe Anregungen zur Erweiterung ihrer Erfahrungsgrundlage, damit sie Fragen stellen und Antworten aufnehmen können.

- Der Lehrgang im engeren Sinne sollte einfach strukturiert sein, sodass die Kinder den Lernstoff überschauen können.
Das bedeutet aber nicht, dass er hierarchisch vom Einfachen zum Schweren angelegt ist. Es ist durchaus möglich, in einem Lehrgang komplexe Lerngegenstände anzubieten. Ein nicht-rigider Lehrgang, was den didaktischen Aufbau betrifft, ist gerade für schwache Schüler wichtig, denn in einem rigiden Lehrgang erfahren sie in jeder Aufgabenstellung ihre Schwäche:
  - Sie können das Behandelte immer noch nicht. Es wird ihretwegen noch einmal wiederholt.
  - Sie sind in der für alle gleich bemessenen Lernzeit stets die langsameren. Alle müssen (mit Geduld oder Ungeduld) auf sie warten.
  - Sie müssen sich ständig im nicht Gekonnten orientieren und sehen sich daher zur Kompensation gedrängt. Das führt schließlich zu ineffektiven Zugriffsweisen und Lernhemmungen oder zu Verhaltensauffälligkeiten.
- Viele Aufgaben können allen Kindern gleichermaßen gestellt werden, wenn gewährleistet ist, dass sie auf unterschiedlichen Niveaus zureichend gelöst werden – auch in der Einschätzung der Kinder.
Das ist besonders bei vielen Schreibanlässen einfach (vgl. S. 100–108; 115–121; 124 ff.). Eine extensive Binnendifferenzierung, die versucht, spezifische Lernangebote für spezielle Lernbedürfnisse bereitzustellen, erfordert sowohl in der Vorbereitung wie in der Durchführung einen hohen Organisationsaufwand. Unterricht wird auf diese Weise für Lehrer und Kinder leicht unübersichtlich. Zudem ist sehr die Frage, ob der Lehrer, der Materialien unterschiedlichen Schwierigkeitsgrades bestimmten Kindern zuweist, immer das Richtige trifft, denn das Anspruchsniveau des einzelnen Kindes schwankt auch.

Standards für guten Unterricht

Dieses Thema mag verwundern, weil derzeit der Standard-Begriff mit der Perspektive auf die Leistungen der Schüler verwendet wird. Forschungsbefunde, Beobachtungen und Unterrichtskonzept, wie sie hier zur Diskussion gestellt sind, zeigen, dass die Qualität (und Quantität) von Lernprozessen in hohem Maße von der Qualität des Unterrichts bestimmt sind, gerade weil der individuelle Lernprozess ein dynamischer Prozess ist und es gilt, in den Lernsituationen der Klasse Heterogenität als Chance zu nutzen.

Was also wissen wir über Standards für guten Unterricht? Guter Unterricht ist ein Unterricht, in dem mehr gelernt als gelehrt wird, so fasst FRANZ E. WEINERT die Ergebnisse zusammen (1998). In der Lehr-Lern-Forschung besteht derzeit Konsens über Merkmale wirksamen Unterrichts, die er als Fazit seiner Arbeiten am Max-Planck-Institut für Bildungsforschung in München benennt:

- Effektive Klassenführung
- Sensibilität für affektive Lernvoraussetzungen
- Kognitive Herausforderungen
- Trennung von Lernsituationen und Situationen der Leistungsmessung

Dass die effektive Klassenführung (dazu gehört auch die effektive Zeitnutzung, die Arbeitshaltung und Aufmerksamkeit der Schüler) ein wichtiges Merkmal wirksamen Unterrichts ist, wundert nicht. Brisant erscheint mir vor allem das zweite Merkmal, die Achtsamkeit – nicht etwa in erster Linie auf die kognitiven Lernvoraussetzungen, sondern auf die emotionale Situation des Lernenden. Das sollte – bei allem Bemühen, die kognitiven Voraussetzungen zu erfassen – beachtet werden (s. Band II, Kap. 1). Viele der gegenwärtig praktizierten Beobachtungs- und Diagnoseverfahren stehen auch in der Gefahr, die „kognitiven Herausforderungen" für die als schwach eingestuften Lernenden zu reduzieren. Das entspricht jedenfalls nicht den Erkenntnissen über Merkmale wirksamen Unterrichts. Die „Entkoppelung von Lern- und Leistungssituationen" als „Standard" für guten Unterricht zu betonen, scheint mir gerade angesichts der gegenwärtigen Praxis von Leistungsmessungen wichtig:

> „Es gibt Schulklassen, in denen permanent eine gespannte Leistungsatmosphäre herrscht, weil der Lehrer jede Frage und jede Antwort der Schüler bewertend kommentiert, sodass es zu keinen entspannten Lernepisoden kommen kann. In diesen Klassen fehlt also zeitweilig jene Atmosphäre des Lernens, in der alle das sichere Gefühl haben, etwas Schwieriges ohne Risiko ausprobieren zu dürfen, aus Fehlern lernen zu können und mit anderen zusammenzuarbeiten" (WEINERT 1998, S. 16).

Wohlgemerkt, es geht nicht um eine Ablehnung von Leistungsmessung, aber darum, dass sie nicht den täglichen Unterricht bestimmen darf.

In Studien zum schulischen Schrifterwerb werden diese Befunde spezifiziert und ergänzt:

Im Zentrum steht die „didaktische Kompetenz" der Lehrenden: so der Befund von MEIERS aus 20 Klassen (1998, S. 105). Dem entsprechen die Befunde aus mehr als 80 Klassen von MAY (2001a). Auch MAY betont die effektive Nutzung der Unterrichtszeit, den Vorrang von Interaktionszeit

Standards für guten Unterricht

zwischen Lehrer und Schüler bzw. der Schüler untereinander gegenüber Vortrag und Einzelarbeit sowie das „direktive Auftreten" der Lehrperson, ihre Aufmerksamkeit für die Klasse und die differenzierte Zuwendung zu einzelnen Kindern.

Das hat sich auch in unserem BLK-Projekt „Elementare Schriftkultur ..." im Vergleich von 20 Klassen wieder gezeigt. Der Lehrgang (Fibel, „Lesen durch Schreiben", Eigenfibel) spielt demgegenüber eine untergeordnete Rolle. Zentral für den Erfolg ist – als Anbahnung schriftkultureller Erfahrung (literale Praktiken, literarische Sozialisation) – die Schriftorientierung (vgl. Band II, Kap. 10). Was MEIERS „didaktische Kompetenz" nennt, ist mehr und anderes als das Anwenden einer bestimmten Unterrichtsmethode (vgl. VALTIN 1998; s. zu den Effekten des Unterrichts auf die Rechtschreibleistung am Ende von Klasse 2, S. 50 f.; vgl. auch S. 122–130).

Die Befunde sind zumeist mit Hilfe von Rating-Verfahren erhoben. Studien zur direkten Analyse von Lernsituationen im Anfangsunterricht und zur Vermittlungstätigkeit der Lehrperson gibt es erst vereinzelt. Eine ist von CLAUDIA OSBURG (2002). Sie zeigt anhand von mehr als 120 transkribierten Szenen, wie das begriffliche Wissen von Schulanfängern entwickelt werden kann. Die Szenen werden gleichermaßen aus der Sicht des Lehrenden und der des Lernenden rekonstruiert, „denn nur aus einer Verbindung dieser beiden Perspektiven kann das interaktive Geschehen im Hinblick auf das Lernen optimiert werden" (OSBURG 2002, S. 27). Die Qualität der Lehrperson erweist sich darin, wie sie erkennt, dass die Begrifflichkeit des Kindes noch unzureichend ist, und wie sie deshalb die Begriffe, um die es geht, umschreibt und präzisiert und genau das auch von den Kindern verlangt.

7 Schreibunterricht in Klasse 1

Vom Sprechen zum Schreiben

Im September (Klasse 1) hat die Lehrerin (I. Schnelle) mit den Kindern das Bild „Eichhörnchen" (1512) von Albrecht Dürer betrachtet und darüber gesprochen: *Was ihr seht und was ihr denkt.* Sie hat große Blätter mit Kopien des Bildes vorbereitet. Die Kinder sollen malen, *wo die Eichhörnchen sind*, und dazu schreiben. Sie können ihre Schreibidee auch der Lehrerin diktieren. Das Wort „Eichhörnchen" steht an der Tafel, mit der Markierung für den „Zweier" *ch*. Was die Kinder aufs Papier bringen, wird am Schluss der Stunde betrachtet und vorgelesen.

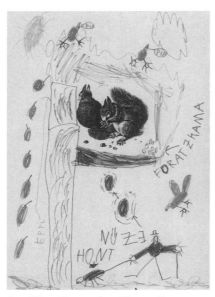

Jan-Nico (September Klasse 1)   *Helene (September Klasse 1)*

Cavit
(September Klasse 1)

Jan-Nico bringt die Eichhörnchen, die der Maler ohne jeden Hintergrund zeigt, an sicheren Ort auf den Baum. Sonst ist alles in Bewegung: die Vögel singen, die Äpfel fallen, der Hund zieht an der Leine. Bei den beiden Nüssen ist sogar die Wirbelbewegung beim Fallen angedeutet. Die Schreibaufgabe löst Jan-Nico als Beschriftung des Abgebildeten. Da sieht man dann, dass sich die Eichhörnchen eine Vorratskammer angelegt haben. Die Schreibungen sind stark an der eigenen Artikulation orientiert *(HONT, ... KAMA)* und nahezu vollständig (nur bei *Äpfel* fehlt der zweite Vokal). Notiert ist das ausschließlich in Großbuchstaben.

Cavit macht von der Möglichkeit Gebrauch, der Lehrerin etwas zu diktieren. Er redet die Eichhörnchen direkt an und bittet sie, in den Baum zu klettern, den er gezeichnet hat. Außerdem hat er noch seinen Namen notiert und das Wort von der Tafel abgeschrieben.

Helene setzt die Eichhörnchen ins Gras. Auch sie hat das Wort von der Tafel abgeschrieben. Was sie diktiert, ist eine Interpretation des Bildes. Die im Bild des Malers angelegte Spannung zwischen den beiden Figuren deutet sie *(sitzt traurig im Gras, weil ...)*.

Diese Schreibidee entwickelt sich beim Diktieren: Zunächst gilt die Aussage beiden Tieren *(sitzen im Gras)*. Die Differenzierung ist zuerst nur durch die Verbform *(knabbert)* markiert. Und so hat es die Lehrerin auch aufgeschrieben. Beim Vorlesen des Diktierten fügt Helene dann das Gemeinte *(eins)* selbst hinzu und nutzt damit eine Möglichkeit, die im Schreiben näher liegt als im Sprechen: Man kann wiederholen, was da steht, überlegen und korrigieren. So verfasst sie einen Text als Gegenüberstellung *(eins – das andere)* und fügt am Schluss die Begründung für ihre Interpretation hinzu: Wir können das „allmähliche Verfertigen der Gedanken beim *Schreiben*" hier gut nachvollziehen.

Die Zeichnungen und Schriftstücke der Kinder zeigen ihre Zugänge zu der neuen Tätigkeit, den Übergang vom Sprechen zum Schreiben (vgl. AN-DRESEN 2005): Das Beschriften von Zeichnungen ist nahe liegend. Es ist wie ein gestisches Zeigen – aber mit den Buchstaben des Alphabets. Das kann der Anfangsunterricht bei vielen Gelegenheiten nutzen (s. dazu unten S. 120 f.).

Das Diktieren ist nur auf den ersten Blick ein einfaches Verschriften des Gesprochenen. Man merkt es den Kindern an, wenn sie das erste Mal etwas diktieren: Sie halten inne, die Wörter sprudeln nicht mehr heraus. Diktieren ist keine Sprech-, sondern eine Schreibsituation. Die Kinder müssen vom Gesprächspartner abstrahieren. Die Lehrerin ist zwar anwesend, aber eben nicht Adressatin der Rede. Die Verlangsamung des Schreibens wird für die Kinder erfahrbar, wenn die Lehrperson ihr Schreiben sprechend begleitet. Cavit löst das Problem, dass kein Gesprächspartner anwesend ist, dadurch, dass er die Figuren anredet, sozusagen als „orale Leser" (WEINHOLD 2000). Damit schafft er zwischen sich – in der Schulklasse – und den Figuren – auf dem Blatt – so etwas wie eine fiktive gemeinsame Situation. Dieser Übergang vom Sprechen zum Schreiben in der Anrede der Figuren ist auch für Unterrichtskonzepte eine weitere gute Möglichkeit, die Kinder Erfahrungen mit der neuen Tätigkeit gewinnen zu lassen (vgl. dazu S. 106 f.).

Helene nutzt beim Diktieren die Möglichkeiten zur Reflexion über das Gemeinte. Im Klassengespräch wäre eine so komplexe und komprimierte Aussage in mündlicher Rede nur schwer vorstellbar. Das Diktieren als Konzipieren und Formulieren einer Schreibidee ist eine Form, die auch dem, der noch nicht über das Alphabet als Werkzeug der Schrift verfügt, erlaubt, Erfahrungen zu machen mit dieser neuen Tätigkeit – und dabei neugierig auf den Gebrauch des Werkzeugs zu werden.

Die Aufgabenstellung für das Gespräch gibt den Rahmen vor: *Was ihr seht und was ihr denkt.* Es geht nicht nur um Beschreibung, sondern auch um Interpretation. Die Schreibaufgabe ist nicht etwa identisch mit der für das Gespräch. Sie knüpft daran an, dass der Maler die Figuren ohne Kontext präsentiert: *Wo die Eichhörnchen sind.* Damit müssen die Kinder etwas zum Bild hinzutun – als Zeichnung und als geschriebenes Wort. Insofern entspricht diese Aufgabenstellung zu Beginn von Klasse 1 dem Grundsatz der Schreibforschung, dass Schreiben mehr und anderes ist als das bloße Verschriften des Gesprochenen. Durch die Verdoppelung im anderen Medium wird die Funktion des Schreibens lediglich auf eine technologische

Dimension reduziert, nämlich mündlich Bearbeitetes auf direktem Wege in Schriftlichkeit zu „übersetzen", aber auf die besonderen Bedingungen der Schriftlichkeit werden die Anfänger dadurch gerade nicht *vorbereitet* (MERZ-GRÖTSCH 2003, S. 804).

Der folgende Abschnitt gibt eine Momentaufnahme aus einer anderen Klasse – zwei Monate später. Während die Schreibaufgabe im September einer Vorgabe gilt, dem Bild von Dürer, sollen die Kinder nun „frei" schreiben.

Was Antje, Meike und Christoph mit ihren Texten zu erkennen geben

Im November (Klasse 1) hat die Lehrerin (I. Wolf-Weber) den Kindern zum ersten Mal die Aufgabe gestellt, eine „Geschichte" zu schreiben. Wie gehen die Kinder mit der Aufgabe um, wie können wir ihre Texte lesen und verstehen und wie haben sie begonnen, sich die Rechtschreibung anzueignen?

Antje schreibt eine richtige Geschichte, und zwar geht es um die Handpuppe „Fu". (Sie spielt im Unterricht dieser Kinder keine Rolle, für die gleichaltrigen Kinder der Umgebung aber ist sie die zentrale Fibelfigur – und von daher wohl auch Antje vertraut.) Die Handpuppe wird gesucht – der erste Satz gibt das Thema an (*wo ist Fu*; der Text ist von unten nach oben geschrieben). Der Text enthält keine direkte Antwort auf die Frage, wo Fu denn ist, sondern erzählt nur, wo er sich zuvor aufgehalten hat, nämlich im Auto. Das wollte er kennen lernen. Aber dann hatte er genug *(ABar wollte nejt mea)*. Die kleine Geschichte ohne Ende ist – kognitiv und sprachlich gesehen – eine erstaunliche Leistung, weil sie einen gedanklichen Entwurf schrittweise realisiert. Die Umwandlung vom Gedanken – ohne Gesprächspartner – zum geschriebenen Wort gelingt.

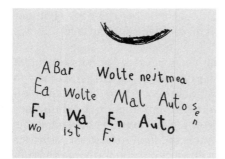

Antje (November Klasse 1)   *Meike (November Klasse 1)*

Antje verwendet wie auch alle übrigen Kinder der Klasse zu diesem Zeitpunkt die Gemischtantiqua des Schreiblehrgangs. Mit den Buchstabenformen hat sie keine Probleme. Ihre Schreibweise zeigt, dass sie sich bereits die Struktur der Schrift angeeignet hat. Sie ist allerdings noch stark an der eigenen Artikulation ausgerichtet: Fehler entstehen vor allem beim auslautenden (r) und bei (er), das in Norddeutschland nach ɐ hin gesprochen wird. Entweder lässt Antje das (r) ganz weg *(wa)*, oder sie schreibt es als „a" *(mea, Ea)*. Nur bei *ABar* fügt sie zusätzlich noch ein „r" hinzu. Das zeigt, dass sie das Gehörte sehr genau analysiert (vgl. auch „j" statt (ch) in *nejt*). Richtig schreibt sie einfache Wörter, die im Unterricht häufiger vorgekommen sind *(Auto, wo, ist, mal)*, phonematisch korrekt *wolte* und *sen*. Und einmal schreibt sie zwei Wörter in eins (*ABar* = aber er).

Kinder wie Antje bedürfen bei diesem Stand des Schreiblernprozesses der Anleitung, damit sie nicht länger dem Grundsatz folgen „Schreibe, wie du sprichst". In diesem Fall hat die Lehrerin im Schreiblehrgang in den folgenden Tagen und Wochen ausdrücklich Wörter mit dieser Schwierigkeit thematisiert: „Mutter, Bruder, Kater, er, war" und bei Kindern wie Antje besonders auf Festigung Wert gelegt. (Die Kinder haben ihr Schreiben auch sprechend begleitet, aber ihre Artikulation wurde nicht korrigiert; es genügt, wenn sie bei „Mutter" allmählich „er" durch ständigen Bezug zur Schreibung zu hören meinen, obwohl sie weiterhin „modɐ" sprechen.) Übrigens hat Antje diese Lernhilfe angenommen und fortan keinen Fehler dieser Art mehr gemacht.

Meike nutzt das Angebot einer offenen Lernsituation, um gesichertes Können zu reproduzieren. Im Unterschied zu Antje macht Meike keinen Schreibfehler (einmal verwendet sie das Schreibschrift-„l"). Sie gibt ihrem „Werk" einen Rahmen. So will sie vielleicht die einfachen Satzvariationen, die sie eng an ein Muster des Lehrgangs anlehnt, zu einer Geschichte fügen. Die einzelnen Wörter trennt sie durch Punkte auf halber Höhe voneinander ab. Sucht sie sich diese mechanische Hilfe, weil sie sonst unsicher ist, wo die Wortgrenze ist?

Meike bedarf natürlich anderer Lernhilfen als Antje: Sie müssen auf eine vorsichtige Erweiterung des bereits gesicherten Könnens gerichtet sein – also auf eine einfache Vergrößerung des Schreibwortschatzes. Auch Meike sollte in ihrer Leistung bestätigt werden. Allerdings muss sie immer wieder sanfte Anstöße erhalten, Gedachtes aufzuschreiben und sich dabei allmählich von der bloßen Übernahme von Satz-Mustern zu lösen. Wenn sie schließlich eine größere Anzahl von Schreibwörtern beherrscht, ist das vielleicht – in ihrem Selbstverständnis – eine Voraussetzung für konzeptionelles

Was Antje, Meike und Christoph mit ihren Texten zu erkennen geben 105

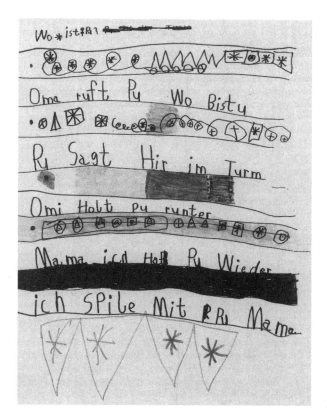

Christoph (November Klasse 1)

Schreiben, es sollte aber nicht die einzige sein, denn der entscheidende Aspekt liegt in der grundsätzlichen Bereitschaft, zu experimentieren, sich zu erproben – eine wichtige Voraussetzung nicht nur für den Schrifterwerb.

Christoph schreibt eine ganze Geschichte darüber auf, wie Pu (der Bär?) gesucht wird. Daran sind der Erzähler, die Großmutter und die Mutter beteiligt: Die Großmutter macht Pu ausfindig und holt ihn dem Erzähler zurück; die Mutter ist der Adressat für den Ausdruck der großen Freude, die der Schreiber zweimal bekundet. Zudem ist der Text durch farbige Verzierungen zwischen den Zeilen optisch erstaunlich differenziert gestaltet.

Auch Christoph wählt die Gemischtantiqua des Lehrgangs. Wie Antje hat er noch Schwierigkeiten mit der Groß- und Kleinschreibung, einmal *(Bistu)* sogar mit der Wortgrenze und einer Buchstabenform *(ich)*. Aber in der Aneignung der Orthografie ist er weit fortgeschritten. Er schreibt Wörter auch entgegen der Artikulation richtig (z.B. *sagt, Turm, runter, spile, im, mit*) und verwendet bereits einmal mit „ie" die Kennzeichnung der Vokallänge.

Lernhilfen für Christoph können unspezifisch sein, weil er sich die wichtigen Grundlagen des Rechtschreiblernens schon angeeignet hat. Er könnte schon einen Rechtschreiblehrgang im engeren Sinn bearbeiten. Aber auch im Schreibunterricht der Klasse kann er noch Anregungen aufnehmen, sofern seine Schreibmotivation weiterentwickelt wird – wie durch solche Aufgaben.

Die Texte von Antje, Meike und Christoph zeigen nicht nur unterschiedliche Zugriffsweisen für das konzeptionelle Schreiben und das Rechtschreiblernen, sie demonstrieren auch die Spannbreite der Leistungen in dieser Klasse. Unterricht soll allen Kindern einer Klasse und jedem Einzelnen gerecht werden. Wie kann das möglich sein? Besteht die Lösung im offenen Unterricht, in differenzierter Binnendifferenzierung? Dieses Beispiel stellt eine offene Aufgabenstellung dar, die das schwierige Problem der Differenzierung auf einfache Weise – jedenfalls für diese Lernsituation – löst: Jeder Schüler kann der Anforderung gerecht werden und, was für den Lernprozess außerordentlich wichtig ist, am Ende selbst mit seinem Ergebnis zufrieden sein. Lernziel und Lernweg sind nicht festgelegt – das bedeutet, dass sich niemand einfach zurücklehnen kann, wenn er einen vorgegebenen Anspruch erfüllt sieht. Diese Art der Offenheit stellt einen hohen Anspruch dar – ohne Sanktionen.

Die drei Kinder geben uns mit ihren Texten auch zu verstehen, dass ihre Zugriffsweisen durchaus als repräsentativ für andere ähnliche betrachtet werden können und dass die Anregungen, die für sie hilfreich sind, sehr wohl mit einem klar strukturierten Lehrgang vereinbar sind, der wegen seiner Übersichtlichkeit Lehrern und Schülern die Orientierung erleichtert.

Wie sich Textschreiben und Rechtschreiben bei den drei Kindern bis zur Mitte des Schuljahrs entwickeln, zeigen ihre Arbeiten zum folgenden Schreibanlass: Im Februar hat die Lehrerin „Post für den Tiger" (Janosch) vorgelesen. Die Einsamkeit und das Gefühl des Verlassenseins, das den kleinen Tiger jedes Mal überfällt, wenn der Bär zum Angeln geht und ihn im Haus allein zurücklässt, kennen die Kinder wohl alle. Den Vorschlag des Tigers, der Bär solle ihm doch schreiben, damit er sich freut und sich nicht in Langeweile und Apathie verliert, aber auch seine Freude über die Post, die der Bär ihm durch einen schnellen Boten, den Hasen, überbringen lässt, können die Kinder intensiv nachvollziehen. Weil es hier nicht in erster Linie um die Handlungsabfolge geht, wirkt es sich auch nicht störend aus, dass ein Viertel der Klasse das Buch bereits kennt.

Was Antje, Meike und Christoph mit ihren Texten zu erkennen geben

Die Lehrerin bricht das Vorlesen ab, nachdem Bär und Tiger die Rollen getauscht haben und schließlich auf die Idee kommen, auch andere Tiere mit einem Brief zu erfreuen. *„Wir könnten doch auch einmal einen Brief an unsere Tante Gans schreiben. Damit sie sich auch mal freut."*

Im gemeinsamen Gespräch geht es in dieser Doppelstunde darum, an wen die einzelnen Kinder schreiben möchten, an Figuren aus dem Buch, an die Lehrerin ... Der Inhalt der Briefe und die äußere Form wird nicht thematisiert, denn das Ziel des Schreibens, dem Adressaten eine Freude zu machen, hat jeder verstanden und für sich angenommen. Bei diesem Schreibanlass haben alle Kinder einen Brief geschrieben, auch die, die sich – wie Meike – sonst am liebsten auf die einfache Reproduktion beschränken. Die Wörter, nach deren Schreibung die Kinder fragen, schreibt die Lehrerin an die Tafel: *Bär, Tiger, Lieber, ich, für, Buch ...*

Christoph (Februar Klasse 1)

Antje (Februar Klasse 1), links
Meike (Februar Klasse 1), rechts

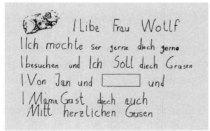 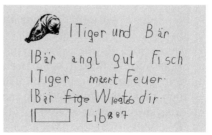

Antje hat offenbar schon stilistische Briefnormen internalisiert. In der Aneignung der Orthografie hat sie seit November große Fortschritte gemacht (s. S. 103): Sie schreibt nun phonematisch richtig und bemüht sich schon um orthografische Elemente *(ie, tt, auslautendes d)*.

Meike hat diesmal den Mut zu einem eigenständigen Text: *Tiger und Bär. Bär angel gut Fisch* (als Aufforderung oder Aussage). *Tiger macht Feuer. Bär, wie geht es dir. Meike lieb.* Dabei fällt ihr die Perspektive des Briefes noch schwer. Sie beginnt beschreibend und kommt erst am Schluss zur Anrede. Sie hat jetzt angefangen, sich mit der Rechtschreibung auseinander zu setzen.

Christoph wählt eine originelle Perspektive: Er schreibt als Leser an die Figuren des Buches und gestaltet auch den Briefumschlag entsprechend. In der Rechtschreibung beginnt er, sich mit der bezeichneten Länge zu befassen *(sie, lieber,* aber: *libe)*.

Wortschätze für Schreibanfänger

Kriterien für die Auswahl und für Übungsformen des Schreiblehrgangs

- Wenn der Prozess des Schreibenlernens regelgeleitet erfolgt (s. S. 38 ff.), muss das Lehrmaterial, d. h. der Schreib- und Lesewortschatz, von Anfang an die wichtigsten Prinzipien der Orthografie repräsentieren, damit die Kinder die Möglichkeit haben, möglichst zutreffende Regeln zu bilden. Das bedeutet, bereits zu Beginn neben Wörtern, deren Schreibung dem phonematischen Prinzip folgt, kurze Wörter zu üben, die „orthografische Elemente" enthalten – wie z. B. *Ball, Baum, Hund.* Darüber hinaus sind später einfache Wörter für den Lehrgang auszuwählen, deren Schreibungen dialektbezogene Schwierigkeiten enthalten, z. B. *Turm, Kinder, Leiter* (etwa für Hamburger Anfänger).

- Wenn es zwei Wege zur richtigen Schreibung eines Wortes gibt (s. S. 72), muss im Unterricht von Anfang an die Sicherung eines Grundwortschatzes befördert werden. Auf diese Weise können die Schreibanfänger bei einigen Wörtern die Schreibung früh einfach aus dem Gedächtnis abrufen.

- Wenn eine frühe Sicherheit in einem beschränkten Bereich für den Lernprozess förderlich ist, sollte der Wortschatz des Lehrgangs einen geringen Umfang haben bzw. je nach Leistungsvermögen variieren, sodass auch schwache Schüler Zutrauen gewinnen können.

- Wenn die sprachanalytische Tätigkeit der Kinder beim Schreibenlernen nicht willkürlich, sondern regelgeleitet erfolgt, sollten die Kinder in der

Wortschätze für Schreibanfänger   109

ersten Phase des Erwerbs zum konzeptionellen Schreiben ermuntert werden, d. h. der Schreiblehrgang sollte nicht – wie es in der Schulpraxis häufig noch geschieht – auf das Einüben der optisch-motorischen Form beim Abschreiben beschränkt sein. Denn gerade beim „freien Schreiben", bei offenen Aufgaben zu Vorgaben (wie dem Bild von Dürer) oder bei selbst gewählten Schreibinhalten, können die Kinder das Problem der „schriftsprachlichen" Norm allererst erfahren und es für sich definieren.

Das bedeutet freilich nicht, dass die Kinder sich auch inhaltlich alle Gesetzmäßigkeiten der Orthografie selbstständig erarbeiteten. Hier bedarf es der Unterweisung und Lenkung, vermutlich auch der Aneignung von Mustern.

Diese Folgerung steht nur scheinbar im Gegensatz zur vorhergehenden. Denn Lernen und Lehren sind nicht einfach analoge Vorgänge. Sicherheit im als überschaubar eingeschätzten Gelehrten zu gewinnen und zugleich mit den dabei entwickelten „Regeln" zu operieren, ist kein Widerspruch. Und für den Lehrer ergeben sich aus solchen „Spontanschreibungen" im ersten Schuljahr wichtige Aufschlüsse über die Schwierigkeiten seiner Schüler und die sensiblen Phasen ihres Lernprozesses, wenn er ihre Fehler zu „lesen" versteht.

Betonen des kognitiven Aspekts von Anfang an

Der Schreiblehrgang, wie ihn die Lehrerin I. Wolf-Weber praktiziert, geht von einfachen klar strukturierten Wörtern aus *(Uta, Oma, Opa)*. Er berücksichtigt aber schon in den ersten Wochen auch Wörter, deren Schreibung nicht einer 1:1-Zuordnung von Laut und Buchstabe folgt (Willi, der Kater der Lehrerin, und Molli, das Meerschweinchen als Klassentier). Auf diese Weise erhalten die Kinder frühzeitig Gelegenheit, sich bei den Regeln, die sie sich über Schrift und Schreiben bilden, an den Grundsätzen der Orthografie zu orientieren, nicht an einer schließlich bloß irreführenden Vereinfachung. Manche der Wörter sind emotional besonders bedeutsam für die Kinder, der Name der Puppe Uta und die beiden Tiernamen. Außerdem haben die Kinder Gelegenheit, eigene Wörter zu schreiben, über deren Schreibung sie sich ganz sicher sind. Das tun sie z. B. ungefragt bei der Wortschatzrolle (s. u. S. 111). Vergleicht man diese Kriterien für die Wortauswahl des Lehrgangs mit den ersten Wörtern, die Kinder auf das Leere Blatt schreiben (s. S. 80 ff.), findet man weitreichende Übereinstimmung.

In diesem Jahr ist „Uta" das erste Lese- und auch das erste Schreibwort. (Ein anderes Mal ist es „Linda", der Name einer hübschen alten Puppe.) Uta ist eine kleine bewegliche Stoffpuppe, die meist in einem Korbwagen schläft und die die Kinder sehr schnell in ihr Herz geschlossen haben. Die Kinder schreiben nach wenigen Tagen das Wort als Ganzes und alle Elemente in Gemischtantiqua. Das heißt, sie sollen sich nicht auf das Memorieren beschränken. Die Anordnung von Wort und Element auf dem Schreibblatt macht die Beziehung augenfällig.

Das bedeutet natürlich noch nicht, dass auch jedes Kind diese Verbindung selbst vollzieht, wenn es auf das Blatt, auf dem die Puppe abgebildet ist und „Uta" steht, viele „t" schreibt. – Aber so zu denken wird ihm jedenfalls nahe gelegt. – Und von Anfang an schreiben die Kinder die gelernten Wörter auch ohne optische Vorgabe – aus dem Kopf.

Bis zu den Herbstferien lernen die Kinder auf diese Weise zehn Buchstaben kennen (*U, T, A, M, L, P, R, I, O, W* in Groß- und Kleinschreibung). Sie schreiben: *Oma, Opa, malt, Mama, Pu, Ali, Willi, Molli.*

Eine weitere Möglichkeit zur Anwendung des Gelernten sieht so aus: Die Kinder haben als einen der ersten Buchstaben das *M* gelernt, die Merkmale der Form benannt und sie sich durch mehrfaches Nachschreiben eingeprägt. Am Ende dieser Einführungsstunde notieren sie auf einem Blatt immer dann ein *M*, wenn das Wort, das die Lehrerin sagt, mit dem entsprechenden Laut beginnt. Im anderen Fall machen sie einen Strich.

Darüber hinaus erhalten die Kinder früh Gelegenheit, Zeichnungen zu beschriften, ihre eigenen und solche aus dem Sachunterricht. Dabei mischen sich die Schreibformen. Während das Beschriften im Sachunterricht zumeist als Abschreiben vollzogen wird, enthält das Beschriften eigener Zeichnungen bereits Merkmale konzeptionellen Schreibens (s. die Arbeit von Jan-Nico).

Auf diese Weise werden bis Weihnachten in rascher Folge die meisten Buchstaben behandelt. Das frühe Verfügen über eine größere Anzahl von Buchstaben eröffnet mehr Spielräume und macht den Unterricht interessanter. Möglich ist das in dieser Klasse, weil in der vorausgegangenen Vorschulklasse vielfältige Schrifterfahrungen angebahnt sind (s. S. 80–95).

Eine rasche Vermittlung von Wissenselementen ist dann lernproduktiv, wenn jedes Kind grundsätzlich über den Begriff „Buchstabe" verfügt. Diese Voraussetzung kann mit Hilfe der SCHULANFANGSBEOBACHTUNG (Band II) geprüft – und befördert werden.

Später kommen Wörter hinzu, die spezifische Schwierigkeiten für die Kinder enthalten, die sich auch nach einigen Schulmonaten immer noch vorrangig an ihrer Artikulation orientieren (so wie Jan-Nico in den ersten Wochen) sowie Wörter mit generell größerem Schwierigkeitsgrad (z. B. *sp, ie, ei* und Konsonantenhäufungen).

Wortschätze für Schreibanfänger 111

Übungsformen für alle – Bestätigen des individuellen Lernfortschritts – Stärken der Lernbereitschaft

Für das Üben stehen vielfältige Medien bereit: Die Kinder schreiben Buchstaben und Wörter in ein großes Schreibheft (DIN-A4-Querformat mit einfachen Linien) sowie in kleine Hefte unterschiedlichen Formats und mit verschiedenen Lineaturen.

So wie im Klassenraum zu den einzelnen Buchstaben prägnante Bilder auf großen Karten aufgehängt (zur Anlauttabelle s. S. 150) und allmählich immer mehr Wörter ergänzt werden, schreibt jedes Kind für sich auch ein Wörterheft. Nur einige wenige Wörter sind für alle Kinder verpflichtender Lernstoff (s. dazu das Kopfheft S. 122 f.), die übrigen werden individuell in unterschiedlichem Ausmaß ergänzt. Alle diese kleinen Hefte werden in der Schule in dem Schuhkarton aufbewahrt, den jedes Kind unter seinem Tisch für die Schulutensilien hat. Nach Hause nehmen die Kinder nur die großen Schreibhefte mit. Sie schreiben täglich zu Hause und in der Schule.

Immer wieder gibt die Lehrerin den Kindern ausdrücklich Gelegenheit, den zunächst für alle gemeinsamen Lernstoff des Lehrgangs individuell zu bearbeiten und zu sichern, d. h. also auch in unterschiedlichem Umfang und mit verschiedenen Zugriffsweisen. Damit soll gewährleistet sein, dass das einzelne Kind Zutrauen zu sich selbst behält.

Gerade bei einem begrenzten Lehrgangswortschatz können die Kinder in größeren Abständen in ein Heft, das normalerweise in der (Wort-)Schatztruhe liegt, die Wörter aufschreiben, in deren Schreibung sie sich sicher fühlen. Ein anderes Medium ist die Wortschatzrolle (aus goldfarbenem Karton, der sich als Streifen geschnitten von selbst rollt und nach Belieben durch Klebestreifen verlängert werden kann). Einige Kinder schreiben viele Wörter, andere weniger. Für alle aber wird, und das ist entscheidend, der eigene Lernzuwachs im Laufe der Zeit augenfällig. – Auch bei solchem Aufschreiben machen die Kinder Fehler, sie sollten sie selbst in dem betreffenden Wort verbessern.

Eine weitere Möglichkeit, den Lernenden selbst sein Anspruchsniveau bestimmen zu lassen, ist das Strich-Diktat: Der Text, der als Diktat geschrieben werden soll, steht an der Tafel. Die Schreibanfänger erhalten ein Blatt, auf dem für jedes Wort des Diktattextes ein Strich steht.

• Lena hat Geld.
* Lena will in den Zoo.
+ Wer zeigt Lena den Weg?

• __ __ __.
* __ __ __ __ __.
+ __ __ __ __ __?

Oder beispielweise: *Der Hund rennt zum Zoo. Was will der Hund im Zoo? Er will zu Lena.*

Die Kinder erhalten also vor dem Strich-Diktat Gelegenheit, auf ihrem Blatt alle Wörter an der entsprechenden Stelle nach der Vorgabe an der Tafel zu notieren, die – nach Diktat zu schreiben – sie sich noch nicht zutrauen. Während des Diktats füllen sie dann die Textlücken. Auf diese Weise wird ein Bewusstsein vom Schwierigkeitsgrad einzelner Wörter, aber auch eine Aufmerksamkeit auf wortspezifische orthografische Besonderheiten erreicht. Beides sind wichtige Voraussetzungen für das Rechtschreiblernen. (S. die Episode aus dem Kurs zur Alphabetisierung S. 18; das Verfahren ist im Anfangsunterricht vor allem für das zweite Halbjahr von Klasse 1 und den Anfang von Klasse 2 geeignet.)

Immer wieder können Verknüpfungen gefunden werden zwischen dem verbindlichen Wortschatz und individuellen Erweiterungen: Die Lehrerin (S. Andersen) hat die Klasse vor einer noch leeren Plakatwand versammelt (November Klasse 1, vgl. DEHN/HÜTTIS-GRAFF 2000). Sie beginnt mit einem den Kindern bekannten Vers: *Meine Mama mag Mäuse – ich mag Bücher. Was magst du?* Die Kinder nennen Tätigkeiten und Gegenstände. Die Lehrerin notiert ICH MAG ... auf der Plakatwand – mit lebhaftem Austausch der Kinder über die Schreibweise. Einzelne Kinder schreiben dazu, was sie mögen, oder sie stempeln das Gemeinte.

Die Lehrerin stellt für alle die Aufgabe: *Ihr habt so viele Dinge aufgezählt, die ihr mögt, und wir haben festgestellt, einige mögen Line, Bären, Schule oder auch Esssachen ... Jetzt möchte ich, dass ihr fünf Sachen aufschreibt, die ihr mögt. Und jedes Mal sollst du wieder schreiben ICH MAG ... Versuch von dem Wort zu schreiben, was du schon weißt, zumindest den ersten Buchstaben, vielleicht noch mehr. Wer dann mit seinem Blatt zufrieden ist, dann kleben wir das hier rum (Plakatwand) und gucken nachher gemeinsam an: Was unsere Klasse 1a jetzt insgesamt mag.*

Auch Nadine, die es mit dem Schreibenlernen nicht leicht hat, liest in der Schlussrunde vor, was sie geschrieben hat.

Nadine (November Klasse 1)

Wortschätze für Schreibanfänger

Sie hat eine gute Kombination von Bild und Schrift bei dem ihr wichtigen Wort *Fledermaus* gefunden.

Solche Aufgabenstellungen lassen sich – mit einigen Veränderungen – auch auf andere Unterrichtsbedingungen übertragen. Bei jedem Schreiblehrgang kann der Unterricht – durch Gespräche über die Schreibungen und das „Erschreiben" von Wörtern – die kognitive Leistung in den Vordergrund rücken. Und auch die Erfahrung des persönlichen Leistungsfortschritts lässt sich überall anbahnen mit Verfahren wie den beschriebenen. Die Wortauswahl dagegen lässt sich bei fertigen Schreiblehrgängen nur in geringerem Umfang verändern.

Entscheidend ist, dass die Kinder am Richtigschreiben selbst interessiert sind. Diese Lernbereitschaft wird schon bei der Anbahnung von Schrifterfahrung entwickelt und gefestigt durch die Art der Verständigung zwischen der Lehrerin und den Schülern bei offenen Aufgabenstellungen (*Frau Wolf, ist das schon richtig, von „Gans"?*, S. 87; s. auch die Nachfragen bei *Wolke*, S. 87). Also gerade nicht dadurch, dass forciert versucht wird, Fehler um jeden Preis zu vermeiden, sondern indem das jeweils Richtige bestätigt und bei noch unzureichenden Ergebnissen die Leistung des Schreibanfängers anerkannt wird und – im Rahmen der Möglichkeiten des Kindes – Anstöße zum Rechtschreiblernen gegeben werden.

Überhaupt sind Rechtschreibgespräche lernproduktiv, bei richtig – wie bei falsch geschriebenen Wörtern: *Was findest du schwer an dem Wort? Wie hast du dir gemerkt, dass ... so geschrieben wird?* Ein täglich praktiziertes Ritual kann das sein, es dauert nur wenige Minuten: Drei Kinder stellen jeweils ein Wort an der Tafel vor, das sie gerade gelernt haben, dessen Schreibung sie schwierig finden, und zeigen, was daran schwer ist. Manchmal kann auch die Lehrerin ein Wort zur Diskussion stellen. Nahe liegend ist die Unterscheidung von Merkwörtern – Denkwörtern.

Im zweiten Halbjahr von Klasse 1 erweitert sich der Basiswortschatz der Klasse. Unter den Übungen des Rechtschreiblehrgangs ist das Abschreiben und Aufschreiben weiterhin wichtig. Aber diese Übungen müssen nach wie vor pädagogisch und didaktisch als Schreibanlässe legitimiert sein, also auch einem Anspruch genügen, der über die Erweiterung des Rechtschreibkönnens hinausgeht. Das ist mit Aufgaben zu gewährleisten, die die Kinder zum Nachdenken anhalten. Häufig sind sie mit Leseaufgaben verbunden:

Zu einem Kernpunkt des Schreiblehrgangs im zweiten Halbjahr hat sich das Wörterbuch (s. Kopiervorlage, S. 168 ff.) entwickelt. Die Anregung dazu kam von einem Jungen, der beim Geschichtenschreiben stets ein Büchlein hervorholte, in das er neben einige eingeklebte Bilder die Bezeichnungen geschrieben hatte, und eifrig darin nach der richtigen Schreibung fahndete.

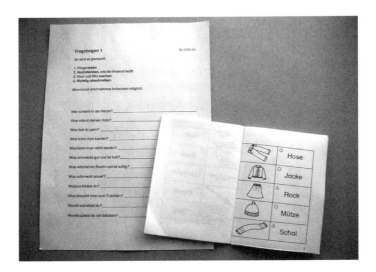

Ein ähnliches Heft mit 16 Seiten stellt die Lehrerin (I. Wolf-Weber) für jedes Kind her. In diesem Wörterbuch stehen inhaltlich geordnet auf jeder Seite fünf Begriffe: mehrfach sind es Tiere, im Übrigen z. B. Lebensmittel, Körperteile, Kleidung und Verkehr. Gerade für die Kinder anderer Herkunftssprache sind auch Symbole für die Artikel eingetragen. In der oberen Zeile ist Platz frei gelassen, sodass die Kinder die Oberbegriffe selbst benennen können (was man essen kann, was im Haus ist). In der unteren Zeile können sie einen passenden Begriff hinzufügen.

Das Wörterbuch zu lesen ist einfach. Wie der Erfinder, so blättern fast alle anderen Kinder gern darin.

Und die Schreibaufgaben dazu? Sie stehen auf Fragebogen (s. Kopiervorlagen), d. h. die Kinder müssen wiederum lesen und nachdenken, bevor sie schreiben. Das Vorgehen ist genau benannt:

> 1. Frage **lesen**
> 2. **Nachdenken**, wie die Antwort heißt
> 3. Wort und Bild **suchen**
> 4. **Richtig abschreiben**

Die Fragen können sich auf die Inhalte richten *(Was braucht man im Haus, wenn es dunkel ist)* oder auch auf die Schreibungen *(Suche Wörter mit „ck")*. Ähnliche Arbeitsblätter werden neben anderen Aufgaben bis zum Schul-

Verbindung von Rechtschreiben und Textschreiben **115**

jahresende immer wieder verwendet. Was die Kinder daran fasziniert, ist vermutlich nicht nur der Gebrauch des kleinen Wörterbuchs, sondern der Anspruch der Aufgaben (s. die Anweisung) und die Selbstständigkeit, die sie erlauben. Jedes Kind bestimmt das Tempo und den Umfang der Aufgabe selbst. – Ich habe nie gesehen, dass ein Kind den einfachsten Lösungsweg, nämlich bloß vom Nachbarn abzuschreiben, gewählt hätte. Das liegt sicher vor allem an der Arbeitsatmosphäre und der Beziehung zwischen Lehrerin und Kindern.

Später können die Kinder die Wörter auch alphabetisch ordnen – dazu brauchen sie Kopien der Bilder und Wörter. Sie legen die Wörter in alphabetischer Reihenfolge hin, schreiben sie in ein neues Heft ab und kleben vielleicht auch die ausgeschnittenen Bilder dazu. Diese Arbeit bereitet den Gebrauch des Wörterbuchs als Nachschlagewerk in Klasse 2 vor.

Verbindung von Rechtschreiben und Textschreiben: Akzentuierungen im Unterricht

Anregen zum Textschreiben – allmähliches Verknüpfen mit dem Rechtschreiblehrgang

Eigene Erlebnisse sind häufig die ersten Themen früher Geschichten der Kinder. Nahe liegend ist für sie zunächst, ihre Bilder zu erläutern, mit kurzen Kommentaren, oder auch, indem sie der Lehrerin oder dem Lehrer zu ihrem Bild etwas diktieren, was diese stellvertretend aufschreiben.

Hanno schreibt eine ganze Reihe einzelner Erlebnisse auf, die er mit Tieren zu Hause hatte (s. auch S. 57). Noch stehen sie ziemlich unverbunden nebeneinander. (Nur der erklärende Satz *Mohrle ist unsere Katze* ist ein verbindendes Element, auch für die Orientierung eines Lesers.)

Eine andere Möglichkeit, Kinder zum Textschreiben anzuregen, ist das Vorlesen. Die Lehrerin (G. Welge) liest nach den Weihnachtsferien aus der Schulzeitung Texte vor, die Kinder aus einer dritten Klasse geschrieben haben (WELGE 1996). Die Anfänger sind verwundert: *Das haben Kinder geschrieben?* Die Lehrerin versichert: *Ja, und ich bin ganz sicher, dass ihr auch Geschichten schreiben werdet.* Dazu ist an den kommenden Tagen als Alternative zur Arbeit mit dem Wörterbuch Gelegenheit. Die Geschichten werden jeweils am Ende des Schultages vorgelesen – ein Anreiz für die, die noch nicht mit dem Schreiben begonnen haben, es zu versuchen.

Tills Text lässt deutlich Anklänge an die Geschichten aus der Schulzeitung erkennen. Er schreibt gleich eine ganze Serie solcher Geheimnis-Texte. Wir haben beobachtet, dass ein solches Schreiben nach Vorgaben den Kin-

 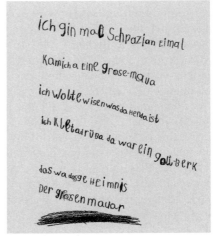

Hanno (Januar Klasse 1)

Mohrle hat eine Maus eingefangen.
Karo ist getötet, weil sie krank war.
Mohrle ist unsere Katze.
Mohrle ist im (auf das) Garagendach geklettert. Einmal ist Mohrle unters Sofa gegangen.

Till (Januar Klasse 1)

Ich ging mal spazieren. Einmal kam ich an eine große Mauer. Ich wollte wissen, was dahinter ist. Ich kletterte darüber: Da war ein Goldberg. Das war das Geheimnis der großen Mauer.

dern leichter fällt als das Formulieren eigener Erlebnisse: Wenn es ihnen überlassen ist, was sie mit der Vorgabe tun, haben sie einen sprachlich gefassten Inhalt, also eine Bedeutungsstruktur präsent, etwas, an dem sie sich abarbeiten können. Sie können die Struktur übernehmen oder variieren, sie können einzelne Wendungen übernehmen oder modifizieren, sie können einen anderen Akzent setzen – sie haben also Gestaltungsmaterial zur Verfügung. Und sie nutzen diese Spielräume. So haben die Texte, die als offene Aufgabenstellungen zu Vorgaben entstehen, fast immer einen inneren Zusammenhang. Sie enthalten oft einen komplexeren Satzbau als die Formulierungen zu Selbst-Erlebtem (s. DEHN 1999).

Dafür noch ein Beispiel aus der Klasse von S. Andersen: Die Kinder haben das Bilderbuch „Riesen-Geschichte und Mause-Märchen" (ANNEGERT FUCHSHUBER) gehört. Drei Schreibblätter liegen bereit – mit Kopien unterschiedlicher Szenen aus dem Buch. Die Kinder sollen eins auswählen zu der Aufgabe: *Schreibe auf, was dir wichtig ist.*

Yasemin hat den wesentlichen Inhalt des Buches in der Gegenüberstellung der Figuren zusammengefasst: *... vor allem Angst ... vor nichts Angst,*

Verbindung von Rechtschreiben und Textschreiben

Bartolo hat vor allem Angst.
Auch vor Vögeln.
Er versteckt sich immer,
wenn er ein Tier sieht.

Aber Rosinchen hat vor
nichts Angst.
Auch nicht vor Riesen.

Die beiden passen
zusammen.

Yasemin (Februar Klasse 1)

noch mit der Pointe, dass die Maus Rosinchen *auch nicht vor Riesen* (wie Bartolo) Angst hat. Die „Schnittstelle" ist mit *aber* markiert. Und der Text endet – wie das Buch – versöhnlich: *Die beiden passen zusammen.*

Die harmlos klingende Aufgabe: *Schreibe auf, was dir wichtig ist*, fordert von den Schreibanfängern, dass sie aus dem Komplex des Vorgelesenen etwas auswählen und es auf dem Papier formulieren. Sie können sich beschreibend oder wiederholend auf die Vorgabe beziehen oder etwas akzentuieren oder es auch umgestalten. Ganz selten nur entstehen dabei unverbundene Texte. Diese frühen Aufgaben zum Textschreiben knüpfen an die Erfahrungen mit Geschichten (vorgelesenen und in Film und Fernsehen bzw. in Computerspielen gesehenen) an, korrespondieren also mit dem Niveau der literarischen Sozialisation, ohne es einzuschränken auf das, was auch schon orthografisch richtig geschrieben werden kann. Andererseits bringen sie die Schreibanfänger in vielfache Entscheidungssituationen, so kann sich – in Verbindung mit dem kognitiv ausgerichteten Rechtschreibunterricht – eine Fragehaltung bei den Schreibanfängern ausbilden: *Wie schreibt man – wie wird ... geschrieben*, an die der Rechtschreibunterricht anknüpfen kann.

Schreibanfänger wissen wohl von Anfang an, dass ihre Schreibungen nicht richtig sind. Sie merken, dass die Lehrerin ihre Geschichten manchmal nur mit Mühe lesen kann. Aber diese Erfahrungen müssen sich erst konkretisieren. Bei dieser Akzentuierung des Textschreibens werden schreibmotorische und orthografische Fehler in den ersten Monaten toleriert, aber das Kind wird zum Fragen aufgefordert.

> Die lernpsychologische These, Fehler seien zu vermeiden, weil sie sich einprägen, hat sich bisher für die Erwerbsphase nicht bestätigen lassen (vgl. Schründer-Lenzen 2004, S. 81ff.). Die Notwendigkeit, beim konzeptionellen Schreiben vom gedachten Wort zu seiner Schreibung zu finden, macht den Schreibanfängern das Problem der orthografischen Norm erfahrbar, sodass sie die Lerngegenstände des Schreiblehrgangs aufmerksamer aufnehmen und handhaben können.

Und die Lehrerin kann Gelegenheiten zur Orientierung an der orthografischen Norm immer wieder anbieten, mit Hilfe kleiner Wörterzettel:

Wenn ihr jetzt eure Geschichte schreibt, bleib ich hier sitzen, und ich hab ganz viele kleine Papiere bei mir und 'nen Stift. Und wenn einer ein Wort nicht weiß, dann kommt er zu mir. Und wenn hier schon einer steht, dann stellt er sich dahinter. Und dann schreib ich euch das Wort auf. Dann wisst ihr, wie's richtig geht, den Wörterzettel könnt ihr mit an euren Platz nehmen.

Zu Anfang nehmen wenige Kinder dieses Angebot in Anspruch. Nach einigen Wochen allerdings ist die richtige Schreibung für etliche zum Problem geworden: Sie fragen die Lehrerin, sie holen sich untereinander Rat und überlegen selbst.

Dass Kinder Fragen zur Schreibung stellen, ihr Wissen austauschen, selbst überlegen und zu einem Schluss kommen, setzt voraus, dass sie zuallererst auf Schwierigkeiten gestoßen sind. Genau dies, Schreibschwierigkeiten überhaupt zu erkennen, ist im späteren Rechtschreibunterricht ein zentrales Problem: Wir behandeln „Fälle", erklären Regeln, die Kinder wiederholen und üben alles brav, aber wenn sie das scheinbar Vermittelte anwenden sollen, bei eigenen Texten oder in nicht vorbereiteten Diktaten, schreiben sie drauflos und machen immer wieder viele Fehler.

> Gerade darauf kommt es an, dass die Kinder ein persönliches Interesse am Richtigschreiben entwickeln und viele Erfahrungen sammeln, wie sie das spezifisch Schwierige bearbeiten und bewältigen können, und zwar beim konzeptionellen Schreiben, nicht nur in eigens für das Richtigschreiben präparierten Schulsituationen: nicht unter dem Zwang des Fehlervermeidens, sondern aus der Erfahrung, dass es unterschiedliche Lösungen gibt, aber nur eine normgerechte. Wenn die Kinder dieses Interesse beim Schreibenlernen, beim Textschreiben, entdeckt haben, kann es auch ausdrücklich herausgefordert werden.

Rechtschriftliches Vorbereiten von Schreibanlässen – Korrigieren von Texten

Im Vergleich zu Texten, die eigene Erlebnisse enthalten oder literarische Anregungen verarbeiten, ist der thematische Rahmen beim dokumentarischen Schreiben sehr viel enger begrenzt, sodass er rechtschriftlich leichter vorbereitet werden kann.

Wo es um das Formulieren und Festhalten von Erkenntnissen aus dem Sachunterricht geht, liegt es nahe, auch auf eine normgerechte Schreibung hinzuwirken: Die wichtigsten Begriffe werden, auch zur Stützung des Gedächtnisses, zuvor an der Tafel festgehalten. Beim Schreiben orientieren sich die Kinder daran.

Im Februar bringt die Lehrerin den Kater Mohrle mit in den Klassenraum. Die Kinder beobachten ihn und tauschen sich darüber aus.

Dokumentarisches Schreiben; Antje (Februar Klasse 1)

Das ist für Kinder dieses Alters eine spannende Angelegenheit. Auch das Aufschreiben. Obwohl es eigentlich nur festhält, dokumentiert, was jeder Schreiber schon weiß, wollen die Kinder diesen Schreibanlass unbedingt wahrnehmen. Alle Kinder wollen schreiben, nicht, was die Lehrerin als Alternative angeboten hat, basteln. An der Tafel stehen ungeordnet die wichtigsten Stichwörter: *Mohrle, lieb, geschnurrt, Pfoten, süß*. Die Kinder formulieren daraus einen Text. Auswahl, Reihenfolge und Ergänzungen sind ihnen freigestellt. Dabei machen sie weniger Fehler als bei freien Texten.

Diesmal dringt die Lehrerin nicht darauf, dass alle Fehler korrigiert werden. Bei einer anderen Gelegenheit allerdings muss ihr jedes Kind die Arbeit vorlegen, sie weist es auf Fehler hin, es muss sie verbessern und das Ergebnis wiederum vorzeigen. Am Schluss dieser Stunde ist dann wirklich (fast) kein Fehler mehr im Raum! Ein anderer Anlass für dokumentarisches Schreiben ist das Thema: *Meine Freundin/Mein Freund*. Die Kinder schreiben, nachdem sie sich im Klassengespräch über Empfindungen und Erlebnisse ausgetauscht und wiederum einige wichtige Wörter an der Tafel fixiert haben.

Diese Texte enthalten klischeehafte Formulierungen und konkrete Detailbeobachtungen *(Manchmal auch ein bisschen doof/Meine Freundin mag rosa/Er gibt seine Stifte/Ich will sehr gern ihn mal besuchen)*. Alle diese Texte werden der Klasse an der großen Pinnwand präsentiert und regen zum wechselseitigen Lesen an, auch während informeller Unterrichtszeiten (Tischspielzeit, Stillarbeit, Stundenbeginn). Weil sie nur Variationen eines Themas darstellen, sind sie auch für langsame Leser ermutigend. Darüber hinaus lesen meistens mehrere Kinder gleichzeitig.

Ein ähnlicher Schreibanlass ist die Collage zum Selbstportrait. Es kann leicht zu einem Projekt „Ich und die anderen" erweitert werden.

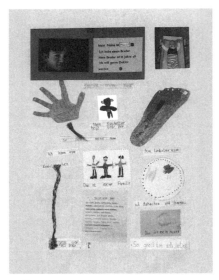

Selbstporträt

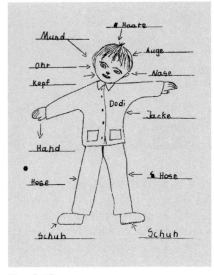

Beschriften;
Anna (Mai Klasse 1)

Verbindung von Rechtschreiben und Textschreiben **121**

Die Akzentuierung des orthografischen Aspekts ist noch deutlicher, wenn es um das Beschriften von Zeichnungen und Fotos geht, die die Lehrerin hergestellt und verteilt hat.

Anna, die schwächste Schülerin dieser Klasse, füllt das Arbeitsblatt im Verlauf von drei Wochen immer wieder aus, ohne dass jemand sie dazu auffordert. Sie schreibt diese Wörter schließlich ganz ohne Vorlage richtig und beherrscht sie auch noch zu Schuljahresende, nachdem sie sich längere Zeit nicht mehr damit beschäftigt hatte. Hier hat offenbar Erfolgsgewissheit als Schreibmotivation gedient. Andere Themen, die sich für das Beschriften eignen, sind z. B.: der Apfelbaum, einzelne Tiere (Hund, Pferd, Kuh, Hahn, Kamel, Löwe …), das Auto, das Schaufenster eines Spielwarenladens, eine Gartenansicht, das Kinderzimmer.

Zum Korrigieren eigener Texte hat sich im Rahmen des Modellversuchs „Elementare Schriftkultur" das folgende Verfahren bewährt: *Unterpunkten des Richtigen als Selbstkontrolle*. Es ist gleichermaßen für den Anfangsunterricht und für den Umgang mit lang anhaltenden Schwierigkeiten beim Rechtschreiblernen in späteren Schuljahren geeignet. Ziel ist, das Richtige zu bestätigen, den Lernenden zu Selbstkorrektur und Rechtschreibbewusstheit anzuhalten (vgl. WELGE 1996, S. 97).

Lars hat – wie Till und andere Kinder – angeregt von den Schülertexten aus der Schulzeitung selbst einen Text verfasst. *Alles richtig?*, fragt er die Lehrerin (G. Welge). Sie schreibt seinen Text noch einmal auf und dann vergleichen sie die Schreibungen. Lars spricht über seine Überlegungen beim

Unterpunkten des Richtigen als orthografische Selbstkontrolle;
Lars (Januar Klasse 1)

Schreiben und macht unter jeden Buchstaben, den er richtig geschrieben hat, einen Punkt. Für dieses Mal ist der Vergleich zu umfangreich. Er möchte dann doch lieber noch eine Geschichte schreiben. Das Verfahren wird später fortgesetzt.

Diese Selbstkontrolle erfordert Genauigkeit, unterstreicht das Richtige und die Bedeutung des Richtigschreibens und gibt Anlass über das Fehlende nachzudenken und zu sprechen (*ich vergesse immer das „ie"* – so die Erkenntnis eines Schülers aus Klasse 3 mit lang anhaltenden Schwierigkeiten).

Eine gute Möglichkeit, den Kindern ihre eigenen Texte les- und handhabbar zurückzugeben, ist das Hosentaschenbuch. Die Lehrerin hat im Computer auf DIN-A4-Format sechs Textseiten eingerichtet: Sie schreibt die bis zum Ende von Klasse 1 meist noch kurzen Texte ab, schneidet und heftet die Seiten, sodass die Kinder das Minibuch in die Hosentasche stecken und ihre Texte bei sich tragen können.

Ergebnisse des Schreibunterrichts

Offene Aufgabenstellungen, wie sie hier für das Textschreiben vorgestellt sind, lassen immer wieder die Frage aufkommen, ob die Kinder, die so zu arbeiten angeregt werden, auch im Hinblick auf die Rechtschreibung genug lernen. Auf solche Fragen möchte ich im Folgenden mit konkreten Einblicken in zwei Klassen Antworten zu geben versuchen.

Was ist denn ein „Kopfheft"? Zum Problem der Lernkontrolle

Am dritten Schultag nach den Frühjahrsferien (Anfang April) will die Lehrerin (I. Wolf-Weber) den Kindern etwas ins Kopfheft diktieren. Die meisten Wörter haben sie am Tag zuvor in der Schule und auch zu Hause bei Abschreibaufgaben geübt.

Wir lehnen uns jetzt mal ganz gemütlich an ... Das Beste ist, wir machen die Augen zu. Dann geht's los. Wir überlegen jeder in unserem Kopf. Wir gucken nicht zum Nachbarn ... Es könnte ja mal sein, dass der sich vertan hat. Und wir überlegen uns, bevor wir schreiben, auch immer, wie viele Wörter in einem Satz sind. Die Sätze ... die les' ich euch erstmal vor:

„Da ist ein Haus.
Im Haus ist Mama.
Mama ruft Ina.
Im Haus sind auch Mäuse."

Ergebnisse des Schreibunterrichts

Ich sag euch den ersten Satz nochmal, und wir gucken, wie viel Wörter ihr habt müsst: „Da ist ein Haus." Wie viel Wörter? – Sch.: Drei. – „Da ist ein Haus." Wie viel Wörter? – Sch.: Vier. – Und jetzt schreibt jeder für sich.

Und wer das hat, der lehnt sich ganz gemütlich an, guckt nochmal, ob er vier Wörter hat, macht hinter „Haus" einen Punkt. Und dann ist der erste Satz zu Ende. Im Haus ist Mama. Mama ruft Ina. Ina ist ein Name. Den schreibt ihr groß. Und guckt, ob die Wörter auch schön richtig sind. Lasst euch Zeit.

Jetzt kommt der letzte Satz. Jetzt kommt das mit den Mäusen. Legt mal alle den Stift weg, weil jetzt das ganz verflixt schwere Wort kommt. So. „Mäuse" habt ihr ja gestern schon gehabt. Was haben wir da gesagt, was müsst ihr beachten, wenn ihr „Mäuse" schreibt? – Sch.: ä, äu. – Ja. Viele Mäuse – eine ...? Und wenn's mit „au" geschrieben wird, dann muss man „a" mit Pünktchen machen. Aber das ist nicht das Schwere:

Ich weiß nicht, ob ihr schon mal „auch" geschrieben habt. Ich würde so gerne mal wissen, wie der M. „auch" schreiben würde.

M. buchstabiert, die Lehrerin wiederholt es. Die Kinder schreiben gesammelt, sogar mit einer gewissen Anspannung.

In das Kopfheft schreibt man Wörter, die man im Kopf hat. Der Begriff betont die Denkleistung beim Schreiben. Die Kinder haben das Kopfheft schon seit Ende September. Aber bereits vorher haben sie Wörter aus dem Kopf geschrieben. Als Erstes haben sie „Uta" gelernt und es unmittelbar

„Kopfheft"
Klasse 1

124 · Schreibunterricht in Klasse 1

darauf auch ohne optische Vorgabe notiert. So ist von Anfang an die geistige Durchdringung und Gliederung beim Schreiben gefordert, weniger ein eher passives Memorieren.

Die Arbeiten im Kopfheft dienen nicht nur der Lernkontrolle, sondern auch der Selbstvergewisserung des Könnens und – sofern richtig geschrieben wird – auch der Sicherung. Die Lehrerin zählt keine Fehler, wohl aber korrigiert sie sie, sodass im Kopfheft alles richtig ist. Das Kopfheft wird nicht sehr häufig benutzt, zwischen der 6. und der 30. Schulwoche Anfang April insgesamt siebenmal. Neben dem Kopfheft gibt es vielfältige Formen der Sicherung: Schreibhefte unterschiedlichen Formats und mit verschiedenen Lineaturen, vielfältige Arbeitsbögen, die „Wortschatzrolle" (s. S. 111) – das dient auch der Information der Eltern.

An diesem Tag Anfang April muss die Lehrerin im Kopfheft nicht viel korrigieren. Wenn man den Gebrauch von Groß- und Kleinbuchstaben einmal nicht berücksichtigt, sind es insgesamt 16 Fehler bei 26 Kinder-Arbeiten: fünfzehn Kinder haben keinen Fehler gemacht, sieben Kinder 1 Fehler, drei Kinder 2 Fehler. Andreas (s. S. 60 ff.) macht als Einziger 3 Fehler.

Das Rechtschreibkönnen dieser Kinder scheint mir beachtlich, wenn man berücksichtigt, dass nur einzelne Wörter des Textes am Tag zuvor geübt worden sind, nicht aber der Text als ganzer und vor dem Schreiben selbst keine optische Präsentation erfolgte. Wichtig ist wohl auch die Atmosphäre des Diktierens. Es entsteht kein Druck, Schwierigkeiten werden benannt, Regeln formuliert, und Richtigschreiben wird auch als ästhetisches Phänomen angesprochen: *Und guckt, ob die Wörter auch schön richtig sind.*

Das Kopfheft vergewissert in erster Linie das Beherrschen der Lehrgangsinhalte des Einzelnen im Vergleich zur Schulklasse, es sagt weniger aus über den Lerntransfer oder die Leistung im Rahmen großer Stichproben (vgl. dazu in Band II die LERNBEOBACHTUNG Schreiben bzw. die Übersicht über standardisierte Tests).

Textschreiben und Rechtschreibkönnen

Die Lehrerin (I. Schnelle) hat der Klasse im Mai die Geschichte vom „Turmbau zu Babel" erzählt und ihr auch das Bild von Pieter Brueghel d. Ä. gezeigt (vgl. DEHN 1999; Kopiervorlage S. 181). *Heute sollst du dir Gedanken machen über den Turm zu Babel, deine Gedanken aufschreiben.* Später malen die Kinder den Turm. Ihre Arbeiten (in Wort – als Reinschrift vom Computer – und Bild) werden zusammen mit dem Gemälde von Brueghel auf dem Elternabend ausgestellt.

Ergebnisse des Schreibunterrichts 125

Der Turm zu Babel: Schreiben zur Lehrererzählung und zum Bild (Mai Klasse 1)

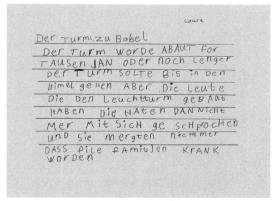

Laura

Der Turm zu Babel
Der Turm wurde erbaut vor tausend Jahren oder
noch länger. Der Turm sollte bis in den Himmel
gehen. Aber die Leute, die den Leuchtturm
gebaut haben, die hatten dann nicht mehr
mit sich gesprochen und sie merkten nicht
mehr, dass viele Familien krank wurden.

Lia

Der Turm zu Babel
Der Turm zu Babel geht bis über die Wolken,
und noch weiter und noch höher, und
irgendwann stößt er noch durch den Himmel
durch und über dem Himmel in das Weltall
und unendlich, bis er zusammenfällt.

Der Tumzu ~~Babiit~~ Babel Malia
Wareinmechtiga Turm
Diabeiter Denken nicht
Anire Fraun und Kinda
Got wodezorrigalzer
das sarkte ent wer
irgtazueürn Fraun
oder ich Macheu Turm
Kapot

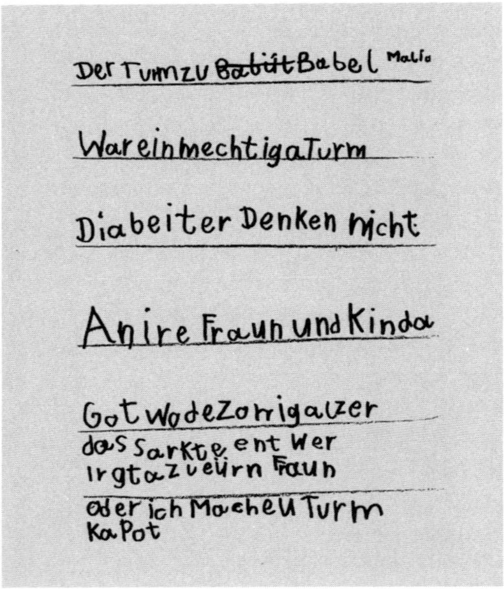

Der Turm zu Babel war ein mächtiger Turm. Die Arbeiter denken nicht an ihre Frauen und Kinder. Gott wurde zornig, als er das sagte: Entweder ihr geht zu euren Frauen oder ich mache'n (den) Turm kaputt.

Malia

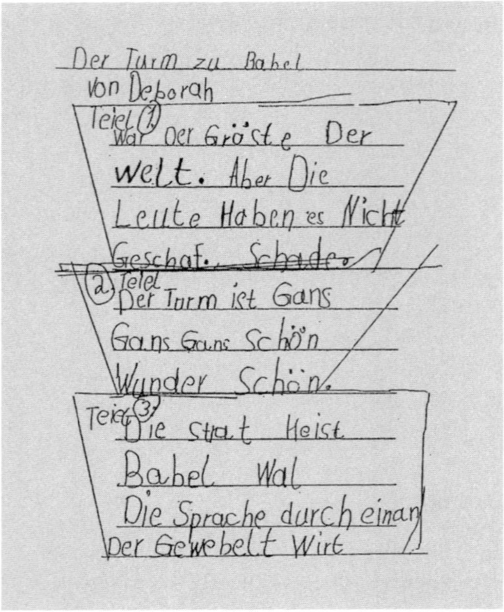

Der Turm zu Babel
von Deborah
Teiel 1
war Der Gröste Der
welt. Aber Die
Leute Haben es Nicht
Geschaf. ~~Schade~~
2 Teiel
Der Turm ist Gans
Gans Gans Schön
Wunder Schön.
Teiel 3
Die Stat Heist
Babel Wal
Die Sprache durch einan
Der Gewebelt Wirt

Der Turm zu Babel
von Deborah
Teil 1
War der größte der Welt.
Aber die Leute haben es
nicht geschafft. Schade.
Teil 2
Der Turm ist ganz
ganz ganz schön.
Wunderschön.
Teil 3
Die Stadt heißt Babel, weil die
Sprache durcheinander
gewirbelt wird.

Deborah

Ergebnisse des Schreibunterrichts

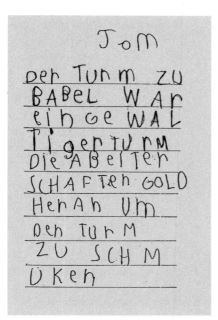

Tom

Der Turm zu Babel war ein gewaltiger Turm. Die Arbeiter schafften Gold heran, um den Turm zu schmücken (1. von drei Seiten). Werkzeug mussten sie erfinden und einen Ofen mussten sie erfinden, wo sie die Steine in die Form gekriegt haben.

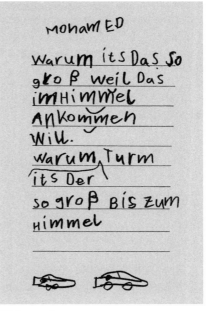

Mohamed

Warum ist das so groß? Weil das im Himmel ankommen will. Warum ist der Turm so groß bis zum Himmel?

Die Schülerarbeiten zeigen die Heterogenität der Leistungen beim Text-schreiben und Rechtschreiben in einer Klasse (zu den Umschriften der Texte aller Kinder und zu weiteren Originalen vgl. DEHN 1999, S. 163 ff.):

Lia und Mohamed thematisieren das Unerhörte dieses Turms. Mohamed formuliert seine Frage nach dem Warum zweimal, gibt auch eine Antwort *(Weil das im Himmel ankommen will)* – aber letztlich bleibt es doch unbe-greiflich. Lias Text gibt diesem Unerhörten eine sprachliche Gestalt: *Wolken – Himmel – Weltall – unendlich.* Das sind die Vorstellungsbereiche, aber sie fasst das vermessene Vorhaben auch mit Verben und Partikeln: *geht bis über – noch weiter – noch höher – stößt durch – über dem Himmel – bis er zusammenfällt.*

Mit dieser letzten Wendung benennt sie den Schlusspunkt des Gesche-hens. Ihr Text entspricht nicht den Erwartungen an Sprachformen von Erstklasskindern. Die Bildkraft könnte auch die eines Jugendlichen oder Erwachsenen sein. Interessant ist, ihre Formulierungen mit denen aus der Lehrererzählung zu vergleichen (s. Kopiervorlage S. 181): So kann man nachvollziehen, wie sich ihre Vorstellungen gebildet haben, denen sie mit dem Text eine Gestalt gegeben hat.

Mohameds und Lias Text sind orthografisch weitgehend richtig: Mo-hamed hat die Schreibung mehrerer Wörter nachgefragt. Lia macht – abge-sehen von der Groß- und Kleinschreibung – überhaupt nur wenige Fehler *(hör, irgendwan, stöst, ...fält).* Das Rechtschreibkönnen der beiden Kinder ist freilich, was den Umfang des Wortschatzes betrifft, sehr unterschiedlich weit fortgeschritten.

Tom, Laura und Malia berichten von dem Geschehen. Tom beschäftigt dabei die Sicht auf den Vorgang des Bauens. Inhaltlich hat er einen engen Bezug zur Erzählung der Lehrerin, sprachlich geht er mit der Inversion *Werkzeug mussten sie erfinden* ... darüber hinaus. Auch sein Eingangssatz stellt eine Steigerung der Lehrerformulierungen dar. Laura berichtet sachlich und nimmt dabei das Geschehen als Ganzes in den Blick. Malia stellt wichtige Ereignispunkte nebeneinander. Die Zusammenhänge muss sich der Leser erschließen.

Toms Schreibungen sind – abgesehen von der Bezeichnung der Vokal-kürze *(schaften, schmüken)* und dem fehlenden *r* bei *Arbeiter* orthografisch richtig, wenn auch die Wortgrenzen mehrfach undeutlich bleiben. An Lau-ras Text ist gut zu erkennen, über welche Schreibungen sie als Grundwort-schatz verfügt *(oder, noch, bis, in, den, gehen, aber, die, krank ...)*, und wel-che sie produzieren muss (s. Zwei-Wege-Modell des Schreibens, S. 71 ff.). Die erschreibt sie sich in starker Anlehnung an ihre Artikulation *(worde,*

Ergebnisse des Schreibunterrichts

geschprochen, familjen ...). Das gilt auch für Malia – mit dem Unterschied, dass ihr Grundwortschatz offenbar kleiner ist. Gegen Ende des Textes verwischen nicht nur die Wortgrenzen beim Schreiben, sondern auch die Zuordnung von Wort und Schreibung (*sarkte* statt *sah, sagte er*).

Deborah gliedert ihren Text in drei Teile: der erste gilt der Handlung – und einem Kommentar (schade), der zweite der Schönheit des Turms, der dritte erklärt den Namen des Turms. Auch bei ihr ist gut die Diskrepanz erkennbar zwischen Lehrgangswörtern, deren Schreibung sie beherrscht, und der Produktion von Schreibungen, die an der Artikulation orientiert sind *(Teiel, wal, gewebelt ...).*

Diese Schülertexte sind verglichen mit den Erwartungen an Texte aus Klasse 1 so ungewöhnlich wie der Schreibanlass. Alle Kinder haben zu der Lehrererzählung geschrieben. Die Geschichte ist mythisch-archaisch, sie steht gleichermaßen in der Bibel wie im Koran und behandelt ein Thema, das auch jungen Kindern in der Erfahrung zugänglich ist: Selbstüberschätzung – hier gesteigert als Hybris. Die Geschichte kann Staunen und Schrecken auslösen. Sie enthält eine Moral. Aber man kann sie auch eher informativ aufnehmen, als Bestandteil kulturellen Erbes. So wie die Lehrerin sie erzählt hat, knüpft sie an Erfahrungen der Kinder mit Türmen an, sie ruft Vorstellungen und innere Bilder hervor. So kann jedes Kind etwas von dem Inhalt und der sprachlichen Form auswählen und variieren. Es macht die Erfahrung, dass es etwas zu sagen hat, das interessiert. Auch dies ist eine Aufgabe, die bereits innere Differenzierung enthält und einen hohen Anspruch – ohne Sanktionen.

Das Rechtschreibkönnen ist kein Hindernis für diese dichten und zum Teil ziemlich langen Texte; im Gegenteil: Die Kinder haben einmal mehr die Gelegenheit, Gekonntes anzuwenden, Schreibungen zu erproben und Fragen zum Richtigschreiben zu stellen. An sie kann der Lehrgang ebenso anknüpfen wie an die Schwierigkeiten, die sich an den Texten beobachten lassen. Auf diese Weise kommt es nicht dazu, dass Unterricht Antworten auf Fragen gibt, die sich für die Kinder noch gar nicht stellen.

Aufgaben zum Textschreiben umfassen neben dem Aufschreiben von Selbst-Erlebtem (s. S. 116), dem Beschriften und dem dokumentarischen Schreiben auch das Schreiben zu Vorgaben (vgl. zu Bildern als Vorgabe KOHL 2005):
* Bild von Dürer (s. S. 100 f.)
* Vorlesen von Texten älterer Schüler aus der Schülerzeitung (s. S. 115 f.)
* Vorlesen von Kinderbüchern (s. S. 116 f., S. 106 f.)
* Lehrererzählung (s. S. 124, S. 181)

Wie beim Rechtschreiblernen können die Anfänger auch beim Textschreiben zunächst unterschiedliche und vielfältige Erfahrungen machen – in einem durch Vorgaben strukturierten Feld. Eine Ausdifferenzierung, vor allem nach Textsorten, und das Einlösen des Anspruchs ausreichender Explizitheit des Schreibens (vgl. dagegen den Text von Malia) ist Thema der folgenden Schuljahre – entsprechend dem Ausgang vom Komplexen zum Differenzierten, vom Unvollkommenen zum Vollkommeneren (s. These 3, S. 14).

> Die Klassen, von denen dieses Kapitel berichtet, haben beides gelernt: Sie haben sich die orthografischen Grundlagen angeeignet und zugleich Schreiben als neue Tätigkeit und Ausdrucksform erfahren. Eine verbreitete Meinung sagt, das Erste sei als Handwerkszeug Voraussetzung für das Zweite und müsse daher zuerst in einem zureichenden Umfang erworben werden, bevor die Kinder in der Lage seien, sich schriftlich zu artikulieren. Die Einblicke in den schulischen Schrifterwerb geben Anlass, diese Meinung zu bestreiten: Sie erweisen, dass auch institutionalisiertes Lernen eine Eigengesetzlichkeit entfaltet, dass die Aktivität des Lernenden bei der Schriftaneignung bedeutend ist und durchaus nicht immer dem Lehrverfahren folgt. Deshalb erscheint es angezeigt, im Unterricht darauf einzugehen und neben dem Lehrgang im engeren Sinn immer wieder auch ausdrücklich komplexe Lernanlässe zu gestalten.

Zum Umgang mit Fehlern: Episoden

Die Fehler der Kinder sind eine Herausforderung für Lehrerin und Lehrer. Wie wir damit umgehen, hängt von den Lernvoraussetzungen des Kindes, von der Lernsituation (Klassen-, Gruppen- oder Einzelunterricht), vom Zeitpunkt im Lernprozess, von der Art des Fehlers und von unserer Toleranz ab. Rezepte sind gefährlich und greifen zu kurz, aber Beispiele für mögliches Lehrerverhalten können vielleicht Anregungen geben.

Gelegenheit zur Selbstkorrektur

Am Schluss der Stunde sollen die Kinder (Februar Klasse 1) Wortkarten auf ihrem Tisch zu einem Text ordnen und diesen in ihr Heft abschreiben. Birte zeigt ihre Arbeit der Lehrerin (D. Arp):

Oma will Reis kochen.
Im Haus ist keine Milch.
Oma ruft Uta.
Uta soll Milch holen.

Zum Umgang mit Fehlern: Episoden

Birte hat das *h* bei *holen* fast wie ein *n* geschrieben. Die Lehrerin bittet sie, den Text selbst vorzulesen. Birte liest – ohne Stocken.

Da sagt die Lehrerin: *Darf ich noch eine Sache sagen? Das sieht fast aus bei mir wie'n „n"* (zeigt). *Was ist da los, Birte?*

(Die Schülerin erklärt:) *Der Strich ist zu klein. – Machst es noch in Ordnung? – Ja.*

Regel als Begründung

Eine Schülerin schreibt *naein* an die Tafel (Dezember Klasse 1). Die Lehrerin sagt: *A und e vertragen sich überhaupt nicht und stehen deswegen nicht zusammen.*

Daniel fragt nach

Daniel soll *Leine* schreiben (Mai Klasse 1). Er schreibt *L i n e*.

D.: Fehlt da was?
L.: Leine. Ja.
D.: L:ei:ne, Leine.
Daniel schreibt L ei n e.
L.: Genau, das „ei".

Kooperation

Christiane soll *Lampe* schreiben (April Klasse 1). Sie spricht, während sie schreibt.

Chr.: La, La (schreibt La). *p?*
L.: Lampe.
Chr.: La ... p, p La:m (schreibt Lam).
L.: Gut.
Chr.: Lam und jetzt ein P.
L.: Ja.
Chr.: Lamp (schreibt LamP). *Fängt genau so wie Lamm an, Lampe.*
L.: Ja.
Chr.: Also, die sind alle richtig, ne?
(bezieht sich auf die zuvor geschriebenen Wörter)
L.: Lies noch mal dies Wort (zeigt auf LamP)!
Chr.: Lamp.
L.: Lam-
Chr.: -pe.
L.: Das e! Wo ist das e?
Chr.: Genau, ein e (schreibt LamPe).
L.: Jetzt ist es ganz richtig.

Präsentation des Richtigen – Beschränken der Korrektur

Janina hat geschrieben (Januar Klasse 1): *Elefant wont in Afrika. Löwe wont auch in Afrika. Di Schlange wont auch in Afrika ...* (eine ganze Seite).

Sie macht noch mehr Fehler, vor allem bei der Großschreibung. Die Lehrerin schreibt daneben groß und deutlich und mit zwei verschiedenen Farben *wohnt* und *die*. Janina schreibt noch eine Seite zum Thema mit dem Computer. Diese beiden Wörter schreibt sie nun immer richtig.

Patrick hat eine Indianergeschichte geschrieben. Darin geht es um ein Pferd *(fert; fet)*. Das Wort kommt mehrmals vor. Die Lehrerin schreibt auf einem gesonderten Blatt das Wort richtig auf, Patrick schreibt es siebenmal ab und zeichnet noch ein Pferd dazu. Bei seiner nächsten Indianergeschichte ist *Pferd* immer richtig geschrieben.

Bestätigen der Selbstkorrektur

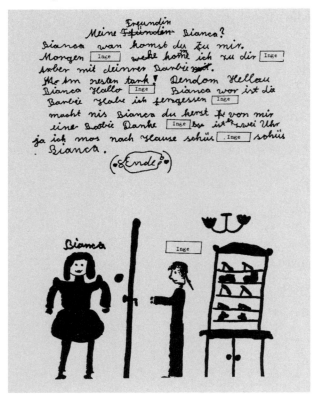

Zum Umgang mit Fehlern: Episoden **133**

Im Förderunterricht (Klasse 3) haben sich die Kinder für unterschiedliche Aktivitäten entschieden. Inge will eine Geschichte schreiben. Sie hat nach jahrelangen Lernhemmungen – gegen Ende von Klasse 3 – über das konzeptionelle Schreiben einen Zugang zum Schrifterwerb gefunden (s. auch S. 56 f.). Sie arbeitet 20 Minuten lang konzentriert, liest die Geschichte dann der Lehrerin vor. Im anschließenden Gespräch geht es zuerst um Details der Illustration. Dann geht die Lehrerin auf die Wörter ein, die Inge selbst korrigiert hat.

Hier hast du ein Wort verbessert ... Wie bist du darauf gekommen? Inge erläutert für *komme*, dass sie geklatscht habe; für *Freundin: Das hat Katharina mir gesagt. Das ist „Freund" und großgeschrieben.*

Inge schreibt noch in derselben Stunde eine weitere Geschichte (vgl. SCHNELLE 1987).

8 Leseunterricht in Klasse 1

Wege zum richtigen Erlesen von Wörtern

Wie gehen Leseanfänger vor, wenn sie ein neues Wort erlesen? Wie können wir sie im Unterricht dabei unterstützen und sie dazu anleiten?

Claudia soll im November das Wort „*rosa*" lesen. Es steht im Kontext von Satz und Bild *Uta malt ein rosa Rad.* Sie liest: *ro, rosanes, ro, rosa.*

Sie teilt sich als Erstes die Aufgabe auf und reduziert damit die Schwierigkeit. Im zweiten Schritt formuliert sie eine Sinnerwartung, die auf ihren Sprachgebrauch bezogen ist *(rosanes).* Im dritten Schritt geht sie zurück an ihren Ausgangspunkt. Daraus kann man schließen, dass sie selbst eine Diskrepanz bemerkt hat zwischen der optischen Vorgabe und ihrer eigenen Formulierung. Im vierten Schritt erliest sie das Wort richtig. – In der Kombination zwischen der Wahrnehmung und dem Strukturieren der optischen Vorgabe, dem Verbinden eines Teilergebnisses mit der Spracherfahrung sowie dem Prüfen und Korrigieren der Sinnerwartung erweist sich dieser Prozess des Erlesens als komplexe Denkleistung.

Die Zugriffsweise anderer Leseanfänger, die von sich aus, also ohne Hilfe des Lehrers, das Wort *rosa* im November erlesen, ist schlichter. Gleichwohl können auch diese Prozesse als gelungene Problemlösevorgänge betrachtet werden: Einige gehen – wie Claudia – vom Wortteil aus (übrigens nicht immer vom ersten!) und kommen schon im zweiten Schritt zum Ergebnis *(ro, rosa; (sa), rosa)*; einige versuchen sich sogleich mit dem Wort als Ganzem, indem sie sich mit gedehntem oder silbischem Lesen die lautliche Struktur und die Bedeutung erschließen *(ro:s:a; r:o:'s:a)*, manchmal auch, nachdem ein erster Entwurf sich bei der internen Kontrolle als falsch erwiesen hat *(r:a:d, r:o:'s:a, rosa).* Und eine dritte Gruppe geht vom einzelnen Buchstaben aus, meistens beginnen die Kinder mit dem ersten:

1. *r-o, r-o, s-a, sa' a, r, rosa*
2. *r, ro, ros, ro, a, rosa*
3. *r, ro-s, a, rosa*
4. *das 'n r:; das 'n u* (L. korrigiert o),
   o:, das 'n s und das 'n a, sa:, rosa
5. *r-o heißt ro, rosa*
6. *r-o-s-a, rosa*
7. *r, rosa*

Wege zum richtigen Erlesen von Wörtern

Die Formen solcher sukzessiven Synthese sind sehr vielfältig. Nicht immer werden alle Buchstaben benannt. Auch die Zugriffsweise, die die Synthese in den Mittelpunkt stellt, enthält Kontrollvorgänge und entsprechend Rückgriffe (1., 2.) und wird durch Sinnerwartung strukturiert und verkürzt (5., 7.); meistens beginnen die Kinder mit der ersten Silbe, manchmal auch mit der zweiten (1., 4.).

Leseanfänger, die – mit welchem Verfahren auch immer – ein Wort wie *rosa* im November selbstständig erlesen können, werden gute Fortschritte in ihrem Zugriff auf Schrift machen, denn bei jedem Wort, das sie erlesen, lernen sie Neues oder festigen schon Gekonntes. Das haben Untersuchungen zum Schrifterwerb bestätigt (s. S. 32 ff.). Diese haben auch gezeigt, dass die Zugriffsweise der Leseanfänger individuell verschieden ist und sich im Verlauf des Lernprozesses verändert (vgl. DEHN 1978).

Im Vergleich zur Vielfalt, mit der die Kinder beim Erlesen vorgehen, ist unser methodisches Repertoire im Unterricht ziemlich einförmig und verkürzt; häufig nicht nur auf ein einziges Verfahren eingeschränkt, sondern sogar einschränkend. Eine Eingrenzung des Lehrverfahrens ist in Gefahr, das Ziel der Unterweisung zu verfehlen. Denn: Lesen ist auf Sinnverständnis, Informationsgewinn, Horizonterweiterung gerichtet. Das Entschlüsseln der Schrift ist nur auf der Grundlage der Sprachbeherrschung möglich und setzt voraus, dass das Vorgegebene in seiner Bedeutung auf das schon Erfahrene bezogen wird. Das heißt, strukturell ist Lesen auf die Sinnerwartung und – im Stadium des Erwerbs – auch auf die Artikulation angewiesen. Beim Lesen Fortgeschrittener wird deutlich, wie die Sinnerwartung die Verarbeitung der Vorgaben verkürzen kann und somit zusammen mit der Kontrolle die Grundlage für ein effektives Vorgehen darstellt.

Solcher Einblick in die Komplexität der Denkvorgänge beim Erlesen kann nun nicht bedeuten, dass das Lehrverfahren den Denkspuren des Anfängers im Einzelnen folgen solle oder dass wir versuchen müssten, den individuell unterschiedlichen Akzentuierungen mit Differenzierungsmaßnahmen zu entsprechen. Wohl aber, dass der Leseunterricht den Kindern Wege für unterschiedliche Zugriffsweisen eröffnet, nicht dem Einzelnen einen Lösungsweg vorschreibt, sondern ihn in seinem Verfahren unterstützt. Lesenlernen als Problemlösevorgang zu betrachten – Gegenstand älterer Studien zum Schrifterwerb (BRÜGELMANN 1984; DEHN 1984; MAY 1986; HÜTTIS 1989; s. S. 32 ff.) – ist neuerdings durch die internationalen Studien PISA und IGLU bestätigt: Für den Unterrichtenden geht es darum, eine „Schwierigkeit" des Lerngegenstandes dem Vermögen der Lernenden gemäß so herauszustellen, dass sie bei deren Bewältigung ihr Können erweitern.

Wege zum Textlesen

Es gilt eine Lesemethode zu erarbeiten, die „das Lesen vom Anfangsunterricht an als Problemlöseprozess auffasst (...), bei dem sich das Kind verschiedenster Vorgehensweisen bedienen muss (Kenntnis der Buchstaben-Laut-Korrespondenzen, Gesamtkontext der Geschichte usw.), um den Sinn zu erschließen. (...) Lesen (wird) nicht mehr betrachtet (...) als Gesamtheit von Fähigkeiten, die nacheinander vermittelt werden müssen, sondern als Integration all dieser Fähigkeiten im Dienste des Verstehens" (EUROPÄISCHE KOMMISSION 1999, S. 53).

Für das Erlesen des Wortes wie für das Textlesen bedeutet das, in Analogie zum Problemlösen (s. Kap. 2, S. 26 ff.) Fragen wie diesen zu folgen:

Fragen für das Problemlösen	Fragen für das Erlesen eines Wortes
Warum geht es eigentlich nicht?	Steht das da?
Was habe ich erreicht?	Habe ich das richtig verstanden?
Was fehlt mir?	Was muss ich noch klären?
Wonach müsste ich fragen?	Welches Wissen fehlt mir?

Mit den beiden ersten Fragen wird die Sinnerwartung zum Impuls gebenden Faktor, verbunden mit der Kontrolle.

Bei den folgenden Fragen an fortgeschrittenere Leser (die sie sich natürlich auch selbst stellen können) ist der Ausgangspunkt das jeweils Bekannte *(Was kennst du schon?)* und das Benennen der Schwierigkeit *(Was findest du schwer?)*, also eine Einschätzung der Aufgabe – von Anfang an.

Bezogen auf Wort oder Satz	Bezogen auf den Text
Was kennst du schon?	Um was könnte es gehen?
	Was kennst du schon?
Was findest du schwer?	Was ist neu?
Wie fängst du an?	
Was möchtest du wissen?	Was möchtest du wissen?
Wie könnte das Wort heißen?	
Steht das da?	Was findest du an dem Text interessant?
Was ist so ähnlich wie ...?	Warum findest du ihn nicht interessant?
Woher kennst du das Wort?	Einen wichtigen Satz heraussuchen,
	ihn mit eigenen Worten formulieren.
	Was fällt dir dazu ein?
	In wenigen Worten
	das Wichtige zusammenfassen.

Wege zum Textlesen 137

Mit diesen Fragen ist – wie im Modell von GIASSON (1990, s. S.74) – die Interaktion zwischen Text und Leser betont. Es geht eben nicht darum, den Text als etwas gleichsam Äußerliches zu erschließen, sondern sich beim Lesen zu ihm in Beziehung zu setzen, um ihn zu verstehen. Der Kontext muss – psychologisch, sozial und physisch – dazu einladen, also Interesse stützen, eine entspannte angstfreie Atmosphäre schaffen, gute räumliche Bedingungen bereithalten, ausreichend Zeit gewähren.

Nach diesem Modell sind Situationen nicht lernproduktiv, in denen es vor allem um das Vermeiden von Fehlern und um die Lesegeschwindigkeit geht. Der Blick auf das Lesenlernen als Problemlösen ermöglicht eine differenzierte Betrachtung des Fehlers. So kommt es vor allem darauf an, die einzelnen Teilschritte auf das Ziel beziehen zu können. Die Stringenz des Vorgehens steht im Vordergrund. Das schließt stets eine Selbst-Bewertung des Erreichten ein. Demgegenüber kann unzureichende Buchstabenkenntnis kompensiert werden. Die Fähigkeit zur Synthese allerdings ist eine unabdingbare Voraussetzung für das Lesenlernen. Sie kann nicht durch Instruktion vermittelt, wohl aber angebahnt werden. Eine gute Möglichkeit dafür ist das Schreiben – als Notieren einzelner Elemente in linearer Folge auf dem Papier, also beim Rechtschreibenlernen.

Wenn wir solche Fragen den Kindern stellen und sie anhalten, sie selbst zu stellen, dann sollte dabei immer der Inhalt des Lesens Zielpunkt der Aktionen sein. Es geht nicht um ein Strategie-Training als solches.

Vielleicht haben wir bis jetzt Lesen als „geistige Handlung" methodisch immer noch zu wenig bedacht. Das gilt vor allem für die Leseanfänger, die lang anhaltende Schwierigkeiten bei der Schriftaneignung haben, und es hat weitreichende Konsequenzen für die Konzeption von Förderung und Lernhilfe. Dann ist der Unterschied zwischen dem offenen Unterricht und dem Frontalunterricht nicht mehr so groß.

Für die Unterrichtsgestaltung bedeutet das, Schrift als Herausforderung zu präsentieren, als Schwierigkeit, die die Kinder mit Schritten des Problemlösens bewältigen können: nämlich im Formulieren und Prüfen von Hypothesen, im Bilden und Kombinieren von Teilschritten auf das vorgegebene Ziel hin. Dieser Anspruch gilt stets – gleich welchen Lehrgang wir verwenden.

Leseaufgaben als Herausforderung: Einführung in die Struktur der Schrift
Offene Lernsituation: Die Tierkarten

Die Lehrerin (I. Wolf-Weber) hat aus Kalendern und Katalogen farbige Tierbilder ausgeschnitten, sie auf Karten (15 x 13 cm) geklebt, diese beschriftet und mit Folie unempfindlich gemacht.

Zu den Tierkarten gehören heimische und fremdländische Tiere, Hahn und Huhn ebenso wie Tiger und Löwe, Kamel und Panda. Die Lehrerin zeigt die Karten einzeln vor, die Kinder benennen das Tier und tauschen Wissen und Erfahrungen aus. Das geschieht am Ende der Vorschulklasse und zu Beginn von Klasse 1 eine Zeit lang fast täglich. Gelegentlich äußert

Leseaufgaben als Herausforderung 139

sich auch eine Schülerin über das darunter geschriebene Wort, indem sie es mit anderen Wörtern vergleicht *(Das ist länger als …)* oder einzelne Buchstaben hervorhebt *(Der ist auch bei meinem Namen; der ist auch bei …)*. Dadurch dass manche Tiere mit dem gleichen Buchstaben beginnen (Adler, Affe, Amsel; Maus, Maulwurf; Kamel, Krokodil), werden immer mehr Kinder auf die Schriftzeichen aufmerksam. Allmählich erhöht die Lehrerin die Anzahl der Karten (40 bis 50 insgesamt); und gelegentlich deckt sie das Bild mit der Hand zu, zeigt nur noch die Schrift. Damit verstärken sich die Äußerungen über die Wortstruktur, aber auch dadurch, dass Verwechslungskonflikte *(Adler, Affe, Amsel)* nun häufiger provoziert werden. Die Lehrerin beschränkt sich darauf, Richtiges zu bestätigen, Falsches zu korrigieren und Fragen zu beantworten. Aber darüber hinaus gibt sie von sich aus keine Instruktionen.

Die Tierkarten, die hier als Medium in gemeinsamen Lernsituationen eingeführt sind – im Frontalunterricht, allerdings ohne ausdrückliche Lenkung der Art, wie sich die Kinder damit beschäftigen, und der Ergebnisse, zu denen sie kommen –, werden von den Kindern zunehmend als Lerngegenstand in offenen Unterrichtszeiten angenommen (z. B. im Anschluss an Stillarbeiten).

Die Kinder mögen die Tierkarten, weil sie an Tieren ein großes Interesse haben und weil die Gestaltung der Karten sie anspricht. Die Karten stellen eine Herausforderung zur Auseinandersetzung mit Schrift dar, denn sie legen es nahe, Wissen zu aktualisieren und anzuwenden, Fragen zu stellen und – soweit das möglich ist – gemeinsam Fragwürdiges zu erkunden sowie Wissen und Können zu erweitern.

Einige Wochen später beginnt der eigentliche Lehrgang mit der ausdrücklichen Einführung von Buchstaben (s. S. 109 ff.). Die Tierkarten werden nun seltener im Unterricht thematisiert, aber die Kinder wenden sich ihnen einzeln oder in Gruppen immer noch intensiv zu. Vermutlich regt sie der Leselehrgang seinerseits zu weiteren Erkundungen mit den Tierkarten an. So ist es wohl zu verstehen, dass die Lehrerin sie für den wesentlichen Antrieb zum Lesenlernen in diesem Jahr hält.

Präsentation einer Schwierigkeit: LEO und OLE

Der Lehrer (vgl. GIESE 1985, S. 159 sowie mündliche Mitteilungen von GIESE) hat am ersten Schultag Namenskärtchen in Blockschrift verteilt. Zu Beginn jedes Schultags holen die Kinder, der Lehrer und der Löwe LEO, eine Handpuppe, die im Unterricht mancherlei Aufgaben übernimmt, ihr Schild von der Fensterbank. Auch dabei gibt es wie bei den Tierkarten Verwechslungskonflikte; Äußerungen über Schrift, woran man das eigene Schild und das der Nachbarn erkennt; aber auch darüber, wer fehlt (dessen Schild bleibt ja stehen). So haben die Namenskärtchen zudem eine soziale Funktion. Die Kinder lernen den eigenen Namen und auch die einiger anderer Kinder zu schreiben. Die Kinder haben alle mehrere kleine Wortkarten mit Namen zur Verfügung, darunter ist stets LEO, der Name der Handpuppe. – Zu Beginn des Jahres kann in dieser Klasse noch niemand lesen.

Eines Morgens steht zum Schluss noch ein Namensschild in der Fensterbank, OLE. Zunächst herrscht Verwunderung. Der Lehrer erklärt, das sei der Name eines Jungen, von dem sie in den folgenden Wochen viele Geschichten lesen würden.

Die Kinder möchten gern wissen, wie er heißt. Aber die Vermutung, es handle sich auch um LEO, erweist sich rasch als falsch. Der Lehrer wartet ab und gibt den Kindern Gelegenheit, das Rätsel zu lösen. Die Kinder dürfen die Wortkarte LEO zerschneiden. Alle sind einzeln und zu mehreren damit beschäftigt, den Namen des Neuen herauszufinden. Nach etwa 8 bis 10 Minuten sagt eine Schülerin: *Der Neue heißt OLE.* Der Lehrer bestätigt: *Das habt ihr gut herausgefunden*, schreibt OLE an die Tafel und beginnt mit einem neuen Unterrichtsthema. Erst am nächsten Tag fragt er die Schülerin, wie sie denn den Namen herausgefunden habe.

Der Lehrer stellt ein *Problem: Wie heißt der Neue?* Die Kinder verfügen über Mittel, es zu lösen (die Bestandteile des Namensschildes von LEO), und sie erhalten Gelegenheit, Lösungsschritte im Hantieren mit Buchstabenkarten auszuprobieren. Die Lösungen werden jeweils sogleich von den anderen und vom Lehrer beurteilt. Als eine Schülerin die richtige Lösung gefunden hat, bewertet der Lehrer das als gemeinsame Leistung. Der Spannungsbogen ist für diesmal gelöst. Es erscheint mir lernpsychologisch klug, die Rekonstruktion des Lösungsweges erst am folgenden Tag zum Thema zu machen. So hat jedes Kind Zeit, für sich noch einmal darüber nachzudenken, wie man von LEO auf OLE kommt. Am nächsten Tag kann das Beschreiben des Lösungswegs wiederum als Bewältigen einer „Schwierigkeit" initiiert werden. Dabei wird es sicher darauf ankommen, dass die Kinder bei der Beschreibung ihre Sprache finden, dass der Lehrer sich zurückhält, ein Verfahren als Norm vorzumachen, dass er alternative Formulierungen zulässt.

Indem der Lehrer diese Schwierigkeit (LEO – OLE) präsentiert, verlangt er von den Kindern mehrere analytische Akte und den Vorgang der Synthese. Sie müssen vom Wort LEO auf die einzelnen Elemente schließen und sie neu zusammenfügen, sie müssen vergleichen, verallgemeinern und übertragen, kombinieren und prüfen.

Leseaufgaben als Herausforderung 141

Wenn die Kinder herausgefordert sind, solche geistigen Kräfte zu mobilisieren, wie sie sie bei der Schriftaneignung brauchen (siehe die unterschiedlichen Wege zum richtigen Erlesen eines Wortes), und sich darüber austauschen, erproben sie selbst Verfahren, die für das Lesenlernen als Problemlösevorgang entscheidend sind. Gerade zu Beginn des schulischen Schrifterwerbs kann so die Lernmotivation erhalten und geweckt werden.

Methodische „Engführung":

Das dritte Beispiel für eine Einführung in die Struktur der Schrift, bei der die Leseaufgabe als Herausforderung an die Schüler initiiert wird, ist stärker als die beiden anderen sachstrukturell bestimmt:

Buchstaben haben, wenn sie einzeln oder wie *sch* oder *ei* als Gruppe ein Phonem wiedergeben, die Funktion der Bedeutungsunterscheidung. Das gilt für alle Positionen im Wort: ***Tuch – Buch, Buch – Bauch, Bauch – Rauch, Rauch – Raum***.

Das linguistische Verfahren, um die bedeutungsunterscheidenden Elemente zu gewinnen, ist das Austauschen, die Bildung von Minimalpaaren. Es erscheint auch unter lernpsychologischem Gesichtspunkt geeignet: Die Kinder erhalten Gelegenheit, im handelnden Vollzug die Funktion der Buchstaben zu erfahren, beim Schreiben.

Voraussetzung dafür ist, dass (fast) alle Kinder verstehen, dass geschriebene Wörter aus Buchstaben bestehen und dass sich die Wortbedeutung ändert, wenn man einen austauscht; das heißt, dass einem solchen methodisch ausgearbeiteten Anstoß viele Gelegenheiten zu individueller Schrifterfahrung vorausgegangen sind.

Zudem kann das Austauschen eines Elements auch als ein Verfahren zur Synthese aufgegriffen werden. Es ist vermutlich für den Lernenden einfacher als die vollständige Synthese eines ganzen Wortes: *Tonne – Sonne; Taste – Tante; Mast – Mist.* Die Kinder können die Nützlichkeit des Verfahrens sinnfällig erfahren (vgl. – mit Bezug auf die Tobi-Fibel – SCHRÜNDER-LENZEN 2004, S. 109).

Die pädagogischen und didaktischen Gesichtspunkte, die diese drei Beispiele für eine Einführung in die Struktur der Schrift leiten, sollten einander nicht ausschließen, sondern ergänzen: Zu Beginn des schulischen Schrifterwerbs erscheinen offene Aufgabenstellungen besonders geeignet, Interesse zu wecken und Fragen zu provozieren – wie die Tierkarten oder auch die Namen der Kinder (s. S. 138, 91 f.). Sie folgen am stärksten der Maxime „Vom Unvollkommenen zum Vollkommeneren". Später – und immer wieder einmal – kann die Lehrerin/der Lehrer spezifische Schwierigkeiten präsentieren *(OLE – LEO),* deren Lösung Aktivitäten fördert, die die Kinder zum Schrifterwerb brauchen. Und schließlich können und sollten den Kindern Einsichten durch eine methodische „Engführung" von Lerngegenstand und Tätigkeit nahe gelegt werden *(Tonne – Sonne).*

Wichtig ist, dass es daneben beständig offene Lernsituationen gibt und dass das direkt Vermittelte nicht zu rasch als gelernt und gekonnt für einen darauf folgenden Lernschritt vorausgesetzt wird. Das wäre im Hinblick auf die Komplexität und Sprunghaftigkeit des Aneignungsprozesses nicht zu rechtfertigen und könnte sich für langsame Lerner als Hemmung auswirken, besonders weil die Erfahrung, etwas Gelehrtes und dann als gekonnt Vorausgesetztes nicht zu beherrschen, ihr Selbstvertrauen schmälert.

Wissen und Können als Voraussetzung für Problemlösen: Übungen und Anregungen

Lesenlernen als Problemlösevorgang setzt nicht nur die Erweiterung und Koordinierung von Fähigkeiten voraus, über die das Kind bereits verfügt, sondern auch die Ausbildung spezifischen Wissens und Könnens. Eine Erweiterung der Wissensbestände (z. B. Buchstabenkenntnis) und die Entwicklung der Begrifflichkeit (Wort, Buchstabe, Laut, Schrift, Lesen, Schreiben) erfolgt vielfach in offenen Lernsituationen. Das ist auch anzuraten für die Spezifizierung einer schon vorhandenen Fähigkeit, nämlich beim Zuhören im Gespräch Sinnerwartungen zu folgen, sie zu prüfen und zu modifizieren, auf die Fähigkeit hin, Vermutungen über die Bedeutung von Geschriebenem zu entwickeln und die Entwürfe an den optischen Vorgaben zu prüfen. – Ähnliches gilt für das Vermögen, Teile zu synthetisieren.

Aber viele Kinder bedürfen außerdem direkter Anstöße, die sie dann bei offenen Aufgabenstellungen auf ihre Weise wiederum anwenden. Einige Voraussetzungen, wie die Vermittlung der Buchstabenkenntnis, können eher durch ausdrückliche Instruktion vermittelt werden. Andere, wie die Fähigkeit zur Synthese, sind direkter Unterweisung nur schwer zugänglich. Hier kann Unterricht nur Anregungen geben. Im Folgenden werden ausgewählte Möglichkeiten vorgestellt, im Unterricht zentrale Voraussetzungen für das Lesenlernen zu entwickeln, und zwar unabhängig von den verwendeten Lesematerialien. Im Lernprozess des Kindes erweitern sich diese Bereiche des Wissens und Könnens, die hier nacheinander dargestellt werden müssen, durchaus nebeneinander. Deshalb sollten sie im Unterricht auch nebeneinander eventuell mit unterschiedlichem Nachdruck und in unterschiedlichem Ausmaß – je nach dem Stand der Lesefähigkeit – angeboten werden. Die Übungen und Anregungen haben nur Sinn, wenn das Kind bereits grundlegende Erfahrungen mit Schrift gesammelt hat (vgl. S. 77 ff.). Sonst müsste zumindest begleitend solcher Umgang in der Schule nachzuholen versucht werden.

Übungen zur „Vergegenständlichung von Sprache" in der Schrift

Wozu brauchst du mehr Puste?

B. Bosch (1984) hat als Erster mit Untersuchungen zum kindlichen Lernprozess gezeigt, welche Schwierigkeiten Leseanfänger noch haben, das Wort nicht als Eigenschaft oder Abbild der Bedeutung zu begreifen. So erscheint vielen Kindern das Wort *Kuh* länger als das Wort *klitzeklein*. Die für das Lesen notwendige Fähigkeit, das gesprochene und vor allem das geschriebene Wort losgelöst von seiner Bedeutung betrachten und damit umgehen zu können, wird durch offene Lernsituationen wie das Leere Blatt und das Memory mit Schrift angeregt. Ausdrücklich aufmerksam machen können wir die Kinder, wenn sie Wörter auf ihre Länge hin vergleichen:

Paarweise zeichnet die Lehrerin Gegenstände an die Tafel, bei denen Wortbedeutung und Wortlänge einander entgegengesetzt sind.

Die Kinder benennen die Gegenstände und vergleichen ihre Größe.

Jetzt kommt etwas Schweres. Ihr sollt herausfinden, welches Wort länger ist. Das könnt ihr hören.

Die Kinder sprechen die Wörter vor sich hin. Ein Schüler meldet sich:

Man kann das auch selber merken, wie viel Puste man braucht. Er spricht *Streichholzschachtel* und *Tisch* und deutet mit einer gleichmäßigen Bewegung der Hand, am Mund beginnend, die Sprechdauer an.

Bei welchem Wort braucht man mehr Puste?

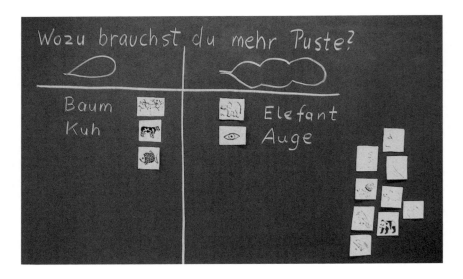

Die Lehrerin zeichnet nach der Prüfung eine kurze bzw. eine lange Sprechblase unter die Bilder (weniger Puste – mehr Puste). Die Kinder verlangen, dass sie auch noch die Wörter in die Sprechblase schreibt. Alle probieren es auch mit den anderen Wörtern und verwenden dabei die Hände. Einzelne Kinder fallen auf, weil sie die Hände nur gleichsam mechanisch bewegen. An den folgenden Tagen und Wochen spricht die Lehrerin mit diesen Kindern einzeln während der Stillarbeit lange und kurze Wörter im Vergleich und schreibt sie ihnen auf – ohne dabei penetrant zu sein.

Nachdem die Klasse solche Übungen mehrfach an der Tafel gemacht hat, bearbeiten die Kinder sie auch schriftlich.

Wie sehen die Buchstaben aus?
Aus der Kognitionspsychologie wissen wir, dass optische Formen nicht als Muster, als Schablonen gelernt werden, sondern aufgrund einer Merkmalsanalyse (NEISSER 1974). Deshalb regen wir die Kinder – noch vor Beginn eines expliziten Lehrgangs – an, Buchstaben auf ihre Merkmale hin zu betrachten (wir beschränken uns dabei auf die Großbuchstaben; die Fragestellung ist grundsätzlich aber auch auf Gemischtantiqua zu übertragen).

Welche Buchstaben enthalten nur gerade Elemente, welche nur runde, und welche enthalten sowohl gerade als auch runde Elemente? Das wird an einem Tafelbild erörtert. Danach ordnen die Kinder Buchstaben diesen Kategorien zu und markieren außerdem diejenigen, die sie schon kennen. Das gibt für den Lehrer manchen Aufschluss.

Wissen und Können als Voraussetzung für Problemlösen 145

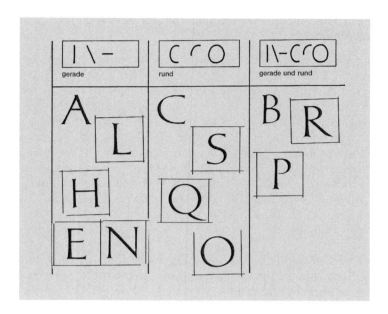

Ich sehe was, was du nicht siehst, das fängt mit ... an!
Bereits bei den Lernsituationen zur Anbahnung von Schrifterfahrung haben die Kinder mehrfach Gelegenheit gehabt, lautliche Strukturen und Schriftbilder zu vergleichen, insbesondere auf ihren Anfang hin (Namensketten, Abc-Buch). Das bekannte Spiel *Ich sehe was, was du nicht siehst, das ...* wird modifiziert und auf Anfangslaute oder auch Silben bezogen: *... das fängt mit „M" an.* Wenn das Rätsel gelöst ist, schreibt die Lehrerin das Wort an die Tafel und markiert den ersten Buchstaben.

Denjenigen Kindern, die solche lautliche Analyse nicht leisten können, ist kaum mit Hörübungen zu helfen, denn die so genannte akustische Differenzierungsschwäche ist meist ein kognitives Problem, keine Frage genauen Hörens: Diese Kinder wissen nicht, worauf sie ihre Aufmerksamkeit richten sollen, weil sie noch keine entsprechenden kognitiven Schemata ausgebildet haben. *Hund* fängt für sie wohl eher mit der Schnauze als mit einem *H* an. Um diesen Kindern den Zugang zur Fragestellung zu erleichtern, sollten wir zur Orientierung stets auch Schrift präsentieren, also den einzelnen Buchstaben oder auch das ganze Wort, freilich ohne dabei zugleich die Beherrschung dieser Elemente anzustreben. Ein Training auditiver Fähigkeiten jedenfalls macht erst Sinn, wenn der Lernende verstanden hat, worum es geht (zur Anbahnung von Schrifterfahrung s. S. 80–96).

Übungen zur Präzisierung und Kontrolle der Sinnerwartung: Ist Raten denn erlaubt?

Sinnerwartung als Operation beim Erlesen ist das Pendant zum Sinnverständnis als dem Ziel des Lesens. Ihre Bedeutung für den Lesevorgang des geübten Lesers ist unstrittig. Je exakter und flexibler er aus den bereits gewonnenen Informationen auf die folgenden schließen und je präziser er seine Hypothesen an den optischen Vorgaben prüfen kann, umso effektiver ist sein Vorgehen (vgl. v. WEDEL-WOLFF 2003). Auch für den Leseanfänger ist es hilfreich, wenn er mit Sinnerwartungen operieren kann. Das heißt, wenn er lernt, Hypothesen über die Wortbedeutung und den Textsinn zu formulieren und zu prüfen, weil auch er auf diese Weise den für ihn so außerordentlich langwierigen Vorgang des Erlesens strukturieren und verkürzen kann.

Nicht darum geht es, „blindes Raten" zu tolerieren, sondern darum, kontrolliert zu raten. Übungen dazu betreffen die Makrostruktur des Vorgehens.

Es ist selbstverständlich, dass der Bezug auf den Sinn von Texten und auf die Wortbedeutung nicht nur einzelne Übungen bestimmt, sondern ein Prinzip des Leseunterrichts darstellt:

- Das Lesen sollte auch im Anfangsunterricht nicht nur als Übung praktiziert, sondern – wie das Schreiben – den Kindern als komplexe Tätigkeit erfahrbar werden, wenn der Lehrer Geschichten, Verse, Bilderbücher vorliest (oder auch fortgeschrittene Anfänger, die sich darauf vorbereitet haben). Das Zuhören kann nicht nur die Lust am Lesen vergrößern, besondere Leseinteressen (z. B. an Sachbüchern oder an Märchen) entwickeln, sondern es macht auch vertraut mit schriftsprachlichen Besonderheiten von Satzbau, Wortwahl und Textformen und unterstützt auf solche Weise die Ausbildung einer schriftspezifischen Sinnerwartung.
- Der Bezug auf den Sinn verändert auch den Umgang mit Lesefehlern des Kindes. Statt seine Aufmerksamkeit auf formale Merkmale des Wortes zu richten, lenken wir sie auf das Sinnverständnis und zeigen unsererseits inhaltliches Interesse, wenn wir Fehler kommentieren oder nach dem Verständnis des Satzes fragen, dafür zwei Beispiele:

Die Lehrerin hat Wortkarten, Buchstaben- und Silbenkarten überall im Raum verteilt (November). Die Kinder sollen diese Karten großen Bildern zuordnen, die auf dem Fußboden liegen. Die Lehrerin geht zu einzelnen Schülern. Fabian liest: *Ro:-k, Ro:k, Ro:, Ro::k*. Die Lehrerin nimmt diese „Wortvorgestalt" auf: *Ro:k, was könnte denn wohl ein Ro:k sein?* Fabian findet die Wortbedeutung und kann die Wortkarte dem Bild zuordnen.

Die Kinder lesen eine Geschichte über den Zirkusbesuch, den sie mit einigen Müttern, Großeltern sowie etlichen Geschwistern gemacht ha-

Wissen und Können als Voraussetzung für Problemlösen 147

ben (Januar). Im Text sind die Teilnehmer untereinander aufgeführt *(34 Kinder, 7 Mütter, 3 Omas ...)*. Statt *34 Kinder* liest Thomas *34 Mütter.* Die Lehrerin weist ihn zunächst auf die richtige Zeile hin: *Ne, das würd' ich nicht sagen, du bist erst hier oben.* Thomas verbessert sich. *Wär ja 'n Mütterausflug, wenn ich mit 34 Müttern gegangen wäre.* Beide lachen.

Bei langwierigen Vorgängen des Erlesens, bei denen der Leseanfänger leicht die Orientierung am Sinn verliert, hilft es ihm häufig, wenn die Lehrerin den Anfang des Satzes einfach wiederholt.

Sobald die Phase des Erwerbs in die der Automatisierung der Aktivitäten übergeht, kann sich der Lehrer mit der Korrektur falsch gelesener Wörter zurückhalten, weil er auf diese Weise – das kindliche Interesse am Inhalt des Gelesenen vorausgesetzt – die kontrollierende Funktion des Sinnverständnisses unterstützt und das Kind darin bestärkt, sich selbst zu prüfen und zu verbessern. So kann es (Selbst-)Sicherheit gewinnen.

Aber die Sinnerwartung kann auch durch spezifische Übungen geschult werden: *Wie könnte das Wort heißen – heißt es so?*

- Die Lehrerin liest ein Bilderbuch vor; gelegentlich hält sie inne – ihre Stimme bleibt in der Schwebe –, und die Kinder ergänzen das folgende Wort oder mehrere. Sie bestätigt alle Vorschläge, wenn sie syntaktisch und semantisch akzeptabel sind, und liest dann weiter. Wenn die Kinder schon ein wenig im Lehrgang fortgeschritten sind, können sie ihre Erwartungen selbst am Text prüfen.

  In der methodisch ausgearbeiteten Form sind solche Kernwörter zuvor durch aufklappbare Blättchen (kleine haftende Merkzettel) kaschiert. Als Kernwörter sind Satzschlüsse geeignet oder Glieder in Reihen *(Bruder und Schwester, Vater und ...)* oder andere stark konventionalisierte Kombinationen auch am Satzanfang *(Er schlief lange. Am ...).* Wichtig im Umgang mit den kindlichen Äußerungen ist, dass nicht nur das faktisch Richtige, sondern auch das semantisch und syntaktisch Mögliche bestätigt wird und immer wieder die Gelegenheit geboten wird, die Erwartung an der Schrift zu prüfen.

- Als schriftliche Form kann die Übung so aussehen:

  - Lena und Max ....
  - Anna ....Schule.
  - Lena und Max ....Auto.
  - ....Anna.
  - ....malen.

Eine weitere Steigerung des Schwierigkeitsgrads, das Formulieren von Hypothesen und ihre Prüfung:

- Lena und Max ___ ___ ___ ___ .
- Lena und Max m___ ein r___ ___.
- Lena und Max malen ein ro_ Hau_.
- Lena und Max malen ein rotes Haus.

- Die Sinnerwartung kann auch beim Erlesen von Einzelwörtern präzisiert und geprüft werden, sofern ein inhaltlicher oder bildlicher Kontext gegeben wird. Die Kinder wissen z. B., dass die Wörter zum Bereich „Essen" gehören. Mit zunehmender optischer Information werden die Möglichkeiten eingeschränkt:
S___ → *Salat, Soße, Salz, Salami, Salmi, Sirup, Senf, Sellerie ...*
Sa___ → *Salat, Salz, Sahne, Salami, Salmi*
Salat

Die Informationen können sich statt auf Buchstaben auch auf die Wortstruktur beziehen (hier sind es Silben):
B_ → *Brot, Brei, Bier*
B_ _ → *Butter, Bonbons*
B_ _ _ → *Banane*

Eine Bildkarte *(Tanne)* wird auf den Tisch gelegt, jeweils drei Kinder müssen untereinander ausmachen, wer die richtige Wortkarte hat *(Tonne, Tanne, Tante)* und das Bild bekommt.

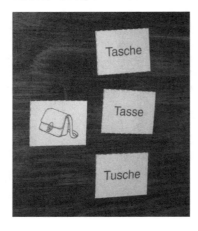

Wer bekommt das Bild?
Ich kann dir das beweisen.

Wissen und Können als Voraussetzung für Problemlösen 149

Diese Übung zeichnet sich dadurch aus, dass sie Sinnerwartung und Kontrolle in einen sozialen Kontext einbettet. Bei dem Spiel möchte jedes Kind gern das Bild bekommen. Die Übung provoziert Auseinandersetzungen unter den Schülern:

Ich kann dir das beweisen. Das Bild gehört zu meinem Wort: Bei mir steht ...; bei dir ist ein ...

Weitere geeignete Wortgruppen: *Buch*, Bach, Brot; *Rosen*, Rasen, Raben; *Schüssel*, Schlüssel, Schimmel; *Wagen*, Wogen, Wiege.

Übungen zur Buchstabenkenntnis

Weil hierzu alle Lehrgänge viele Übungen bereitstellen, beschränke ich mich an dieser Stelle darauf, wichtige Grundsätze vorzustellen. Wenn die Fibel im Einzelfall im Widerspruch zu diesen Prinzipien steht, sollte man die Übungen bei der unterrichtlichen Vermittlung entsprechend modifizieren:

- Voraussetzung für die Übungen zur Buchstabenkenntnis ist, dass die Kinder einen zutreffenden Begriff Buchstabe bei Vorübungen entwickelt haben (z. B. bei den Namensketten, S. 88 f., mit dem Tierlotto, s. S. 138).
- Übungen zur Buchstabenkenntnis sollten stets die optische Gestalt mit dem gemeinten Laut verbinden (sehen, wissen, sprechen, hören) und den einzelnen Buchstaben nach der Isolierung sogleich wieder in das Wort einfügen (s. o. am Beispiel „Uta", S. 109 f.). Das gilt auch für die Sicherung der Buchstabenkenntnis beim Schreiben und für die Unterstützung der Formwahrnehmung durch Sandpapierbuchstaben. Übungen, die den visuellen (oder lautlichen) Aspekt isolieren, sind wenig sinnvoll.
- Bei der Einführung der Buchstaben sollten lernpsychologische Ergebnisse berücksichtigt werden:
  - Weil die Transferleistung größer ist, wenn schon in der ersten Phase variable Buchstabe-Laut-Beziehungen gelernt werden, sollten z. B. Zeichen für Vokale durchaus schon zu Beginn vermittelt werden.
  - Optisch oder akustisch ähnliche Buchstaben/Laute sollten nicht unmittelbar nacheinander eingeführt werden, weil daraus Lernhemmungen entstehen können (RANSCHBURG 1905). Beispielsweise sollten $t - f$, $W - M$, $u - n$ (optisch); $u - o$, $i - e$, $w - f$ (akustisch) nicht in kurzer Aufeinanderfolge behandelt werden. Wenn die Kinder allerdings bereits über ein differenziertes und gesichertes kognitives Schema verfügen, können Verwechslungskonflikte durchaus lernförderlich sein. (Weil diese Voraussetzung bei den Kindern einer Klasse zu ganz verschiedenen Zeitpunkten gegeben ist, ist es problematisch, solche Verwechslungskonflikte im Lehrgang zu präsentieren.)

- Die Übersicht über den Lernstoff erleichtert den Kindern die Orientierung und ermöglicht ihnen einen eigenständigen Zugriff. Ein Medium dafür ist eine Anlauttabelle. (In den letzten Jahren ist das Buchstabentor aus dem Lehrgang von Reichen „Lesen durch Schreiben" besonders bekannt geworden.) Sie erlaubt zudem die selbstständige Erweiterung der Buchstabenkenntnis. Die Anlauttabelle provoziert häufig den Einwand, sie überfordere Schulanfänger. Aber Beobachtungen, wie die Kinder sie handhaben, zeigen, wie ausdauernd auch langsame Lerner mit ihrem Finger den Bildern auf dem Torbogen dieser Tabelle folgen, bis sie den gesuchten Laut – und den dazugehörigen Buchstaben gefunden haben. Die umgekehrte Beziehung, ausgehend vom Zeichen dessen „Wortlaut" zu ermitteln, ist für sie ebenfalls möglich.

Eine solche Tabelle hat zwei Vorzüge: Sie stellt dem Kind schon zu Beginn des Unterrichts das gesamte materiale Wissen zur Verfügung und verhindert so, dass Kinder die Anzahl der Buchstaben für unendlich halten oder glauben, sie müssten noch immer mehr Wörter lernen. Außerdem ermöglicht die Anordnung im offenen Oval, dass man in einer durchgehenden Bewegung leicht die gesuchte Information findet. Zudem kann das

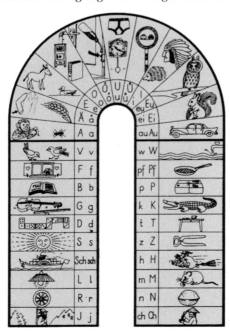

Wissen und Können als Voraussetzung für Problemlösen 151

Kind seine besonderen Schwierigkeiten, z. B. die Verwechslung bestimmter Buchstaben, in der Tabelle markieren. Allerdings sollten (m) und (n) möglichst weit voneinander entfernt sein, um solche Verwechslungen nicht zu provozieren. Problematisch am Gebrauch solcher Anlauttabellen ist, dass sie suggerieren, man könnte wirklich „schreiben, wie man spricht" (vgl. zur Kritik SCHRÜNDER-LENZEN 2004, S. 67–80; OSBURG 1998).

Anregungen zur Synthese

Von keinem der vielen Verfahren, die den Kindern zur Synthese angeboten werden, kann man behaupten, es gewährleiste die Aneignung dieser Fähigkeit. Sie setzt offenbar in besonderem Maße die Aktivität des Lernenden voraus. Wenn wir Anregungen zur Synthese geben wollen, haben wir dafür mehrere Möglichkeiten. Eine Vereinfachung stellt der Austausch nur eines Buchstabens dar (s. o. *Tonne – Sonne*). Auch das Schreiben (mit begleitendem Sprechen) kann unterstützend wirken. Die Kinder formulieren ihre Schwierigkeit mit der Synthese öfter so: *Man muss die Buchstaben schnell sagen*. Aber das gelingt ihnen dennoch häufig nicht. Eine Lehrform stellt die Verbindung der Elemente als sichtbare Bewegung dar: Buchstabenkarten werden zueinander geschoben und gerollt. Eine andere Form lässt das Kind diese Verbindung in der Bewegung selbst vollziehen: als Nacheinander von Lautgebärden oder indem das Kind mit einer Vokalkarte in der Hand auf Teppichfliesen mit Konsonantenmarkierung hüpft oder überhaupt im Hüpfen und Sprechen, zunächst von einer Fliese zur anderen – dann gleichzeitig mit beiden Füßen.

Lehrformen, die wie die zuletzt genannten die Kinder die Synthese in der Bewegung selbst vollziehen lassen, sind bei lang anhaltenden Lernhemmungen in diesem Bereich in der Sonderpädagogik erprobt und häufig erfolgreich. Wenn Kinder Schwierigkeiten mit dem Erwerb der Synthesefähigkeit haben, ist es gelegentlich auch hilfreich, diese Schwierigkeit eine Zeit lang so wenig wie möglich zu beachten. Denn in manchem Fall verstärkt das Bemühen des Lehrers um intensive Intervention die Lernhemmung sogar – das gilt auch für andere Bereiche des Wissens und Könnens.

Zwar verliert das Kind die Fähigkeit zur Synthese nicht mehr, wenn es sie einmal erworben hat. Allerdings können schwierige Wörter wiederum unüberwindliche Hindernisse darstellen. Schwierig sind, das haben besonders Beobachtungen der Zugriffsweisen von jugendlichen und erwachsenen Teilnehmern in Alphabetisierungskursen gezeigt, Wörter nicht nur wegen ihrer Länge oder wegen Konsonantenhäufungen, sondern vor allem, wenn sie semantisch oder syntaktisch vom Leser nicht erwartet werden oder gar nicht zu seinem Wortschatz gehören. So waren in einem Text *Schrecksekunde* und *schwindelfrei* viel leichter zu erlesen als *angeblich, ausgiebig* und sogar *dagegen.*

Das ist wiederum ein Argument für ein Lehrgangskonzept, welches die Teilfähigkeiten des Schrifterwerbs als sprachliche Aktivitäten begreift und Übungen zur Synthese nicht isoliert betreibt, sondern mit der Sinnerwartung verknüpft.

Anregungen zur Strukturierung des Wortes

In Untersuchungen zum Lernprozess hat sich gezeigt, dass der Fähigkeit des Leseanfängers, das Wort zu strukturieren, eine besondere Bedeutung zukommt (z. B. SCHEERER-NEUMANN 1978, DEHN 1984, MAY 1986). Sie betrifft – wie die Entwicklung und Kontrolle der Sinnerwartung – die Erzeugung der Makrostruktur und ist schwerer zu beeinflussen als Einzelschritte. Vorgaben und Anregungen zur Strukturierung können den Leseanfänger leicht verwirren, weil sie seinem Konzept widersprechen oder weil sie dem spezifischen Wort nicht angemessen sind:

In Klasse 1 (Dezember) möchte die Lehrerin mit Hilfe des Klatschens die silbische Gliederung des Wortes vermitteln. Die Kinder sollen auf dem Tisch diese Gliederung mit Buchstabenkarten wiedergeben. Es geht um *Salat.* Für die Lehrerin und die meisten Kinder ist es ganz einfach: *Sa-lat.* Tina hat *Sal-at* gelegt und ist sich ihrer Sache sicher. Die Lehrerin sieht den „Fehler" und klatscht noch einmal, extra für Tina. Die legt nach längerem Zögern *Sa-l-at.* Die Lehrerin ihrerseits ist nun irritiert und korrigiert schließlich die Buchstaben selbst: *Sa-lat.* Tina ist verunsichert, weil sie den Vorgang nicht verstanden hat.

Die Leiterin im Alphabetisierungskurs betont – wie viele Lehrerinnen und Lehrer in Klasse 1 – stets die sukzessive Synthese aller einzelnen Elemente, um dem „blinden Raten" möglichst vorzubeugen. Ein Kursteilnehmer hat das Verfahren schließlich übernommen, obwohl es ihm anfangs sehr schwer fiel. Bei dem Wort *Futter* jedoch erweist sich die Einheit *Fu:,* die er bildet, als großes Hindernis für das Erlesen. Ähnlich ergeht es anderen Teilnehmern, als die Leiterin eine Übung zum Wortaufbau so anbietet: *t, tr, tri, trin ...* (Leserin und Leser mögen selbst das Artikulieren versuchen.) Andere Strukturierungen sind in dieser Situation hilfreich und werden von den Teilnehmern angenommen: *t, tr, trink, trinken; b, br, bring, bringen.*

Die Art der Strukturierung muss also in Übungsformen sehr flexibel gehandhabt werden. Sie muss zum einen individuelle Akzentuierungen zulassen, zum anderen wortspezifisch sein: Sie kann Silben als artikulatorische

Wissen und Können als Voraussetzung für Problemlösen 153

Einheiten *(Na-se)*, Signalgruppen als Sprech-Schreib-Muster *(F-utt-er)* oder Morpheme, Wortbausteine, die selbst Bedeutung tragen *(Ver-käuf-er-in)*, berücksichtigen. Nahe liegend, aber bisher selten zu Übungsformen materialisiert, ist die Differenzierung des Wortes nach Vokal und Konsonant (vgl. ELKONIN 1967): Vokale als die silbentragenden Elemente können durch Farbe im Schriftbild oder – nur sie – durch Lautgebärden bei der Artikulation zur Unterstützung des Lese- oder Schreibvorgangs hervorgehoben werden.

Übungen zur Strukturierung sind – wenn sie zugleich individuelle Akzentuierungen und wortspezifische Besonderheiten berücksichtigen sollen – ein besonders geeigneter Gegenstand für die Kinder, sich untereinander und mit dem Lehrer über ihre Vorgehensweise auszutauschen: bei Wörtern, die zu erlesen schwer fällt, oder bei der Korrektur von Fehlern. Das gilt für beide Formen, in die solche Übungen gefasst werden können, als Aufforderung zum Strukturieren oder als vom Lehrer vorgegebene Strukturierung, z. B. beim Wortaufbau.

Was kennst du – was möchtest du wissen?
Die Gliederung eines Wortes nach Bekanntem und Unbekanntem ist so einfach wie nützlich, weil das Kind bei sich selbst beginnen und sich der Verständigung über Schwierigkeiten – mit anderen Kindern und/oder mit dem Lehrer – öffnen soll. Wichtig dabei scheint mir zu sein, dass die Reaktionen des Kindes auch als subjektive Einschätzungen respektiert werden und schwache Lerner nicht sogleich auf die bereits im Lehrgang behandelten Buchstaben verwiesen werden. Denn damit würde ihnen nur ein Misserfolg bestätigt, aber keine Lerngelegenheit gewährt.

* Eine frühe Möglichkeit, Schrift im Hinblick auf schon Bekanntes zu gliedern, ergibt sich schon in der Vorklasse: Die Kinder können bei vielen Gelegenheiten die Buchstaben, die auch in ihrem Namen vorkommen (oder: die sie schon benennen können), mit einem Punkt markieren.
* Später können die Kinder auch Lesetexte entsprechend gliedern, bevor sie mit dem lauten Lesen beginnen: Sie unterstreichen die Wörter, die sie sofort lesen können (ohne zu überlegen), und bei den schwierigen Wörtern markieren sie die Buchstaben, die sie kennen. U. U. können sie danach schon erste Vermutungen über den Textinhalt austauschen, die dann beim Erlesen geprüft werden.

Reimspiel – Betonen wiederkehrender Bausteine
Eine Variation einfacher Wort-Bild-Zuordnung (I. Wolf-Weber) ist dieses Reimspiel. Wichtig dabei ist, dass die Kinder die Wortkarten nicht nur nach

optischen Merkmalen dem Bild zuordnen, sondern die Reimwörter auch lesen. Eine Möglichkeit zur Selbstkontrolle ist ein kleines Bild auf der Rückseite der Karten mit den Reimwörtern.

Wortaufbau – wortspezifisch
- Besonders bei Wörtern von der Struktur Konsonant – Vokal – Konsonant – Vokal (eventuell – Konsonant) ist das Verfahren, mit den beiden ersten Buchstaben zu beginnen, erfolgversprechend. Denn dieser Teilschritt präzisiert die Sinnerwartung weitgehend *(Ro-..., Re-...)*. *Nimm zwei*, diese Faustregel wird von den Kindern leicht übernommen, weil der Nutzen der Regel augenscheinlich erfahren wird, jedenfalls bei Wörtern dieser Bauart. Im Hinblick auf die Aktivität des Lernenden erscheint es nicht gerechtfertigt, das Wortmaterial des Lehrgangs zunächst auf solche Wörter zu beschränken. Insofern ist die Verfahrensregel nur mit Umsicht anzuwenden. (Wenn die Kinder selbst Einsicht in die Konsonant-Vokal-Struktur des Wortes gewinnen, wie bei ELKONINS Methode, können sie eine solche Faustregel leichter handhaben.)
- Die im Unterricht so verbreiteten Übungen zum Wortaufbau sollten wortspezifisch, nicht wie bisher meistens einfach buchstabenweise erfolgen, damit die Leseanfänger allmählich lernen, auch unpräparierte Wörter entsprechend leseökonomisch zu gliedern. Der Lehrer sollte allerdings nicht von sich aus versuchen, die unterschiedliche Zugriffsweise

Wissen und Können als Voraussetzung für Problemlösen   155

den Kindern bewusst zu machen, wohl aber sie darin bestärken, von sich
aus darüber zu sprechen:
Gerade bei Übungen mit Hilfe des Wortaufbaus sollte stets auch die Sinnerwartung einbezogen sein. Neben dem streng sukzessiven Aufbau
nach Buchstaben und Buchstabengruppen, also nach Graphemen *(B,
Bau, Baum)* sollten Endungen, Silben, Signalgruppen und – später – Morpheme betont werden (auch nach dem Sprachgefühl):

sukzessive Synthese:	L Lö Löw Löwe D Da Dach	k kau kauf kaufen k kau kauf kauft
nach Silben als artikulatorischen Einheiten	Do-se (D-o-se) Re-gen (R-e-gen) Wol-ke (W-ol-ke) Bru-der (Br-u-der) bla-sen (bl-a-sen) trei-ben (tr-ei-ben) Wenn man hier *d, g, b, s* für sich einführt, erscheinen sie als silbenauslautend und führen zu irreführenden Artikulationen.	
nach Signalgruppen als Sprech-Schreib-Muster	tr-ink-en w-ink-en K-ann-e T-ann-e T-isch F-isch B-uch T-uch Wenn man hier den silbentragenden Vokal für sich einführt *(br, bre, brenn …)*, ist das Sinnver- ständnis deutlich erschwert. Die Signalgruppen können durch Analogiebildung betont werden (s. *Ball*).	R-ock St-ock B-all W-all St-all

Silbe und Signalgruppe scheinen der Zugriffsweise des Kindes in der
Phase des Erwerbs zu entsprechen. Eine Gliederung nach Morphemen
als Wortbausteinen finden die Kinder von sich aus nur ausnahmsweise.
Sie verspricht unterstützende Wirkung vor allem bei der Aneignung der
Orthografie. Als Strukturierungshilfe erscheint sie erst gerechtfertigt,
wenn die Kinder im Verlauf der Automatisierung Einblick in dieses Prinzip gewinnen: *Verkäuferin* z. B. schreibt man leichter richtig, wenn man
daran denkt, dass es zu ihrem Beruf *(er – in)* gehört, etwas zu *ver*kaufen,
was einer *kaufen* möchte (Klasse 2 und später).

Sprechen über Verfahren – (Selbst-)Sicherheit gewinnen

Die Bedeutung, die das Sprechen über die Vorgehensweise für das Lernen hat, ist unstrittig (vgl. z. B. GALPERIN 1969). Aber sind denn Schulanfänger überhaupt zu solchen Äußerungen fähig? Können sie ihr Tun sprechend begleiten und darüber im Nachhinein sprechen? Ansätze dazu lassen sich beobachten (vgl. HÜTTIS 1985). Dabei ist die Unterscheidung zwischen dem operativen Verfügen (im Vollzug) und dem analytischen Verfügen (beim Sprechen) über Begriffe und Verfahren wichtig. Und vermutlich gibt es noch eine dritte Form, nämlich in der Lerngruppe die Operationen sprechend zu begleiten (z. B. bei dem Spiel: *Wer bekommt das Bild*, S. 148 f.).

Besonders in der Phase des Schrifterwerbs, in der die meisten Kinder ihr Wissen und Können rasch erweitern (nach etwa 4 bis 6 Schulmonaten), geben sie ziemlich differenziert Aufschluss über ihre Vorgehensweise.

– Was tust du, wenn du ein Wort nicht gleich lesen kannst?
Heino: *Denn denk ich nach, wie das heißen kann. Und denn les ich die Buchstaben zusammen.*
– Wie hast du das rausgekriegt?
Gabi: *Weil ich mir das überleg, wie das heißen kann. Weil ich das in der Schule gelernt habe. Weil die Lehrerin uns das vormacht ... Ich sag mir die Wörter so vor, und dann weiß ich, wie das heißt, weil ich die Buchstaben kenn'.*
– Wenn du ein ganz neues Wort siehst, was machst du dann?
Julian: *Dann überleg ich erstmal, und dann muss ich die Buchstaben vor mich hinsprechen.*
– Und wenn du ein Wort nicht rauskriegst, was machst du dann?
Dann muss ich weiterlesen. Dann muss ich das nochmal lesen.
– Wie machst du das, wenn du liest?
Michael: *Das Wort mir immer vorsagen, und dann hör ich mir immer an, welche Buchstaben da drin sind.*

Die Kinder betonen zu diesem Zeitpunkt bei analytischen Äußerungen von sich aus den Zusammenhang von Denken *(weil ich mir das überleg'; denk ich nach, wie das heißen kann)*, Sprechen *(das Wort mir immer vorsagen)* und Wissen *(weil ich die Buchstaben kenn')*. Auffällig ist, wie sehr sie die Tätigkeiten auf sich selbst beziehen: *Ich sag mir die Wörter so vor; hör ich mir immer an; muss ich die Buchstaben vor mich hinsprechen; weil ich mir das überleg'.* Wenn die Kinder den personalen, den reflexiven Aspekt dieses Erwerbs so in den Vordergrund stellen, dann kann das auch als ein

Sprechen über Verfahren 157

Indiz dafür verstanden werden, dass Gefährdungen und Hemmungen beim Schrifterwerb so häufig die Person in ihrem Selbstverständnis treffen und dass es wichtig für sie ist, Sicherheit zu gewinnen – so begrenzt der Bereich dafür auch sein mag.

Zu Schulanfang sind die Vorstellungen der Kinder von der Aufgabe, die sich ihnen mit dem Lesen und Schreiben stellt, noch viel stärker auf äußere Dinge bezogen, sie antworten mit einer Körperhaltung, stellen die Bedeutung des Lehrers sehr heraus, betonen die Wichtigkeit der Übung.

In den Gesprächen, die die Vorschulkinder beim Schreiben auf dem Leeren Blatt geführt haben (s. S. 80 ff.), haben wir gesehen, dass sie in der Lernsituation untereinander schon sehr früh Merkmale der Schrift und das Lernen selbst zum Thema machen und ihr Tun sprechend begleiten. Und auch später kommentieren sie untereinander die Schreibungen und den Schreibvorgang (s. S. 21 f.). Gegen Ende des Schuljahrs aber fällt es ihnen schwerer, solche Fragen zu beantworten. Ihre Auskünfte sind dann eher blass und abstrakt. Ein Grund dafür, dass sie die Operationen nicht mehr benennen mögen, mag darin bestehen, dass sie für die Kinder im Zuge der fortgeschrittenen Automatisierung nicht mehr wichtig sind und deshalb auch analytisch (im Sprechen darüber) kaum mehr zugänglich.

Die Vorgänge beim Erlesen kann das Kind – prinzipiell – selbst an der Vorlage prüfen; das Sprechen darüber unterstützt die Selbstkontrolle. Das Erlesen eines Wortes ist eben mit dem Entwerfen, Prüfen, gegebenenfalls Korrigieren von Teilschritten und ihrer Kombination ein ausgeprägter Denkvorgang (Lösen einer Schwierigkeit, eines Problems). Beim *Aufschreiben* dagegen ist das Kind in stärkerem Maße auf sein Wissen angewiesen und zunächst auf die Fähigkeit, das Wort in der Vorstellung lautlich zu reproduzieren und zu gliedern. Die Richtigkeit der Einzelschritte kann es nicht sofort, sondern erst im Nachhinein prüfen – bei der Re-Konstruktion der Laut-Buchstaben-Zuordnung oder in der Kontrolle des Schreibschemas (s. das Zwei-Wege-Modell des Schreibens, S. 71). Das Sprechen über die Vorgehensweise kann im Unterricht vielfältig thematisiert werden, beim Schreiben: ein Wort zur Diskussion stellen *(Was ist schwer daran, wie hast du es dir gemerkt?)*, beim Lesen Fragen wie die folgenden anregen: *Was findest du schwer? – Wie merkst du dir das Wort/den Buchstaben? Wie kannst du diese Wörter unterscheiden? – Versuch noch mal, das Wort anders rauszukriegen! Wie hast du das rausgekriegt?– Was tust du (tut ihr), wenn du (ihr) ein Wort nicht gleich rauskriegst (rauskriegt)? – Kennst du ein Wort, das so ähnlich geschrieben wird ...? – Das kannst du mir beweisen.*

Das sollte im Erwerbsstadium nicht als Verfahrensregel vermittelt werden, sondern Anregung für die Kinder bleiben. Im Kopf von Lehrerin und

Lehrer sind solche Verfahrensregeln für das Erlesen nützlich. Aber sie sollten sie nicht zur Regelung individueller Leseprozesse verwenden. – Ich erinnere an die vielen verschiedenen Wege zum richtigen Erlesen eines Wortes, die die Kinder benutzen (S. 33; Band II, S. 137). Zwei Beispiele für Lerngelegenheiten:

Beispiel 1 – Sukzessive Synthese als Erklärung:
Die Lehrerin (D. Arp) hat Wortkarten verteilt (Februar), die zuerst einzeln gelesen, dann zu Sätzen und schließlich zu einem Text zusammengefügt werden. Stefanie liest statt *kochen kommen: Oma will kommen.* Andere Kinder korrigieren: *Oma will Reis kochen.* Nachdem mit dem Vorlesen des fertigen Satzes ein Einschnitt gegeben ist, nimmt die Lehrerin die Wortkarte noch einmal in die Hand: *Das kann nicht kommen heißen, sagt Sven.* Petra will es erklären: *Nee, das heißt k und o, ko, heißt ko* (kurz gesprochen). Die Lehrerin bittet sie nach vorn. Petra liest, indem sie sukzessiv synthetisiert.

Beispiel 2 – Planung vom Ziel her – Sicherheit gewinnen:
David hat ein Puzzle mit nur wenigen Teilen vor sich liegen, ist aber hilflos, als er es zusammenfügen soll (Vorschulklasse, November). Die Lehrerin gibt ihm eine wichtige Hilfestellung: Sie setzt das Puzzle rasch zusammen und entfernt dann ein Teil daraus; David setzt es richtig an seinen Platz zurück. Im Folgenden arbeitet er sich stückweise voran. Er nimmt zwei Teile aus dem fertigen Puzzle und setzt sie zurück. So fährt er fort, bis er es schließlich schafft, alle Teile richtig zusammenzufügen. – Für ihn ist das ein großes Erfolgserlebnis. Von diesem Tag an puzzelt David eine Zeit lang fast täglich, um dieses Erfolgserlebnis zu wiederholen.

Das Puzzle stellt für David ein Problem dar. Die Lehrerin zeigt ihm, wie er es vom Ziel her lösen kann. Wir können das beim Lesenlehren auch versuchen: das Austauschen eines Elements aus einem vertrauten Wort ist eine Möglichkeit *(Tonne – Sonne).* Eine andere besteht darin, die Schwierigkeit zunächst einmal auszuklammern, indem man weiterliest und dann zu dem Wort zurückkehrt; in Julians Formulierung: *Dann muss ich weiterlesen: Dann muss ich das nochmal lesen.*

Leseanlässe und Lernhilfen: Episoden

Die folgenden Beispiele und Szenen aus dem Unterricht sind als Anregung zu verstehen, Erfahrungen, Wünsche und Vorstellungen der Leser zu klären. Sie sollen Möglichkeiten veranschaulichen, wie sich wichtige Prinzipien des

Leseanlässe und Lernhilfen: Episoden　　　　　　　　　　　　**159**

Leseunterrichts verwirklichen lassen, aber auch: welche Widerstände, auch in der Person, dem immer wieder entgegenstehen.

- Leseanlässe als (lösbare) Schwierigkeiten formulieren und die Kinder anleiten, sie auch so zu bearbeiten.
- In der Aufgabenstellung wie bei der Lernhilfe das Kind nicht überfordern; die Erfahrung des Gelingens und Könnens ist wichtig für seine weitere Lernbereitschaft.
- Das Kind Sicherheit gewinnen lassen durch Gelegenheit zur Selbstkontrolle.
- In der Vermittlung von Verfahren die strukturierende Funktion der Sinnerwartung angemessen berücksichtigen.
- Die Korrektur eines Lesefehlers sollte legitimiert sein:
  - aus dem Fehler (ob die Korrektur für das Weiterlesen unerlässlich ist oder auch später erfolgen kann; u. U. als Selbstkorrektur),
  - im Hinblick auf das Kind (was es schon kann, was es in der Situation aufnehmen kann),
  - im Hinblick auf die Unterrichtssituation (Einzel-, Gruppen-, Klassensituation; Stellenwert im didaktischen Vorhaben).

Lesehilfe: Laut und Silbe

Die Klasse war im Zirkus. Davon berichtet der Lesetext (Januar Klasse 1): *... Katrin hatte Pech. Ihr fiel der Anorak zwischen die Bretter. Kurz vor der Pause bekam sie ihn wieder ...* Die Kinder sollen das Ergebnis ihrer Lektüre einzeln „abliefern", den Text also der Lehrerin oder der Praktikantin vorlesen.

Ingo	Lehrerin
	Ihr fiel der Anorak ...
(zwi)	ja ...
zwi:sch, sch	ja, zwi (kurzes i gesprochen).
zsch, zwischen	Wie heißt das Wort?
di:, die Br:'e,	
Bret' er, Bretter	Wo fiel der Anorak hin?
un- die Bretter	Bretter ist richtig, aber wie heißt nochmal dieses Wort hier?
	Dies etwas komplizierte?
zwi:	Du musst nicht i: langes i: sagen, sondern i, zwi (betont kurzes i gesprochen)
zwischen	ja!
zwischen	

Lesehilfe: der Kassettenrekorder

Simon, der noch zu Beginn von Klasse 3 große Schwierigkeiten mit dem Lesen hat, benutzt – auf Anregung der Lehrerin – zu Hause seinen Kassettenrekorder als Medium. Er nimmt auf, was er vorbereitet hat, und vergleicht in der Schule Text und Kassette. Das ist für ihn eine entspannte Situation, weil das Vergleichen viel leichter ist als das Vorlesen. Es ist wohl kaum zu entscheiden, was zu den erheblichen Lesefortschritten geführt hat: Ob Simon endlich Sicherheit gewinnt durch die Notwendigkeit, sich selbst zu kontrollieren und zu korrigieren, und welchen Anteil daran die Faszination des Umgangs mit dem Rekorder gehabt hat.

„Wortvorgestalt" und Sinnerwartung

Die Lehrerin übt allein mit Nicola. Nicola hat ein kleines Buch vor sich (Anfang April). Auf jeder Seite stehen sechs Wörter. Nicola soll *Rose* lesen.

Nicola	Lehrerin
O:ß-e	nochmal
Ro:ße, R-o:ß-e:	ja
Ro:ße:	ich sag's nochmal, weil du sagst immer „ß";
	da sagt man das nur mit „s"; versuch nochmal!
R-o:ß-e:	
Roße:	jetzt sag mal Ro:; sprich mal mit!
Ro::r	Ro:s: (gleichzeitig)
Roß:-e:	du sagst, pass mal auf…
Rose	ja! Toll. (lachend) Hast du gehört!

Wie kommt die Lehrerin zu der Vorstellung, das Kind müsse zuerst eine lautrichtige Präsentation des Wortes liefern, ehe es weiß, welches Wort gemeint ist? (S. dagegen S. 159)

Lernhilfe oder Lernhemmung?

Manfred sitzt am Tisch. Vor ihm liegt ein Blatt. Das soll er lesen. Jedes Kind aus dieser 2. Klasse hat so ein Blatt bekommen. Die Lehrerin hat für jedes Kind etwas anderes aufgeschrieben, nämlich, was es in dieser Stunde tun soll. Die Lehrerin steht neben Manfred, beugt sich über den Tisch und zeigt mit ihrem Finger auf das Geschriebene. Manfred folgt ihrem Finger und liest langsam synthetisierend: *Setze dich allein an einen Tisch …* Die Lehrerin fragt ihn, ob er es verstanden hat. Manfred verneint. Da liest ihm die Lehrerin den Satz noch einmal vor. Jetzt versteht ihn Manfred.

Leseanlässe und Lernhilfen: Episoden 161

Lesen und Handeln sind für Manfred – wie für viele Schüler – getrennte Bereiche. Das Blatt ist für ihn wie eine Textaufgabe im Rechenbuch. Ist das auch innere Abwehr gegen Schrift? Warum begleitet die Lehrerin sein Lesen mit dem Finger? Warum fragt sie überhaupt, ob er das Gelesene verstanden hat?

Damit hebt sie die Funktion der Selbstkontrolle, die ihr Blatt haben könnte, auf. Und: Warum schreibt sie zuerst etwas auf, wenn sie es nachher selbst vorliest? Dann wäre eine mündliche Aufforderung einfacher.

Manfred lernt: Schreiben ist eigentlich ein Umweg. Und: Man braucht sich nicht anzustrengen. Die Lehrerin hilft unbedingt und in jedem Fall.

Kathrins Kommentar

Die Kinder sollen eine Malanweisung ausführen (Februar). Kathrin hat zunächst das Segel grün malen wollen. Auf die Rückseite des Blattes schreibt sie einen Kommentar. Die Reihenfolge der Zeilen entspricht nicht der Konvention.

Der Text lautet: *Frau Wolf, ich habe mich vergriffen (Fagifn) bei dem Segel.* Kathrin hat einen grünen Strich gezeichnet.

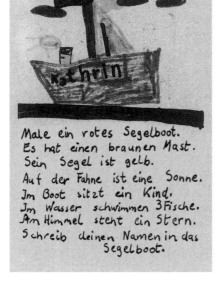
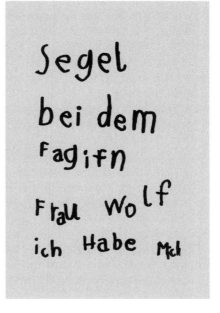

Literatur

ANDRESEN, H.: Schriftspracherwerb und die Entstehung von Sprachbewusstheit. Opladen 1985.

ANDRESEN, H.: Vom Sprechen zum Schreiben. Sprachentwicklung zwischen dem vierten und siebten Lebensjahr. Stuttgart 2005.

AUGST, G./DEHN, M.: Rechtschreibung und Rechtschreibunterricht. Können – Lehren – Lernen. Stuttgart 1998 (2. Aufl. 2002).

BALHORN, H.: Rechtschreiblernen als regelbildung. Wie machen sich schreiber ihr ortografisches wissen bewusst? In: Diskussion Deutsch 14 (1983), S. 581 ff.

BAUMERT, J./KLIEME, E./NEUBRAND, M./PRENZEL, M./SCHIEFELE, U./SCHNEIDER, W./STANAT, P./TILLMANN, K.-J./WEISS, M. (Hrsg.): PISA 2000. Basiskompetenzen von Schülerinnen und Schülern im internationalen Vergleich. Opladen 2001.

BERTSCHI-KAUFMANN, A./KASSIS, W./SIEBER, P.: Mediennutzung und Schriftlernen. Analysen und Ergebnisse zur literalen und medialen Sozialisation. München 2004.

BOS, W./LANKES, E.-M./PRENZEL, M./SCHWIPPERT, K./WALTHER, G./VALTIN, R. (Hrsg.): Erste Ergebnisse aus IGLU. Schülerleistungen am Ende der vierten Jahrgangsstufe im internationalen Vergleich. Münster 2003.

BOSCH, B.: Grundlagen des Erstleseunterrichts (1937). Neudruck Frankfurt a. M. 1984 (Arbeitskreis Grundschule).

BREDEL, U./ GÜNTHER, H./KLOTZ, P./OSSNER, J./SIEBERT-OTT, G. (Hrsg.): Didaktik der deutschen Sprache. 2 Bände. Paderborn 2003.

BREUER, H./WEUFFEN, M.: Lernschwierigkeiten am Schulanfang. Weinheim 2004 (zuerst 1975).

BRINKMANN, E.: Rechtschreibgeschichten. Zur Entwicklung einzelner Wörter und orthografischer Muster im Grundschulalter. Dissertation Universität Bremen 1997.

BRINKMANN, E.: „Farrat da war nichz Schwirich". In: E. BRINKMANN/N. KRUSE/C. OSBURG, (Hrsg.): Kinder schreiben und lesen. Beobachten – Verstehen – Lehren. Freiburg 2003, S. 147–154.

BRÜGELMANN, H.: Kinder auf dem Weg zur Schrift. Konstanz 1983 (7. Aufl. 2000).

BRÜGELMANN, H.: Lesen- und Schreibenlernen als Denkentwicklung. In: Zeitschrift für Pädagogik (30) 1984, S. 69 ff.

BRÜGELMANN, H.: Prävention von Lese-Rechtschreibschwierigkeiten durch ein phonologisches Training vor der Schule? In: Grundschule (35) 2003, H. 10, S. 54–57.

Literatur   **163**

„Bunte Fibel" (WILL-BEUERMANN, HINNRICHS). Hannover (Schroedel Verlag) 1978.

COULMAS, F.: Über Schrift. Frankfurt a. M. 1981.

DEHN, M.: Strategien beim Erwerb der Schriftsprache. In: Grundschule (10) 1978, S. 308–310.

DEHN, M.: Lernschwierigkeiten beim Schriftspracherwerb. Kriterien zur Analyse des Leselernprozesses und zur Differenzierung von Lernschwierigkeiten. In: Zeitschrift für Pädagogik (30) 1984, S. 93 ff.

DEHN, M.: Über die sprachanalytische Tätigkeit des Kindes beim Schreibenlernen. In: Diskussion Deutsch (16) 1985, Heft 81, S. 25 ff.

DEHN, M.: Schlüsselszenen zum Schrifterwerb. Weinheim 1994.

DEHN, M.: Texte und Kontexte. Berlin 1999.

DEHN, M.: Didaktik und Alphabetisierung. In: Grundlagen der Weiterbildung. Praxishilfen. Nr. 50521, Dezember 2004, 6.90.160.

DEHN, M./HÜTTIS-GRAFF, P./KRUSE, N. (Hrsg.): Elementare Schriftkultur. Schwierige Lernentwicklung und Unterrichtskonzept. Weinheim 1996.

DEHN, M., HÜTTIS-GRAFF, P.: Wie Kinder Schriftsprache erlernen. Ergebnisse aus Langzeitstudien. In: VALTIN (Hrsg.) 2000, S. 23–32.

DEHN, M./HÜTTIS-GRAFF, P.: Elementare Schriftkultur. Was können wir von Schulanfängern erwarten. In: Grundschule (34) 2002, H. 2, S. 20–23.

DEHN, M./HOFFMANN, T./LÜTH, O./PETERS, M.: Zwischen Text und Bild. Schreiben und Gestalten mit neuen Medien. Freiburg 2004.

DÖRNER, D.: Problemlösen als Informationsverarbeitung. Stuttgart 21979.

DÖRNER, D.: Denken, Problemlösen und Intelligenz. In: Psychologische Rundschau (35) 1984, S. 10 ff.

DOWNING, J./VALTIN, R. (Hrsg.): Language Awareness and Learning to Read. New York u. a. 1984.

DUNCKER, K.: Zur Psychologie des produktiven Denkens. Berlin 1966. (1935)

EICHLER, W.: Zur linguistischen Analyse von Spontanschreibungen bei Vorschul- und Grundschulkindern. In: HOFER (Hrsg.) 1976, S. 246–264.

EINSIEDLER, W./KIRSCHHOCK, E.-M.: Forschungsergebnisse zur phonologischen Bewusstheit. In: Grundschule (35) 2003, Heft 9, S. 55–57.

EISENBERG, P.: Arbeiterbildung und Alphabetisierung im 19. Jahrhundert. In: Osnabrücker Beiträge zur Sprachtheorie (23) 1983, S. 13 ff.

ELKONIN, D. B.: Zur Psychologie des Vorschulalters. Berlin 1967.

EUROPÄISCHE KOMMISSION: Lesenlernen in der Europäischen Union. Studien. Luxemburg 1999.

FENEBERG, S: Wie kommt das Kind zum Buch? Die Bedeutung des Geschichtenvorlesens für die Leseentwicklung von Kindern. München 1994.

FERDINAND, W.: Über die Erfolge des ganzheitlichen und des synthetischen Lese- (Schreib-)Unterrichts in der Grundschule. Essen 1972.

FRITH, U.: Psychologische Aspekte des orthographischen Wissens. In: G. AUGST (Hrsg.): New Trends in Graphemics and Orthography. Berlin 1986, S. 218–233.

GALPERIN, P. J.: Die Entwicklung der Untersuchungen über die Bildung geistiger Operationen. In: H. HIEBSCH (Hrsg.): Ergebnisse der sowjetischen Psychologie. Stuttgart 1969, S. 367 ff.

GIESE, H. W.: Handlungstheoretisch orientierte Anfänge des Schriftspracherwerbs. In: M. BERGK/K. MEIERS (Hrsg.): Schulanfang ohne Fibeltrott. Bad Heilbrunn 1985, S. 153–162.

GOODMAN, K. S.: Die psycholinguistische Natur des Leseprozesses. In: HOFER (Hrsg.) 1976, S. 139–151.

GRUST, H.: Der andere Blick. Lernmöglichkeiten wahrnehmen und im Unterricht stärken. In: Die Grundschulzeitschrift 1997, Heft 107, S. 14–15.

GÜNTHER, K. B.: Ein Stufenmodell der Entwicklung kindlicher Lese- und Schreibstrategien. In: H. BRÜGELMANN (Hrsg.): ABC und Schriftsprache. Konstanz 1986, S. 32–54.

HABERSAAT, S.: Lernschwierigkeiten beim Textschreiben. In: Die Grundschulzeitschrift 1997, Heft 107, S. 16–19.

HOFER, A. (Hrsg.): Lesenlernen: Theorie und Unterricht. Düsseldorf 1976.

HUBERTUS, P./NICKEL, S.: Sprachunterricht in der Erwachsenenbildung: AlphabetisierungvonErwachsenen.In:BREDELu.a.(Hrsg.)2003,S. 719–728.

HURRELMANN, B.: Sozialhistorische Rahmenbedingungen von Lesekompetenz sowie soziale und personale Einflussfaktoren. In: N. GROEBEN/B. HURRELMANN (Hrsg.): Lesekompetenz. Bedingungen, Dimensionen, Funktionen. München 2002, S. 123–149.

HURRELMANN, B.: Von der Integration schriftsprachlicher Fähigkeiten in den Erwerb der Medienkompetenz. Referat. Zürich 2003. http://www.literalitaet.ch/ (Stichwort: Aktuelle Tagung, zuletzt gesehen 12.12. 2005).

HÜTTIS, P.: Tobi macht Fehler. Was nun? In: Grundschule (17) 1985, Heft 10, S. 24 f.

HÜTTIS, P.: Umgang mit Fehlern. Kognitive Prozesse von Leselernern. Dissertation Hamburg 1989.

HÜTTIS-GRAFF, P.: Rechtschreibenlernen und Unterricht. Der Blick auf die Klassen. In: C. OSBURG (Hrsg.): Textschreiben – Rechtschreiben – Alphabetisierung. Hohengehren 1998, S. 44–71.

JANSEN, H./MANNHAUPT/G., MARX, H./SKOWRONEK, H.: Bielefelder Screening zur Früherkennung von Lese- und Rechtschreibschwierigkeiten (BISC). Göttingen u. a. 2002 (2. Aufl.).

Literatur 165

KOHL, E. M.: Schreibspielräume. Seelze-Velber 2005.

LEONT'EV, A. A.: Psycholinguistische Einheiten und die Erzeugung sprachlicher Äußerungen. Berlin 1975 (1969).

„Lesen durch Schreiben" (J. REICHEN). Hamburg 1987.

„lesen – lesen – lesen" (BUCK). Frankfurt am Main 1979.

MAY, P.: Schriftaneignung als Problemlösen. Analyse des Lesen(lernen)s mit Kategorien des Problemlösens. Frankfurt a. M. 1986.

MAY, P.: Lernförderlicher Unterricht. Teil 1: Untersuchung zur Wirksamkeit von Unterricht und Förderunterricht für den schriftsprachlichen Lernerfolg. Frankfurt a. M. 2001 (2001a).

MAY, P.: Lernförderlicher Unterricht. Teil 2: Wege zum Lernerfolg in der Grundschule. Portraits von Klassen mit hohem Lernerfolg. Frankfurt a. M. 2001 (2001b).

MEIERS, K.: Lesen lernen und Schriftspracherwerb im ersten Schuljahr. Bad Heilbrunn 1998.

MERZ-GRÖTSCH, J.: Methoden der Textproduktionsvermittlung. In: BREDEL u. a. (Hrsg.) 2003, S. 802–813.

NEISSER, U.: Kognitive Psychologie. Stuttgart 1974.

NEISSER, U.: Kognition und Wirklichkeit. Stuttgart 1979.

NICKEL, S.: Family Literacy. Literalitätsförderung in der Familie – eine Aufgabe für die Schule? In: Landesinstitut für Lehrerbildung und Schulentwicklung (Hrsg.): Lesekompetenz. Hamburg 2004, S. 55–60.

OSBURG, C.: Anlauttabellen im Unterricht. In: dies. (Hrsg.): Textschreiben – Rechtschreiben – Alphabetisierung. Hohengehren 1998, S. 97–136.

OSBURG, C.: Begriffliches Wissen am Schulanfang. Schulalltag konstruktivistisch betrachtet. Freiburg 2002.

OSSNER, J.: Rechtschreibsprache. Die Modellierung der Orthographie für den eigenaktiven Erwerb. In: R. WEINGARTEN, H. GÜNTHER (Hrsg.): Schriftspracherwerb. Hohengehren 1998, S. 5–18.

RANSCHBURG, P.: Über die Bedeutung der Ähnlichkeit beim Erlernen, Behalten und bei der Reproduktion. In: Journal für Psychologie und Neurologie 314/1905, S. 93–127.

RÖBER-SIEKMEYER, C./TOPHINKE, D. (Hrsg.): Schriftspracherwerbskonzepte zwischen Pädagogik und Sprachwissenschaft. Baltmannsweiler 2002.

SCHEERER-NEUMANN, G.: Die Ausnutzung sprachlicher Redundanz bei leseschwachen Kindern. In: Zeitschrift für Entwicklungspsychologie und Pädagogische Psychologie (10) 1978, S. 35 ff.

SCHEERER-NEUMANN, G./KRETSCHMANN, R./ BRÜGELMANN, H.: Andrea, Ben und Jana: Selbstgewählte Wege zum Lesen und Schreiben. In: H. BRÜGELMANN (Hrsg.): ABC und Schriftsprache. Konstanz 1986, S. 55–96.

SCHMALOHR, E.: Psychologie des Erstlese- und Schreibunterrichts. München 1971.

SCHNEIDER, W./STEFANEK, J./DOTZLER, H.: Erwerb des Lesens und Rechtschreibens. Ergebnisse aus dem SCHOLASTIK-Projekt. In: F. E. WEINERT/ HELMKE (Hrsg.) 1997, S. 113–129.

SCHNELLE, I.: Inge kann immer noch nicht lesen. In: Die Grundschulzeitschrift 1987, Heft 7, S. 66 ff.

SCHRÜNDER-LENZEN, A.: Schriftspracherwerb und Unterricht. Opladen 2004.

THOMÉ, G.: Linguistische und psycholinguistische Grundlagen der Orthografie: die Schrift und das Schreibenlernen. In: R. VALTIN (Hrsg.) 2000, S. 12–16.

VALTIN, R.: Zur „Machbarkeit" der Ergebnisse der Legasthenieforschung. In: R. VALTIN/U. JUNG/G. SCHEERER-NEUMANN (Hrsg.): Legasthenie in Wissenschaft und Unterricht. Darmstadt 1981, S. 88–182.

VALTIN, R.: Der „neue" Methodenstreit oder: Was können wir aus der amerikanischen Leseforschung lernen? In: H. BALHORN/H. BARTNITZKY, I. BÜCHNER/A. SPECK-HAMDAN (Hrsg.): Schatzkiste Sprache 1. Frankfurt a. M. (Grundschulverband) 1998, S. 63–80.

VALTIN, R. (Hrsg.): Rechtschreiben lernen in den Klassen 1–6. Grundlagen und didaktische Hilfen. Grundschulverband e. V. Frankfurt a. M. 2000.

VALTIN, R.: Methoden basalen Lese- und Schreibunterrichts. In: BREDEL u. a. (Hrsg.) 2003. Band II, S. 760–771.

WEIGL, E.: Zur Schriftsprache und ihrem Erwerb. In: W. EICHLER, A. HOFER (Hrsg.): Spracherwerb und linguistische Theorien. München 1974, S. 94 ff.

WATERLAND, L.: Read with Me. Exeter 1985.

V. WEDEL-WOLFF, A.: Üben im Leseunterricht der Grundschule. Braunschweig 2003.

WEINERT, F. E.: Guter Unterricht ist ein Unterricht, in dem mehr gelernt als gelehrt wird. In: J. FREUND/H. GRUBER/W. WIEDINGER (Hrsg.): Guter Unterricht, was ist das? Aspekte von guter Unterrichtsqualität. Wien 1998, S. 7–18.

WEINERT, F. E./HELMKE, A. (HRSG.): Entwicklung im Grundschulalter. Weinheim 1997.

WEINHOLD, S.: Text als Herausforderung. Freiburg 2000.

WELGE, G.: Unterrichtliche Kontexte für das Schreiben in Klasse 1. In: DEHN u. a. (Hrsg.) 1996, S. 92–98.

WIELER, P.: Vorlesen in der Familie. Fallstudien zur literarisch-kulturellen Sozialisation von Vierjährigen. München 1997.

WYGOTSKI, L. S.: Denken und Sprechen. Frankfurt a. M. 1974 (1934).

www.ich-will-schreiben-lernen.de (e-learning; APOLL: alpha-portal Literacy Learning seit 8. 9. 2004)

Anhang

Inhalt

Kopiervorlagen für den Unterricht
Wörterbuch
Fragebögen zum Wörterbuch
Lehrererzählung: Der Turm zu Babel

Lernbeobachtungen und Lernhilfen im Überblick

Das Wörterbuch

Das Wörterbuch (in Postkartengröße) haben Ingeborg Wolf-Weber und Dörte Arp entwickelt. Es ist ein vom Lehrgang unabhängiges Begleitmaterial für die Hand der Kinder. Sie können es bereits in den ersten Monaten von Klasse 1 einsetzen (vgl. S. 88 f., S. 114).
Um es für die Kinder herzustellen, kopieren Sie die Seiten und schneiden sie am Buchfalz auseinander, sodass Sie zwei DIN-A5-Seiten erhalten. Sie haben dann jeweils S. 1 und S. 16, S. 2 und S. 15 usw. auf einem Blatt in der Hand. Wenn Sie diese Blätter nun jeweils an der gestrichelten Linie falzen und in der richtigen Reihenfolge ineinander legen, haben Sie bereits das Wörterbuch. Sie brauchen es nur noch in der Mitte zweimal zu „tackern".
Für den Unterricht stehen Ihnen die folgenden Fragebögen als Kopiervorlagen zum Vergrößern auf DIN A4 zur Verfügung.

Zur Lehrererzählung „Der Turm zu Babel"

Irmtraud Schnelle hat die Geschichte ihrer Klasse so erzählt (s. zum Unterricht S. 124 ff.). Sie können sie als Anregung für Ihre eigene Geschichte oder zum Vorlesen nutzen (als Vergrößerung auf DIN A4).

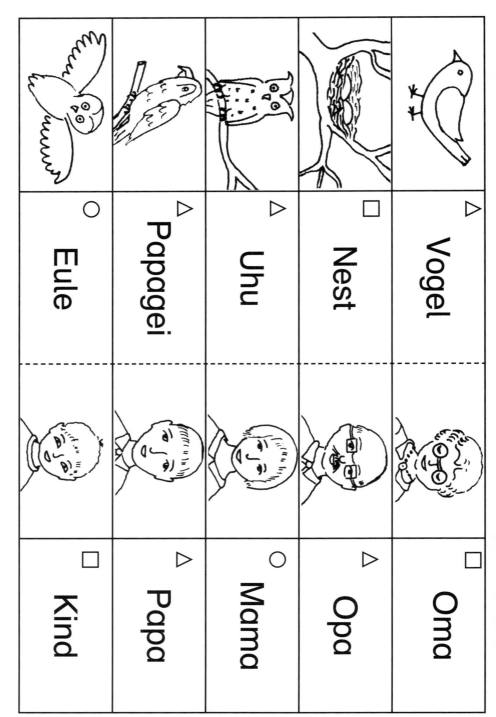

□ Auge	△ Affe
△ Mund	△ Elefant
○ Nase	△ Löwe
△ Fuß	○ Giraffe
○ Hand	□ Nashorn

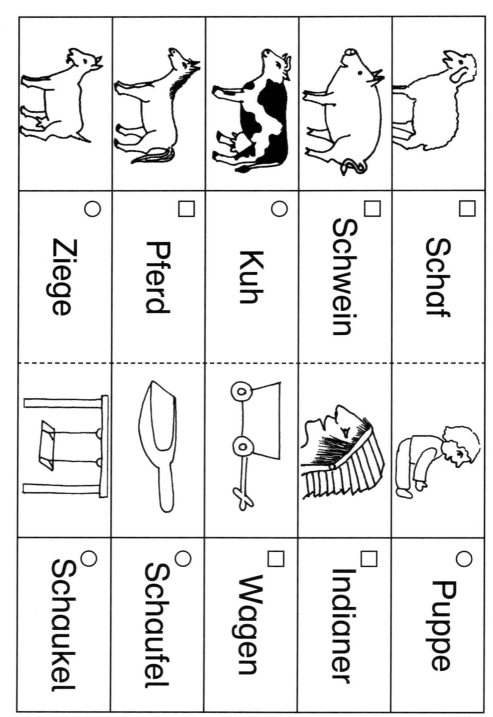

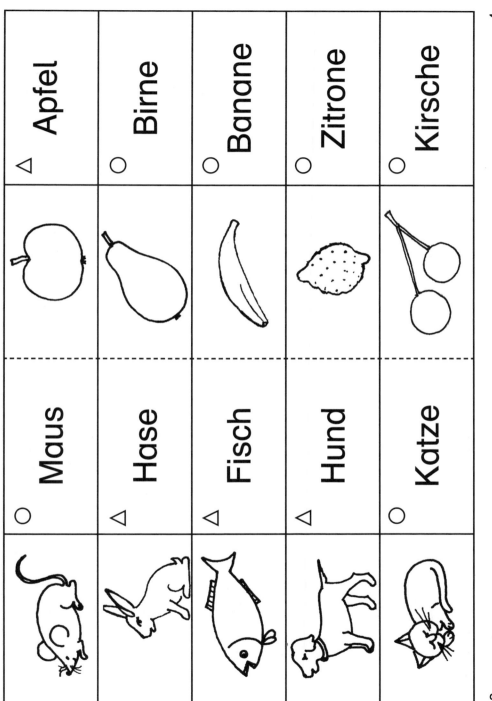

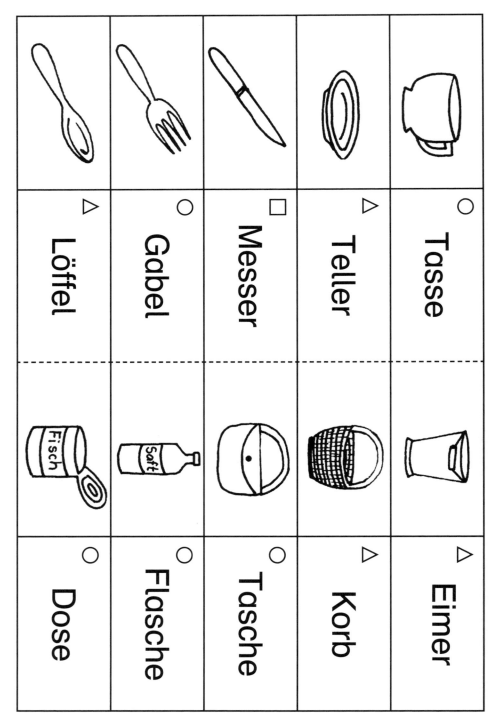

□ Heft		□ Ei
□ Buch		□ Eis
△ Computer		□ Brot
△ Pinsel		△ Käse
○ Tafel		○ Milch

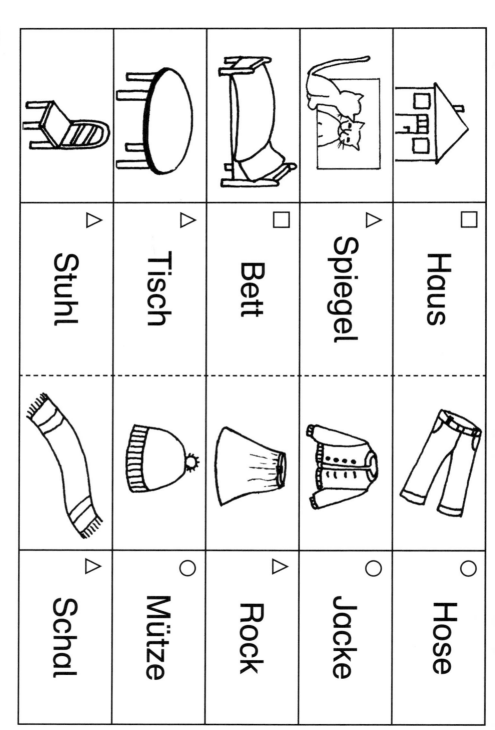

□ Auto		○ Sonne	
△ Zug		△ Mond	
△ Bus		△ Stern	
□ Flugzeug		○ Wolke	
□ Schiff		△ Regen	

Fragebogen 1

für DIN A4

So wird es gemacht:

1. Frage **lesen**
2. **Nachdenken,** wie die Antwort heißt
3. Wort und Bild **suchen**
4. **Richtig abschreiben**

Manchmal sind mehrere Antworten möglich.

Wer scheint in der Nacht? _____

Was wärmt deinen Hals? _____

Was isst du gern? _____

Was kann man kaufen? _____

Was kann man nicht kaufen? _____

Was schmeckt gut und ist kalt? _____

Was wächst am Baum und ist saftig? _____

Was schmeckt sauer? _____

Woraus trinkst du? _____

Was braucht man zum Tuschen? _____

Womit schreibst du? _____

Womit spielst du am liebsten? _____

© Cornelsen Verlag Scriptor, Zeit für die Schrift 1

Fragebogen 2

für DIN A4

So wird es gemacht:

1. Frage **lesen**
2. **Nachdenken,** wie die Antwort heißt
3. Wort und Bild **suchen**
4. **Richtig abschreiben**

Manchmal sind mehrere Antworten möglich.

Wer hat ein Fell? _____

Wer hat Federn? _____

Wer hat Schuppen? _____

Wer kann bellen? _____

Wer kann singen? _____

Wer kann trompeten? _____

Wer baut ein Nest? _____

Wer gibt uns Milch? _____

Welches Tier lebt im Wasser? _____

Welche Tiere kann man im Zoo sehen? _____

Welches Tier ist am größten? _____

Welches Tier ist am kleinsten? _____

Welches Tier hat einen Rüssel? _____

Welches Tier hat keine Beine? _____

Fragebogen 3

für DIN A4

So wird es gemacht:

1. Frage **lesen**
2. **Nachdenken,** wie die Antwort heißt
3. Wort und Bild **suchen**
4. **Richtig abschreiben**

Manchmal sind mehrere Antworten möglich.

Suche Wörter mit **M** oder **m**.

_____

_____

Suche kurze Wörter.

_____

_____

Suche Wörter mit 3 Silben.

_____

Suche Wörter mit **-er** am Ende.

_____

Was reimt sich auf:

Maus	_____	Mund	_____
Affe	_____	Nase	_____
Flasche	_____	Tisch	_____
Hose	_____		

Fragebogen 4   für DIN A4

Auf welcher Seite sind die Bilder, zu denen diese Teile gehören?

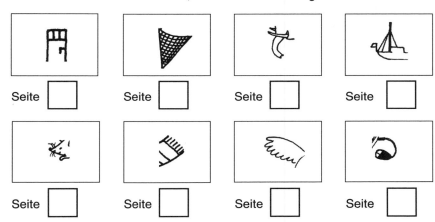

Schreibe das Wort richtig neben das Bild.

Weitere Unterrichtsanregungen zur Arbeit mit dem Wörterbuch

Zur Rechtschreibbewusstheit:
Welche Wörter findest du leicht zu schreiben?
Schreibe sie aus dem Kopf auf.
Und vergleiche mit dem Wörterbuch!
Musst du etwas verbessern?

Welches Wort findest du schwer zu schreiben?
Warum?
Unterstreiche, was du an dem Wort schwer findest!
Wie kannst du dir das Wort merken?

Lieblingswörter

Zu orthografischen Elementen:
*Wörter mit **au**, mit **ei**, mit **sch***
*Wörter mit **ie***
Wörter mit doppelten Buchstaben
*Wörter mit **ck***
*Wörter mit **tz***

Wörter alphabetisch ordnen (als Vorbereitung für den Gebrauch des Wörterbuchs in Klasse 2):
Kopien der Bild-Wort-Zeilen ausschneiden, alphabetisch anordnen und in ein Heft einkleben.
Oder: Nur die Bilder in dieser Ordnung einkleben, die Wörter selbst dazu (ab)schreiben.

Zum Lesen:
Die Kinder verdecken die Bilder mit einem Pappstreifen, versuchen die Wörter zu lesen und kontrollieren ihr Ergebnis.

□ Auge

△ Mund

○ Nase

△ Fuß

○ Hand

Lehrererzählung: Der Turm zu Babel

für DIN A4

Die Geschichte

Türme finden Menschen interessant, faszinierend. Sie haben einen Zauber, man wird davon mitgerissen. Und ein bisschen Geheimnis bleibt.

Heute will ich euch etwas von einem Turm erzählen, da weiß man nur, dass es ihn gegeben hat. Das ist nämlich schon so lange her, über tausend Jahre, zweitausend, dreitausend Jahre, das weiß man nicht so genau. Und darum weiß heute kein Mensch mehr, wie er genau ausgesehen hat. Man weiß, dass es ihn gegeben hat, und man weiß auch, wo er gestanden hat. Und die Geschichte von dem Turm, die will ich euch erzählen.

Gott hat die Erde geschaffen. Den Himmel und die Erde, das Wasser und das Land. Die Menschen, die Tiere und die Pflanzen. Gott hat den Menschen ein Paradies gegeben, wo sie leben sollten. Und er hat ihnen gesagt: „So, in diesem Paradies, da lebt ihr jetzt. Werdet glücklich, vertragt euch, macht keinen Streit."

Zuerst ging es den Menschen auch gut. Aber wie das so ist, fingen sie an zu streiten. Sie wurden hässlich zueinander; jeder wollte der Beste sein. Keiner gönnte dem anderen etwas. Sie schlugen sich, sie betrogen sich, sie logen, sie schlugen sich sogar tot. Gott ermahnte sie, aber sie hörten schlecht.

Es hatten die Menschen damals alle eine Sprache. Sie redeten dieselben Worte. Sie konnten sich verstehen, miteinander reden. Dann zogen sie in ein fernes Land im Osten, und dort wollten sie eine riesengroße Stadt bauen. Und das taten sie auch.

Sie wollten reich und mächtig werden. Und zum Zeichen, dass sie reich und mächtig werden wollten, bauten sie einen Turm. Einen riesigen Turm! Der sollte immer höher und höher und höher werden. Sie sagten: „Auf, lasst uns einen Turm bauen, wie noch nie ein Mensch ihn je gesehen hat. Er soll so hoch werden, dass er bis in den Himmel reicht."

Und sie bauten und bauten. Es war schwierig. Sie bauten Wochen, sie bauten Monate, sie bauten Jahre. Sie mussten Werkzeug erfinden; sie mussten lernen, Steine im Ofen zu brennen, damit sie fest wurden; sie schafften Gold heran, um den Turm zu schmücken. Und dabei geschah es, dass sie immer nur an den Turm dachten, und immer nur daran dachten, dass er viel, viel größer und riesiger werden musste. Und dabei hörten sie auf, sich selber zu bemerken.

Sie merkten nicht mehr, dass vielleicht jemand krank war und nicht mehr arbeiten konnte. Sie merkten nicht mehr, dass zu Hause auch noch Frauen und Kinder warteten. Sie merkten auch nicht, wenn jemand abstürzte oder sich verletzte; sie redeten gar nicht mehr miteinander. Sie lebten nicht mehr; sie bauten und bauten.

Und das sah Gott, und er wurde zornig. Er kam herab und sagte zu den Menschen: „Wenn ihr schon nicht mehr miteinander redet und euch nicht mehr bemerkt, dann braucht ihr auch gar nicht eine Sprache." Und er verwirrte ihre Sprache. Jeder bekam eine andere Sprache, sodass sie sich nicht mehr verstehen konnten. Und Gott sagte: „Der Turm wird zerfallen! Zerstreut euch in alle Welt. Und dann ringt darum, kämpft darum, dass ihr euch wieder versteht."

Und so geschah es auch. Sie verstanden einander nicht; sie verließen den Turm, zerstreuten sich in alle Welt. Und der Turm zerfiel. Die Stadt war noch eine Weile da; die Stadt bekam den Namen Babel. Babel heißt – das ist eine alte Sprache – Babel heißt: Wirrnis, Verwirrung, Durcheinander.

Und seit dieser Zeit damals beschäftigen sich die Menschen mit diesem Turm und mit der Geschichte.

Das ist die Geschichte vom Turm zu Babel.

Irmtraud Schnelle

Lernbeobachtungen und Lernhilfen im Überblick

Zur Passung von Lernbeobachtung und Lernhilfe bei den Anfängen des Schrifterwerbs (Kindergarten/Vorschulklasse – Schulanfang/Klasse 1 – und später)

LERNBEOBACHTUNG	Lernhilfe in Bezug auf Lernweg und Lernergebnis	
	eher offene Aufgaben und Unterrichtsformen	stärker gelenkte Aufgaben und Unterrichtsformen
(1) Das Kind hat noch keine grundlegende Orientierung bei der Aneignung der Schrift gefunden Indizien • Beim freien Schreiben (und beim Aufschreiben ungeübter Wörter) schreibt es gelegentlich/meist diffus; öfter verweigert es sich diesem Lernangebot/dieser Aufgabe; die richtigen Schreibungen geübter Wörter basieren auf einer mechanisch-memorierenden Zugriffsweise. • Beim Erlesen ungeübter Wörter beschränkt es sich entweder darauf, einzelne Buchstaben zu benennen, oder es versucht, das Wort als Ganzes zu erschließen („blindes Raten"), oder es beendet die Situation als „Notfallreaktion". Seine Buchstabenkenntnis ist unvollständig und unsicher.	**Anbahnung von Schrifterfahrung** Kenntnisse austauschen und erproben; Schreibideen realisieren: *Das Leere Blatt* (Bd I: 80 ff.) Mit Buchstaben hantieren: *Der eigene Name (Buchstaben kaufen, Namensketten,* Bd I: 86, 88f, 91f, 139f; Bd II: 54) Texte – eine neue Welt: *Vorlesen und Mitlesen ...* (Bd I: 54f, 88ff) *Sprachspiele, Reime, Zungenbrecher auswendig lernen und mitlesen* (Bd I: 89–91, 153f; Bd II: 59–62) Lesen ist nützlich: *Memory mit Schrift: Tiere – Namen aus der Klasse ...* (Bd I: 83–85; Bd II: 31, 54) *Ein Rezept lesen* (Bd I: 92–94) **Lesen** (Zuhören beim Vorlesen und Erzählen) macht Spaß: *„Die Geschichte vom Löwen, der nicht schreiben konnte"* (Bd II: 43) *„Riesengeschichte – Mausemärchen"* (Bd I: 116f) *Der Turm zu Babel* (Bd I: 124–130, Kopiervorlage 181)	

Die Synthese von zwei Buchstaben gelingt noch nicht oder macht große Schwierigkeiten.	Leseecke: *Selbst und mit anderen „lesen"* *„Die Königin der Farben"* (und Hörkassette) (Bd II: 43)	**Wissen und Können als Voraussetzung für das Problemlösen** Übungen zur Vergegenständlichung von Sprache Wörter nach ihrer Länge vergleichen: *Wozu brauchst du mehr Puste?* (Bd I: 143f; Bd II: 63) Buchstabenmerkmale unterscheiden: *gerade; rund; gerade und rund* (Bd I: 144f; Bd II: 54)
(2) Der Lernprozess stagniert bei unterschiedlichen Zugriffsweisen auf niedrigem Niveau Indizien • Beim freien Schreiben (und beim Aufschreiben ungeübter Wörter) schreibt das Kind zwar regelgeleitet, aber stark rudimentär – auch nach Abschluss des Lese- und Schreiblehrgangs.	**Anregen zum freien Schreiben ohne ausdrückliches Verknüpfen mit dem Schreiblehrgang** Die Kinder diktieren dem Lehrer/der Lehrerin oder schreiben selbst: Erlebniserzählung, Parallelgeschichten zu literarischen Texten, zum Bild (Bd I: 100ff; 103–108, 115–119; Bd II: 61f) Anlässe für freies Schreiben, die Betroffenheit provozieren: *„Post für den Tiger"* (Bd I: 106ff); *„Der Löwe, der nicht schreiben konnte"* (Bd II: 43)	**Betonen des kognitiven Aspekts im Schreiblehrgang** Analyse und Synthese durch Schreiben: Verbindung von Lesen und Schreiben: *Uta* (Bd I: 109f) Begrenzte Anzahl von Schreibwörtern; unterschiedliche Wortstruktur, unterschiedliche Schreibmaterialien (Bd I: 111) Schwierigkeitsgrad der Aufgabe dem Können anpassen: *Wortschatzrolle* (Bd I: 111, 124) *Strichdiktat* (2. Halbjahr von Klasse 1 und später, Bd I: 111f) *Meine Mama mag Mäuse – ich mag Bücher* *Was magst du? ICH MAG ...* (Bd I: 112f)

LERNBEOBACHTUNG	Lernhilfe in Bezug auf Lernweg und Lernergebnis	
	eher offene Aufgaben und Unterrichtsformen	stärker gelenkte Aufgaben und Unterrichtsformen
• Beim Lesen hat es Schwierigkeiten mit der Synthese (von zwei und mehr Elementen).		**Rechtschriftliches Vorbereiten von Schreibanlässen – Korrigieren von Texten** Beschriften von Zeichnungen *Mensch* (Bd I: 120) Dokumentarisches Schreiben: *Kater Mohrle* (Bd I: 119f); *Meine Freundin* (Bd I: 120f); *Selbstporträt* (Bd I: 120f) Anlässe zum Abschreiben und Aufschreiben: *Wörterbuch und Fragebogen* (Bd I: 88f, 114f, Kopiervorlage 168ff)
Wenn es Buchstaben verwechselt, verstrickt es sich rasch.	Kenntnisse erproben: *Tierkarten* Bd I: 138fd)	**Leseaufgabe als Herausforderung: Einführung in die Struktur der Schrift**
Es erkennt häufig die mehrgliedrigen Schreibungen nicht (ei, sch, au, eu).		
Ihm gelingt es nicht – Teilschritte zu bilden (das Wort zu strukturieren, z.B. Konsonant-Vokal-Gruppe) und zu prüfen	Eine Schwierigkeit lösen: *LEO* und *OLE* (Bd I: 139f)	Buchstaben austauschen: *Rasen – Rosen* (Bd I: 141f) **Wissen und Können als Voraussetzung für Problemlösen**
– die Teilschritte (Sinnerwartung, Analyse, Synthese, Segmentieren) zu koordinieren (mangelnde Stringenz), an Erarbeitetes anzuknüpfen.		Übungen zur Präzisierung und Kontrolle der Sinnerwartung: *Lückentexte* (Bd I: 148);

Es hat Schwierigkeiten, Fragen zu stellen, Hilfen zu erbitten (Schwierigkeiten, Bekanntes und Unbekanntes zu unterscheiden; das Ausmaß und die Grenzen des eigenen Könnens richtig einzuschätzen).

Es kann Hilfen nur schwer annehmen; beim Erlesen eines Wortes wiederholt es häufig Fehler, die bereits korrigiert waren.

(3) Das Kind hat die grundlegende Orientierung bei der Aneignung der Schrift gefunden. Seine Schwierigkeiten sind unterschiedlicher Qualität

Indizien
• Beim freien Schreiben (und beim Aufschreiben ungeübter Wörter) werden die Teile des Wortes vollständig wiedergegeben/nahezu vollständig wiedergegeben.

Dabei verfährt das Kind regelgeleitet, – aber es orientiert sich stark an seiner Artikulation (Dialekt, Umgangssprache, gedehntes Sprechen)

Situationen für leises Lesen:
So wird der Herr Direktor gebastelt (Bd I: 18ff)
Wir waren im Zirkus Althoff (Bd I: 159)
Hosentaschenbuch (Bd I: 89)

Weitere Anlässe für freies Schreiben: „*Riesengeschichte – Mausemärchen*" (Bd I: 116f),
Der Turm zu Babel (Bd I: 124–130)

Anreiz zur Selbstkontrolle und -korrektur:
Wörterbuch (Bd I: Anhang 167ff)
Kathrins Segelschiff (Bd I: 161)

Wörter in Kontext (Bd I: 148);
Wer hat die richtige Wortkarte
– Wer bekommt das Bild (Bd I: 148f;
Bd II: 53, 54, Kopiervorlagen 141–146)

Vorlesen und Mitlesen:
Kaschierte Wörter (Bd. I: 147f)

Übungen zur Buchstabenkenntnis:
Anlauttabelle (Bd I: 111, 150; Bd II: 57)
Training optischer und akustischer Analyse

Anregungen zur Synthese:
Buchstaben austauschen; Verbinden als sichtbare Bewegung/Lautgebärden (Bd I: 151)

Anregungen zur Strukturierung des Wortes:
Was kennst du, was möchtest du wissen? (Bd I: 153)
Wortaufbau – wortspezifisch (Bd I: 154f)

Bestätigen und Erweitern des Könnens, Spielräume für Erkundungen gewähren und eröffnen, Elemente der Lehrgänge wiederholen

„Grundwortschatz" (klassen- bzw. kindspezifisch): als Anregung selbstständiger Regelbildung – unter Berücksichtigung besonderer Schwierigkeiten:
Wörterbuch und *Fragebögen* (Bd I: 114f)
Kopfheft (Bd I: 122ff)
Reimwörter (Bd I: 153f)
Wortschatzrolle (Bd I: 111, 124)

Lernbeobachtung	Lernhilfe in Bezug auf Lernweg und Lernergebnis	
	eher offene Aufgaben und Unterrichtsformen	stärker gelenkte Aufgaben und Unterrichtsformen
– und folgt dem phonematischen Prinzip, aber es verwendet „orthographische Elemente" willkürlich, nicht wortspezifisch – und folgt dem phonematischen Prinzip, aber es „denkt" beim Schreiben nicht an die Wortbedeutung, folgt nicht dem morphematischen Prinzip (→ Klasse 2 und später) – aber es erkennt nicht den „Fall" für die Anwendung kodifizierter Regeln der Duden-Norm (z. B. Großschreibung, s-Laute, → Klasse 2 und später).		Bei der Fehlerkorrektur Schwerpunkte setzen: Bd I: 132f (*wohnt, die, Pferd; komme, Freundin*) Schwierigkeitsgrad dem Können anpassen: s. o. Sprechen über Verfahren: – Verlängern, was steckt da drin? (*einer – viele, z. B. Hund, trägt*) – kann man hören – muss man wissen …
• Beim Lesen von längeren Wörtern / von Wörtern mit Konsonantenhäufungen / von Wörtern, die semantisch und syntaktisch nicht erwartet sind, / von Wörtern, die nicht zum Wortschatz des Kindes gehören, hat das Kind Schwierigkeiten, – Teilschritte zu bilden und zu prüfen,	Aufgaben zum leisen Lesen: Selbstkontrolle durch Handlungsbezüge	Anregungen zur Synthese Übungen zur Buchstabenkenntnis s. o. Anregungen zur Strukturierung des Wortes (Silbe als Lernhilfe, Bd I: 148)
– die Teilschritte entsprechend der Sinnerwartung zu koordinieren (Analyse, Synthese, Segmentieren; mangelnde Stringenz, unzureichende Automatisierung der Funktionen).	**Sprechen über Verfahren (Selbst-)Sicherheit vermitteln** Leseaufgaben unterschiedlichen Schwierigkeitsgrades selbst wählen lassen. Tägliche selbstständige Leseübung – und -kontrolle (Bd I: 62f, 160)	Übungen zur Präzisierung und Kontrolle der Sinnerwartung s. o.

Lernbeobachtung	Lernhilfe	
Es kann das Wort zwar dekodieren, versteht aber den Sinn nicht.	Sprechen über Fehler *Das kann ich dir beweisen* (Bd I: 148f; Bd II: 53, 54)	
Ihm gelingt nicht die artikulatorische Gliederung entsprechend der Silbigkeit (z. B. „Feuerplatz").		Anregungen zur Strukturierung des Wortes, Silbe als Lernhilfe (Bd I: 159)
Es nimmt die Zeichen nicht exakt und vollständig wahr (bei der Bildung und Prüfung der Hypothesen): ungesteuerte Sinnerwartung.		
Es verfährt beim Erlesen starr, nicht wortspezifisch – auch bekannte Wörter werden synthetisiert – oder: es versucht, auch unbekannte Wörter oder kaum erwartbare Wörter als ganzes zu erfassen (Ähnlichkeit mit (1), aber unterschiedliches Ausmaß des Könnens).	Lesefehler nicht stets sofort korrigieren, Zeit zur Selbstkorrektur lassen (am Ende des Satzes, des Satzabschnitts) *Kassettenrecorder als Medium* (Bd I: 160)	
Es ist – wegen unzureichender Automatisierung der Funktionen – nicht den Anforderungen an die Konzentration gewachsen (großer Zeitaufwand beim Erlesen).		
Es hat Schwierigkeiten, die eigenen Lesefehler zu korrigieren, seine Entwürfe von dem Wort rasch zu prüfen, falsche Buchstaben zu ersetzen		Spezifisches Training, u. U. zeitweise Nicht-Beachten der Schwierigkeit

LERNBEOBACHTUNG	Lernhilfe in Bezug auf Lernweg und Lernergebnis	
	eher offene Aufgaben und Unterrichtsformen	stärker gelenkte Aufgaben und Unterrichtsformen
Es hat Schwierigkeiten, Fragen zu stellen, Hilfen zu erbitten	*Was kennst du? Was möchtest du wissen?* (Bd I: 153)	
Es kann Hilfen nur schwer annehmen; beim Erlesen eines Wortes wiederholt es häufig Fehler, die bereits korrigiert waren.	Leseecke: Vielfältige Bücher und Hefte bereitstellen: einfach und interessant/informativ	
Es entwickelt keine / kaum inhaltliche Leseinteressen.	Situationen für leises Lesen; Sprechen über den Text	
Es hat Schwierigkeiten, einen Text laut vorzulesen (Klasse 2 und später).	Lautes Lesen vorbereiten; Funktionale Anlässe für Vorlesen aufgreifen, z.B.: Buchvorstellung in der Klasse Leseabend in der Schule (Vorlesen eigener Texte) – außerhalb der Schule (Gemeindezentrum/ Bücherei...)	

Register

Analphabetismus (family literacy)
Bd I: 18, 53, 57f, 63–67, 88
Anlauttabelle Bd I: 111, 150;
Bd II: 57
Aufgabenstellungen und Lernsituationen
- *Abschreiben und Aufschreiben s. Kopfheft, s. Wörterbuch*
- *Das Leere Blatt*
  Bd I: 80–82;
  Bd II: 26, 29, 32ff
- *Der eigene Name*
  Bd I: 86, 88f, 91f, 139f;
  Bd II: 54
- *Der Zirkusdirektor*
  Bd I: 18ff, 159
- *„Die Geschichte vom Löwen, der nicht schreiben konnte"*
  Bd II: 43
- *„Die Königin der Farben"*
  Bd II: 43
- *Dokumentarisches Schreiben*
  Bd I: 119f
- *„Eichhörnchen"*
  Bd I: 100–103
- *Ein Rezept lesen*
  Bd I: 92–94
- *Hosentaschenbuch*
  Bd I:89
- *Ich mag …*
  Bd I: 112f
- *Ich sehe was, was du nicht siehst*
  Bd I: 145
- *Kassettenrecorder*
  Bd I: 160
- *Klappbücher*
  Bd I: 89
- *Kopfheft*
  Bd I: 122ff
- *Lehrererzählung (s. Turm zu Babel)*
- *Memory mit Schrift*
  Bd I: 83–85;
  Bd II: 26, 29, 31, 45, 54,
  Anhang 124
- *Mensch*
  Bd I: 120
- *OLE und LEO*
  Bd I: 139f
- *„Post für den Tiger"*
  Bd I: 106ff

- *Reime, Lieder und Gedichte*
  Bd I: 89–91, 153f;
  Bd II: 59–62
- *„Riesengeschichte – Mausemärchen"*
  Bd I: 116f
- *Rosen-Rasen*
  Bd I: 141f
- *Schatzkiste*
  Bd II: 54
- *Selbstportrait*
  Bd I: 120f
- *Tierkarten*
  Bd I: 138f
- *Turm zu Babel (Lehrererzählung)*
  Bd I: 124–130, Anhang 181
- *Wer bekommt das Bild*
  Bd I: 148f;
  Bd II: 53, 54, Anhang 141–146
- *Wie sehen die Buchstaben aus*
  Bd I: 144f;
  Bd II: 54
- *Wortschatzrolle*
  Bd I: 111, 124
- *Wörterbuch*
  Bd I: 88f, 114f, Anhang 168ff
- *Wozu brauchst du mehr Puste*
  Bd I: 143f;
  Bd II: 63
Auswertung (Kategorien der Auswertung)
- SCHULANFANGSBEOBACHTUNG
  Bd II: 33–40, 47–51, 56–58, 60–61,
  Anhang 131–134
- LERNBEOBACHTUNG Lesen
  Bd I: 27–33; Bd II: 72–78,
  Anhang 137–140
- LERNBEOBACHTUNG Schreiben
  Bd I: 38ff;
  Bd II: 92–97, Anhang 135f

Beobachtung (s. Zugriffsweisen, kognitive)
- im Unterricht
  Bd I: 21f, 60ff;
  Bd II: 15f, 86–91
- systematische Beobachtung
  Bd II: 26f, 64f
- 3 Fragen zur Beobachtung
  Bd II: 16ff, 20f

- Rolle des Beobachtenden
  Bd II: 16ff, 27, 33, 46, 86–91
Bewusstheit, phonematische
  (phonologische, phonemische)
  Bd I: 30f, 42ff, 47f, 71, 83f, 133, 141f,
  143f, 145f;
  Bd II: 39, 49, 50, 53, 60f
Buchstabenbegriff (s. Buchstaben-
  kenntnis)
Buchstabenformen
  Bd I: 14, 130f, 144f;
  Bd II: 54
Buchstabenkenntnis (s. auch Schul-
  anfangsbeobachtung)
  Bd I: 13, 27ff, 78f, 110, 139ff, 149;
  Bd II: 49, 55–58, 93

Diagnose
  Bd II: 13f, Anhang 147–157
Differenzierung (s. Lernhilfen)
Diktat (Strichdiktat, Kopfheft)
  Bd I: 111f, 122ff
Diktieren (Kinder diktieren …)
  Bd I: 100ff;
  Bd II: 61f

Family literacy (s. Analphabetis-
  mus)
Fehler (auch Verlesung)
  Bd I: 15f, 63f, 117f, 121f, 159ff;
  Bd II: 63f, 111f, 115f
Förderung (s. Lernhilfen)

Grapheme (Basis- und Ortho-
  grapheme)
  Bd I: 70f
Grundwortschatz (s. Wortschatz)

Kompetenz (s. Lernen)
Kontext, sozialer
  Bd I: 13, 18ff, 21f, 58, 80–85, 88–94,
  112f, 115ff, 120, 124–130, 138–140,
  148f, 161;
  Bd II: 21, 23, 26, 28, 40, 41, 50ff
Korrigieren (Selbstkorrektur)
  Bd I: 22, 87, 121f, 131ff, 146ff,
  158–161;
  Bd II: 52, 86ff, 100ff, 114
Kulturtechnik
  Bd I: 22

Lautschema
  Bd I: 71ff

Lehrgang (Lese- und Schreiblehrgang,
  Fibel, Eigenfibel)
  Bd I: 96f, 108f, 114f, 136ff, 142–158
  Bd II: 37, 116ff
Leistung (Rechtschreibleistung,
  Leistungsmessung s. Test, standar-
  disierter)
  Bd I: 24, 50f, 122–129;
  Bd II: 15
Lektüre (Vorlesen, Mitlesen, Selber-
  lesen, Bücher zum Vorlesen)
  Bd I: 54f, 88ff, 115–118
Lernen (Lernprozess und Unterricht,
  s. Regelbildung beim Lernen, s.
  Unterschiede fortgeschrittener und
  schwacher Lernender; s. Lernwege,
  individuelle)
  Bd I: 14f, 34f, 77ff, 95f, 115ff, 134ff;
  Bd II: 12f, 34ff, 40, 48ff, 58, 66ff,
  114
Lernhilfen (Lernchancen, Lernbau-
  stellen, Lernmöglichkeiten, Bedin-
  gungen des Gelingens, Förderung)
  Bd I: 20f, 35, 86ff, 104, 106, 118,
  121, 130–133, 158–161;
  Bd II: 18–24, 31, 42–44, 53–54,
  58f, 61f, 82–84, 86–91, 98f, 103,
  106–109, 111, 112–115, 118f
Lernkontext (s. Kontext, sozialer)
Lernschwierigkeiten
  Bd I: 17, 45–48, 56, 60–67, 116,
  132f, 160;
  Bd II: 41f, 53f, 77, 95ff, 100–109,
  112–115
Lernwege, individuelle (Lernverhalten)
  Bd I: 40–48, 103–108;
  Bd II: 26, 28, 35–40, 41f, 48–52,
  78–84, 97–99, 100–111, 115
Lernsituationen, soziale (s. sozialer
  Kontext)
Lesenlernen (als Problemlösen)
  Bd I: 13, 26–36, 76f, 134–137, 139f,
  142f, 153f, 158;
  Bd II: 51, 67f, 96
Leseschwierigkeiten (s. Lernschwie-
  rigkeiten)
Leseverständnis (Sinnverständnis)
  Bd I: 74f, 138–149
Literacy (Family Literacy, s. Alphabeti-
  sierung, s. Schriftkultur)

Mediengebrauch (s. auch Lektüre)
  Bd I: 53f, 160

Register   191

Minimalpaare
  Bd I: 141f;
  Bd II: 102

Phoneme (auch Phonem-Graphem-
  Beziehung, s. Bewusstheit, phone-
  matische)
  Bd I: 68ff;
  Bd II: 63
Prävention (s. Lernschwierig-
  keiten, s. Lernhilfen,
  s. Unterschiede zwischen
  fortgeschrittenen und schwachen
  Lernenden)
Problemlösen (s. Lesenlernen)

Rechtschreibleistung (s. Leistung)
Rechtschreibschwierigkeiten
  (s. Lernschwierigkeiten)
Regelbildung beim Lernen
  Bd I: 24, 49, 131;
  Bd II: 22, 118

Schema, kognitives (s. Wahrneh-
  mung)
Schreibenlernen (als sprachanaly-
  tische Tätigkeit)
  Bd I: 14, 37–39, 72ff, 87, 100–115;
  Bd II: 37, 39, 66f
Schreibschema
  Bd I: 72ff;
  Bd II: 115f
Schrifterfahrung (Anbahnung von)
  Bd I: 23, 80–85;
  Bd II: 61f, 102f, 107
Schriftkultur
  Bd I: 23, 52ff, 88;
  Bd II: 34f, 48f, 59f
Schriftorientierung
  Bd I: 51;
  Bd II: 37, 61f, 115–119
Schriftsprache
  Bd I: 37, 52, 68f, 101f;
  Bd II: 37, 63f
Selbstkorrektur (s. Korrigieren)
Signalgruppe (s. Strukturieren des
  Wortes)
Silbe
  Bd I: 33, 71, 73, 134f, 148, 154,
  159;
  Bd II: 49, 61

Sinnerwartung
  Bd I: 138f, 146–149, 160;
  Bd II: 94, 100, 104, 107
Sprachanalytische Tätigkeit
  (s. Schreibenlernen)
Sprache, geschriebene (s. Schrift-
  sprache)
Sprache, gesprochene
  Bd I: 37, 52, 101f;
  Bd II: 39
Sprechen über Verfahren
  Bd I: 21f, 87, 92ff, 113, 156ff;
  Bd II: 119
Standards (für guten Unterricht)
  Bd I: 97–99
Strategie (s. Zugriffsweise, kognitive)
Strukturieren (des Wortes)
  Bd I: 13, 148f, 152–155;
  Bd II: 61, 94
Synthese
  Bd I: 13, 30, 34, 139ff, 158;
  Bd II: 86ff, 96, 100f, 107

Test, standardisierter
  Bd I: 50f;
  Bd II: 15, Anhang 147–157
Textschreiben
  Bd I: 55–59, 100ff, 103–108,
  115–119, 124–129;
  Bd II: 44

Unterschiede zwischen fortgeschritte-
  nen und schwachen Lernenden
  Bd I: 21f, 33f, 40–48, 124–129, 135;
  Bd II: 41ff, 52ff, 100–111

Wahrnehmung (s. auch kognitive
  Zugriffsweise, kognitives Schema)
  Bd II: 10–12, 118
Wortbedeutung
  Bd I: 32f, 63f, 72, 74f, 138–141
Wortschatz (Grundwortschatz)
  Bd I: 108f, 112f

Zone der nächsten Entwicklung
  (s. Lernen, Lernhilfen)
Zugriffsweise, kognitive
  Bd I: 11f, 16, 29, 35f, 52, 77f, 109f,
  134ff;
  Bd II: 33–40, 47–51, 55–62, 72–78,
  92–97

Cornelsen SCRIPTOR

Fitmacher für die Grundschule

Mechthild Dehn/Petra Hüttis-Graff
Zeit für die Schrift
Band II: Beobachtung und Diagnose -
Schulanfangsbeobachtung -
Lernbeobachtung Schreiben
und Lesen - Lernhilfen
168 Seiten mit Abb., Paperback
ISBN-10: 3-589-05104-3
ISBN-13: 978-3-589-05104-5*

Horst Bartnitzky
**Grammatikunterricht in
der Grundschule**
1.-4. Schuljahr
208 Seiten mit Abb., Paperback
ISBN-10: 3-589-05065-9
ISBN-13: 978-3-589-05065-9*

Ute Spiegel
Richtig Schreiben
Grundlagen und Strategien -
Übungen für die 2.-4. Klasse
160 Seiten mit Abb., Paperback
ISBN-10: 3-589-05097-7
ISBN-13: 978-3-589-05097-0*

Heiner Boehncke
Eins plus
Begabungen fördern im
Deutschunterricht
**Kreatives Schreiben
für die 3. und 4. Klasse**
96 Seiten mit Abb., Paperback
ISBN-10: 3-589-22032-5
ISBN-13: 978-3-589-22032-8*

*(gilt ab 1.1.2007)

Fragen Sie bitte in Ihrer Buchhandlung!